松本平 安曇野 仁科の里

観音札所百番めぐり

はじめに

観音はすべての人びとを救うため三十三の姿に変化し、これを三十三応身などという。観音といえば聖徳太子が信仰した法隆寺の救世観音が思い浮かぶが、それ以後広く信仰され現在に及んでいる。平安時代には西国三十三番札所ができ、鎌倉時代には坂東三十三番札所が、そして室町時代には秩父三十四番札所ができて信仰されるなどしている。しかし、これらの札所を巡ったのは一部の裕福で信仰の篤《あつ》い人びとであった。一般的になったのは近世、江戸時代も中期を過ぎてからであり、霊験あらたかな観音への信仰が高まり、人びとが札所を巡ることが盛んになったとされる。

松本地方、筑摩野から安曇野、そして仁科の里には本書で紹介する筑摩三十三番、川西三十四番、仁科三十三番のほか、松本三十三番や信府三十四番、金熊三十三番、信濃百番などの札所がある。

私が観音札所に出会ったのは、１９９１（平成３）年９月から翌92年１月にかけ、フリーペーパー「週刊まつもと」紙（現ＭＧプレス）に連載した「松本三十三番札所巡り」であった。当然、初めて足を運ぶ札所もあり、いろいろと学ぶことができ、札所に興味を抱くきっかけとなった。

その後縁あって、これは観音様のお導きと信じているが、再び札所に出会うこ

とができた。私の興味のおもむくままの内容で、同じく週刊まつもと紙に２００８（平成20）年10月から「筑摩三十三番観音札所巡り」の連載をスタートし、次いで「川西三十四番観音札所巡り」、「仁科三十三番観音札所巡り」を連載することができた。

　本書で紹介する札所が定められた時期は必ずしも明らかではないが、１７００年代中頃からおおよそ１００年ほどのあいだに人びとの信仰の拠《よ》り所となっている。もっとも、２５０年ほどの歳月を経た現在、これらの寺院や堂は往時の姿のものは少なく、再建されて新たな伽藍となったもの、逆に縮小されたもの、廃寺となったものなどもある。本書はこれらの連載記事をもとに、いくつかの札所について加筆修正をほどこすとともに写真を再撮影し、筑摩三十三番・川西三十四番・仁科三十三番の百番札所の一般的なガイドブックとなるようにしたものである。

　十人十色にならえば、百番札所は百番札所百色ならぬ百彩。札所にかかわる史実と伝承をはじめ、観音様とその霊験、信仰の移り変わり、本堂や庫裏、山門などの建造物とそれらの佇《たたず》まい、ご詠歌、庭園、石仏、奉納物、ご朱印、札所周辺のさまざまな環境等々、文字どおり百彩な楽しみ方、接し方があると思う。興味ある札所、アクセスしやすい札所、どこの札所からご覧いただいてもよいが、皆さんの百番札所巡りに本書がいささかでもお役に立てば望外の幸せである。

　皆さん、本書を片手に札所巡りに足を一歩踏み出してみませんか。

松本平　安曇野　仁科の里

観音札所百番めぐり

目次

要文化財に指定される。さらに重要文化財のうち、世界文化の見地からも価値の高いものが国宝に指定される(文化財保護法第27条)。長野県内の国宝指定の建造物は、松本城天守(松本市)、安楽寺八角三重塔(上田市)、善光寺本堂(長野市)、仁科神明宮(大町市)、大法寺三重塔(小県郡青木村)、旧開智学校校舎(松本市)の6件。

廃仏毀釈【はいぶつきしゃく】
寺院や仏像、経巻を破棄し、仏教を廃すること。わが国では江戸時代に儒学の興隆によりしばしば起きるようになった。明治維新時、政府は慶応4年(1868)に祭政一致の方針を示し、神仏分離令が達せられた。これをきかっけに全国各地で廃仏毀釈運動が広がり、松本藩の廃仏毀釈は明治3年(1870)から藩主戸田光則〔みつひさ〕が率先して断行した。具体的には人びとの仏葬から神葬祭への改典と僧侶の帰農、無住・無檀寺院の廃寺化などであった。藩領内164寺のうち、明治4年までに帰農した寺院は124寺で全寺院の75%にも達し、全国で五指に入るほどの激しさであったといわれる。

信府統記【しんぷとうき】
松本藩主水野忠恒の命により、享保7年(1722)から同9年にかけて編さんされた松本藩領および信濃国内の地理・歴史などを記述した地誌をいう。水野家家臣の鈴木重武と三井弘篤が著述・編集し、松本城の開基や安曇・筑摩両郡の地誌、社寺の沿革、名所などがまとめられている。信府とは「信濃国府」をつづめた言葉で松本(の町)のことである。

善光寺道名所図会【ぜんこうじみちめいしょずえ】
天保14年(1843)に美濃の豊田利忠が著したもので、中山道洗馬から善光寺道(北国西街道)の各宿駅を経て善光寺に入り、さらに善光寺から北国街道を江戸に向かって碓氷峠に至るまでの各宿駅までの広い範囲の名所・旧跡を収めている。全5巻ですべてに挿絵が入り、嘉永2年(1849)に刊行された。ちなみに松本の城下町は「城下の町広く、大通り十三街、町数凡〔およ〕そ四十八丁、商家軒をならべ、当国第一の都会にて、信府と称す」と記されている。本書で紹介する札所のいくつかも、挿絵と文章で紹介されている。

道祖神【どうそじん】
境の神の総称で、ドウソジンと呼ばれる神をはじめ、サエノカミ、サイノカミ、ドウロクジンなどと呼ばれる神を含む。長野県では集落の境や辻などの路傍に石像や石碑の形で祀られ、集落や人々の安穏や五穀豊穣〔ほうじょう〕、子孫繁栄の神などとして信仰されている。男女二神の像が彫られる、いわゆる「双体道祖神」は筑摩野から安曇野にかけて多く立てられ祀られている。また「道祖神」「道陸神」などの文字を刻んだ文字碑や自然石もある。松本地方では縁結びの神として信仰されることが最も多いが、祀る地域や人々によって様ざまな性格がある。安曇野は「道祖神のふるさと」などと言われ、双体道祖神の愛らしい像容は観光客からも人気がある。一方、松本城下町では石像・石碑が建てられず、道祖神の木像を祀った。

庚申/庚申塔【こうしん/こうしんとう】
中国から由来した道教の庚申信仰に由来するもので、60日に一度の庚申〔かのえさる〕の日は、寝ると体内から三尸〔さんし〕の虫が出てきて、天帝に悪事を報告するとされ、地域で講をつくり、夜通し眠らずに宴会などをした。また、60年に一度の庚申の年に、講で庚申塔を立てて祀るところもある。

念仏講【ねんぶつこう】
念仏を唱える講のことで、通夜や葬式で念仏を唱えることが本来の在り方であるが、寺堂や路傍に祀られている仏の供養や安産祈願などを行う、集落の交流の場でもあった。講のある日は頭屋〔とうや〕(幹事役の家のこと)で仏像または仏画軸を飾り、鉦〔かね〕を鳴らし、念仏を唱えながら大数珠を回すことが多かった。

○数え方

寺院………… 一軒/一寺/一宇/一山

石仏・石塔… 一体/一基

仏像………… 一躯/一体/一座

仏壇・墓…… 一基

神…………… 一柱《ひとはしら》/一神《いっしん》

神体………… 一柱《ひとはしら》/一体/一躯

○度量衡

長さ

一寸	10分の1尺	約3㎝
一尺		約30㎝
一間	6尺	約1.8m
一丈	10尺	約3m
一町、一丁	60間	約109m
一里	36町	約4㎞

広さ

一歩、一坪		約3.3㎡
一畝	30歩	約99㎡
一反	10畝	約992㎡
一町	10反	約9920㎡

札所巡り用語集

勧請【かんじょう】
高僧などを請い迎えたり、法要において諸仏や菩薩にその場所へ来臨するよう祈願したりすること。わが国では仏教に限らず、神道や俗信を含めて広く諸仏や諸神の分霊を迎えて移し祀ることもいう。

勧化【かんげ】
人に仏教の教えを勧めること。また、寺院の建立や修復などのために、人々に勧めて寄付を募ることをいい、転じて金品の寄付を勧めることをいう。

還俗【げんぞく】
出家して僧や尼になり、のちにまた俗人(普通の人)に戻ること。明治初年には廃仏毀釈〔きしゃく〕によって廃寺となった寺院の僧侶が多く還俗した。

帰農【きのう】
官職を辞めて郷里に帰り、農業に従事すること。また、離村などした農民が再び村に戻り、農業に従事することをいう。本書では生業を失った僧侶などが農業に従事することの意で用いている。

破却【はきゃく】
寺院や城郭などについて、その元の形をとどめないように建物や塀などを壊してしまうことをいう。

開基【かいき】
もともとは、寺院の創始にあたって必要な経済的支援をした者のことで、「開山(かいさん)」とは区別されていた。のちに混同して使われるようになった。

開山【かいさん】
寺院を創始することをいい、修行の場として山間に多くの寺院が建てられたことが由来。転じて、寺院を創始した僧侶(初代住職)のことをいう。

末寺【まつじ】
江戸時代の仏教を統制するための制度(本末制度)の中で、各宗派の頂点に立つ寺院を本山(ほんざん)とし、その支配下にあった寺院のことをいう。

末派【まっぱ】
末のわかれの意で、芸術・宗教などの末の流派のことをいう。

堂宇【どうう】
もとは「堂」(大きな建物)の「宇」(軒先)の意。転じて、四方に軒先を持つ大きな建造物、特に格式を備えた寺院の建造物のことをいうようになった。

庫裏【くり】
寺院の中で、僧侶が修行する場である金堂などの建造物に対し、僧侶が寝起きや食事等をする建造物のこと。大規模な寺院では、庫裏は独立した建物の場合もあるが、一般的に寺の事務を執る寺務所と兼用されていることが多い。

伽藍【がらん】
もとは僧侶が修行をする清浄な場所のことで、のちに寺院の建造物群全体(本堂、塔、鐘楼、庫裏等)のことをいうようになった。これら建造物群の配置を「伽藍配置」という。

菩薩【ぼさつ】
一般的に「仏の悟りを求める人」のことをいい、如来〔にょらい〕(「仏の悟りを体得した人」の意味)の次の位にあたる者のことをいう。観音菩薩、文殊菩薩、地蔵菩薩などの種類がある。わが国では「行基菩薩」のように人々が高僧を尊称して用いるほか、神仏習合の進展とともに、わが国固有の神を菩薩と称するようにもなった。

法灯(燈)【ほうとう】
法灯は「ほっとう」とも読み、仏法がこの世の闇を照らすことを灯火に例えた意である。転じてわが国では、徳の高い優れた高僧のことをいう。

山門【さんもん】
寺院の表門や、寺院そのもののこと。山門と寺門を並べる場合、山門は延暦寺を、寺門は園城寺〔おんじょうじ〕のことである。

仁王門【におうもん】
仁王は「二王」が本来であるが、一般的に「仁王」を用いる。仁王(金剛力士)の像を左右に配置している寺院の門のことをいう。筋骨隆々とした仁王像は怒りの表情をしており、寺院内に悪いもの(仏敵)が入り込むことを防ぐ守門尊の役割を持つ。仁王像は阿吽〔あうん〕対照のかたちをとるものが多い。

鐘楼【しょうろう】
寺院内で梵鐘を吊るすために設けられた建物のこと。山門と鐘楼が一体化した鐘門を持つ寺院もある。

山号【さんごう】/寺号【じごう】
一般的な寺院は○○山□□寺というように呼ばれており、寺院の称号にあたる部分(○○山)が山号、寺名(□□寺)が寺号である。山号は、その寺院が所在する(した)山名、あるいは仏教用語を付けることが多い。

国宝【こくほう】/重要文化財【じゅうようぶんかざい】
歴史上または芸術上の価値が高い有形文化財(建造物、絵画など)のうち、学術的に重要なものが重

おことわり

本書のご利用にあたり、以下の点をご了承ください。

▽本書の内容は、信濃毎日新聞社発行「週刊まつもと」の連載「観音札所巡り」を大幅に加筆修正し、再構成して単行本化したものです。

筑摩三十三番札所＝週刊まつもと2009年10月〜2010月7月（連載38回）
川西三十四番札所＝同　2010年8月〜2012月8月（連載41回）
仁科三十三番札所＝同　2012年11月〜2014月10月（連載38回）

▽本文に記載される事実、登場人物の肩書き・年齢等は、原則として取材当時の内容を基に連載当時のままとしていますが、一部は新たな取材を基に現状に則して書き改めた部分が混在します。なお、写真は多くのものを2020年に撮り直しています。

▽境内の様子、寺院の行事などは、予告なく変更になる（既になっている）場合もあります。また、掲載の仏像には秘仏も含まれ、常に拝観できる訳ではありません。

▽文中に記載の歴史、言い伝えなどは、諸説ある場合があります。また、紹介した「ご詠歌」は文献によって表記に漢字・かな使いの違いがあります。また札所によっては異なるご詠歌があるようですが、本書では割愛しました。

▽本書に掲載している札所の中には、住職のいる寺院のほか、既に廃寺となり跡地のみのところもあります。寺院や地区、個人の管理地である場合がほとんどですので、実際に訪問する際には、参拝、交通などの法令・マナーを守り、迷惑になる行為は慎んでください。

▽本書の取材、掲載内容の確認に当たり、多くの寺院にご協力をいただきました。この場を借りて厚く御礼申し上げます。

筑摩三十三番札所

松本市／塩尻市／朝日村

満徳の 光尊ふとき 廣澤寺
弘誓《ぐせい》の舟の 自在なるらん

一番 龍雲山 廣澤寺《こうたくじ》

松本市里山辺林

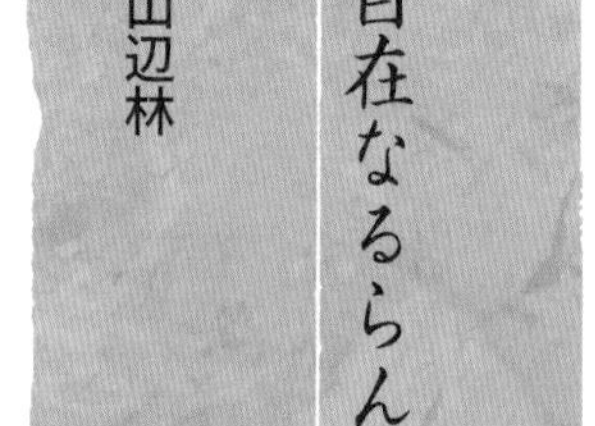

信濃守護・小笠原氏の菩提寺

この寺を初めて訪れたのは小学生の頃。私が通った小学校では、校区の境にあった千鹿頭《ちかどう》（山）が秘密の遊び場で、高学年になると同級生たちと自転車で時折ここに遊びに来た。

あるとき千鹿頭の山頂から東に下ったことがあった。当時、廣澤寺を「こうたくじ」と読めるはずもなく、とにもかくにもみんなで参道を歩いて上った思い出がある。この寺が、建武年間に府中（松本とその周辺）井川に居館を構えてこの地を支配した信濃守護、小笠原氏の菩提寺と知ったのは、ずっと後のことである。就職後は何度か小笠原氏関連の貴重な史資料を借用して展覧会で展示し、小笠原隆元東堂には、大変な無理を何度かお願いした。若かりし頃、奥さまから「窪田さんは三階菱の紋所があるものが好きですねえ」と言われたことが懐かしい。

さて、廣澤寺の歴史は古く、遠く室町時代にさかのぼる。小笠原家中興の祖といわれる小笠原政康が開基で、政康の法号「龍雲寺殿天関正透」にちなみ、護法山龍雲寺といった。しかし文安3年（1446）、小笠原氏に内紛が生じ、小笠原持長《もちなが》が雪窓一純和尚を招いて中興開山したといわれ、臨済宗から改宗されて曹洞宗の寺となった。その後、小笠原長《なが》棟《むね》の法名「廣澤寺殿天祥正安」にちなんで廣澤寺となっている。

本堂と庫裏

参道石段

ケヤキの老木の下、参道を上ると山門に続く石段になる。私が訪れた日、護持会の女性の皆さんであろうか、老木の落ち葉の清掃をしていた。私のように長い喫煙歴のある者は、息が上がりそうである。車でも庫裏近くまで上れるが、ここは我慢。「龍雲山」の山号額が掛かる山門をくぐると、東に山を背負う平成12年（2000）秋落成の本堂と、庫裏が目に入る。旧本堂は延宝5年（1677）建築の禅宗寺院の特徴的な建造物で、市重要文化財であった。

　左手に観音堂（大悲閣）、山門左に鐘楼がある。廣澤寺の本尊は薬師如来、札所の本尊は聖観世音菩薩。観音堂に入り、静かに手を合わせる。何体もの像の視線が突き刺さるような気配。鐘楼わきを通りぬけて裏山の小笠原家墓所「御霊屋《おたまや》」へ。やはり「ハアー、ハアー」と息が上がる。

札所本尊・聖観世音菩薩

元和《げんな》元年（1615）、大坂夏の陣で戦死した小笠原秀政・忠脩《ただなが》の墓所は市特別史跡。なお、浅間御殿山にも秀政と父貞慶《さだよし》、忠脩の墓所がある。

　廣澤寺は往時、禅宗様式の七堂伽藍が立ち並び、見事な景観を呈していたという。本堂、庫裏をなどが装いを新たにした。が、今もその雰囲気は変わらない。参道から諸堂、墓所までが、まるで一つの小宇宙を形づくっているようだ。

　帰りに門前の「兎田《うさぎだ》旧跡」碑を見る。徳川将軍家では、元旦に「兎《うさぎ》の吸い物」を出すのが吉兆となった、ゆかりの場所である。久しぶりに千鹿頭に足を運びたくなった。

円満に　如来の光り　輝きて
まゐるその身は　うかむ嬉しき

二番　恵日高照山　兎川霊瑞寺《とせんれいずいじ》

松本市里山辺兎川寺

聖徳太子の創建と伝わる寺

　一番・廣澤寺から約1・6キロ、薄川《すすきがわ》に架かる金華橋を渡って北に進むと兎川霊瑞寺に突き当たる。兎川寺を「とせんじ」と読むのはなかなか難しい。

　兎川霊瑞寺は極めて古い歴史を誇り、寺伝によると聖徳太子の創建とされる。当初は、現在地から東へ4キロのところに伽藍があったらしい。中世には、今の場所あたりに真言・天台両宗合わせて24坊からなる大きな伽藍を誇り、広く信仰を集めていたという。現在の境内の広さからだと、ちょっと想像ができにくい。その後、天台寺院は廃虚となり、戦国時代の戦禍を受けたが、戦乱が収まるとともに松本藩主の厚い信仰を受け、繁栄を取り戻した。長く聖徳太子創建という由緒で独立した寺格を保ってきたが、元和元年（1618）、高野山龍光院の末寺となっている。明治4年（1871）、松本地方を襲った廃仏毀釈の嵐で廃寺に。一時、本堂は兎川学校校舎として使われた。その後、檀信徒の努力で寺地を買い戻し、兎川霊瑞寺は復興して法燈を今に伝える。

石川数正夫妻の供養塔

　右に「聖徳太子創建」、左に「信州松本三十三番霊所兎川霊瑞寺」の石柱を見て、参道を進むと本堂がある。私が訪れたのは午前の早い時間、そのためか境内に人影はなかった。参道の左手に蠶影《こかげ》神社、百体観音が並ぶ。本堂前には〝松本地方最大の

本堂の内部

石仏”といわれる聖観音像が鎮座する。

松本城天守築造を始めた石川数正《かずまさ》夫妻の供養塔に、手を合わせる。数正は徳川家康のテクノクラート（専門的知識を持った行政官）で、のちに秀吉に走った武将であるが、その出奔《しゅっぽん》の理由はいまだ謎である。本尊の千手観世音菩薩像が安置される本堂は、文政3年（1820）の建立。立川流初代・立川和四郎とともに知られる、諏訪の宮大工・藤森廣八の手による。本堂内を見学させていただき、再び手を合わせる。このとき、ご詠歌を2回ほど繰り返し唱えた。

残念ながら本尊は秘仏で、ご開帳のときにしか拝むことができない。前回のご開帳は昭和59年（1984）だったので、本尊を拝めるのはあと何年くらいか。本堂には「信州七福神巡り」のお札・お姿もあり、兎川寺は七福神の一つ、寿老尊（人）を祀る。

道路に面した祈祷所を見て、ふと、かつて松本市史民俗編の聞き取り調査をしたときのことを思い出した。二年参りでは兎川霊瑞寺を「とーせん（じ）」と語呂合わせをし、選挙のある年は特に参拝者が多く、受験生にも人気がある——という話であった。参る人びとには千手観世音菩薩のご加護がありますように。

本堂

はるばると 参りて見れば 徳運寺
千手の誓ひ 福聚無量ぞ

三番 福田山 徳運寺《とくうんじ》

松本市入山辺三反田

三反田の道祖神など

幾度も改められた寺号

二番・兎川霊瑞寺《とせんれいずいじ》から約4・5キロ、薄川に沿って上流に進むと入山辺三反田《さんたんだ》。扉峠に向かう県道67号を左手に入ると、徳運寺が見える。県道の角には祠《ほこら》がある。自然石がこの集落の道祖神といわれ、庚申像などと一緒にここに祀られる。

徳運寺は元は「徳雲寺」といい、臨済宗の寺であった。鎌倉時代末期の元弘元年（1331）、雪村《せっそん》友梅《ゆうばい》を開山の祖として、神為頼《しんためより》が開基となって創建された。雪村友梅は、日本史の教科書にも登場する人物。幼くして鎌倉・建長寺で中国からの渡来僧・一山一寧《いっさんいちねい》に学び、のちに中国（元）に渡っている。五山文学の源流の一人とされ、父は越後の人、母は北信濃の豪族・須田氏。往時、徳雲寺は今の徳運寺より300メートルほど北東の山麓にあったという。その一帯は、昭和42年（1967）、市特別史跡に指定された。

その後、寺は衰微したが江戸時代初期、安室正盛禅師によって今の場所に移り中興し、曹洞宗となった。このとき、寺号も徳運寺に改められたという。江戸時代末期を迎え伽藍が整ったが、嘉永4年（1851）に焼失。今の本堂は同6年に再建された。しかし、明治4年（1871）、廃仏毀釈で廃寺に。

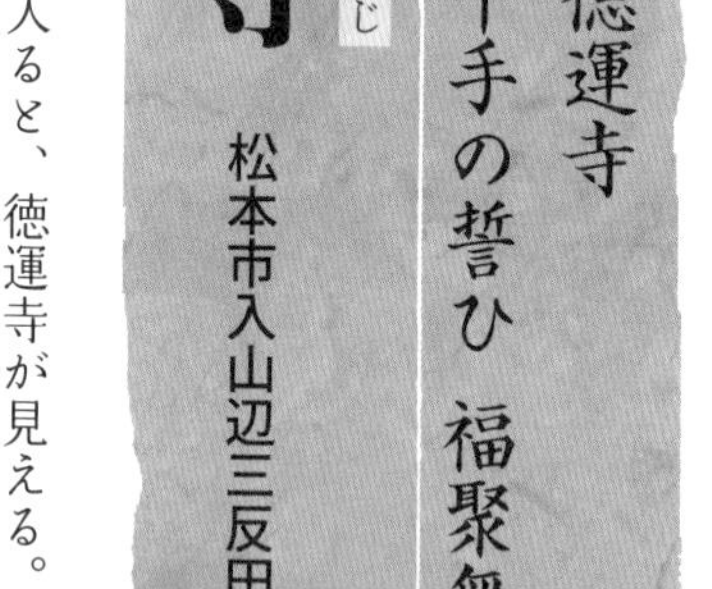

全景。本堂と山門

同13年に「徳聖寺」として復興するが昭和10年、再び徳運寺となった。

自然石の道祖神に手招きされるように進むと、山門と、それを取り囲む白壁の塀が目に映る。本堂はかつて茅葺きであったが昭和47年、銅板に葺き替えられた。独特の丸みを帯びていて美しい。本堂で手を合わせ、ご詠歌を唱えた。本尊は千手観音。東山厄除観音として知られる。屋根裏を見学できるので階段を上る。見事な梁《はり》組みに驚く。

内陣に掛かる「東山十六景」も一見の価値がある。昭和23年に東山観音奉賛会がつくられ、十一面観音が祀られた。この観音様は厄除け観音として知られ、正月の縁日には多くの善男善女でにぎわう。庫裏は本堂と同じく嘉永6年の再建。平成5年（１９９３）に再生工事が行われ、松本民芸家具で設《しつら》えられた室内は、庫裏であることを忘れてしまいそうな「癒やしと安らぎ」の空間。

本堂の内部

訪れた日の帰り道には、参道の東側で当時はすっかり有名になっていた、大人たちの「三九郎作り」が始まっていた。現在は、この「三九郎作り」は残念ながら取り止めとなり行われていない。

みなかみは いずくなるらん 洞水寺
閼《あ》伽《か》井《い》の水に うつる星かげ

四番 洞水寺《とうすいじ》

松本市入山辺千手

シンボル巨木「千手の公孫樹」

三番・徳運寺から約1キロ、今度は県道67号を松本市街地方面に下り、包石から右手に上ると中村。中村の入り口には高遠石工藤森吉弥作の道祖神、天保15年（1844）の銘を持つ酒器抱肩像ほかの石仏が並ぶ。その前を道なりに進む。ほどなく市上下水道局中村第2水源地。その先に千手の集落がある。「せんじゅ」と読みそうだが「せんぞ」と読む。三差路に角柱があり「千手イチョウ・洞水寺」とある。

常夜燈とみたらしの池

洞水寺は、徳運寺第21世・安国宅穏大和尚が享保《きょうほう》2年（1717）に建立。本尊の千手観音像は作者、制作年代とも不明だが、かなり古い像であるという。今は観音堂が立つ。ここには巨大な公孫樹《いちょう》の木が生育している。「千手の公孫樹」と呼ばれ、樹齢は不明だが、目通り2・4メートル、高さ30メートルにも達し、見るからに神霊宿る巨木といったところか。平成6年（1994）、樹勢が衰えて枯れ枝が目立ったため、保存を目的とした腐朽《ふきゅう》防止工事が行われた。なお、昭和40年（1965）に県天然記念物に指定されている。

三差路の角柱から坂道を上る。5分ほど枯れ葉で埋まった道を歩くと平地を望むことができ、公孫樹の巨木と、それに隠れるように観音堂が見える。それにしてもこの坂道はキツイ。「ハーハー、ゼイゼイ」となるのが情けない。観音堂に着いたが息が収まらず、手を合わせてみたものの、ご詠歌を唱えるどころではなかった。久しぶりに訪れたが、地元の皆さんが大切に守っているのだろう、環境整備がなされている。

この公孫樹は、枝の途中から乳房のような気根を垂らしていることから、往時、女性が乳が出るように祈願した「乳房公孫樹」として近在に知られていた。明治から大正にかけて参詣者が多く、2棟の建物があったというが、今は観音堂1宇と「みたらしの池」が残るのみ。堂や公孫樹の周囲には奉納された石仏が十数体。ほかに明和7年（1770）に高遠石工・孫右衛門作の地蔵菩薩や、大正7年（1918）に松本の本町4丁目の住人が献燈した常夜燈が2基など。これらから往時がしのばれる。

みたらしの池は「赤木の池」とも呼ばれたとか。ご詠歌にある「閼《あ》伽《か》」は仏に供える水の意。この池の水は「霊水」ともいわれ、往時は膳《ぜん》椀《わん》が備えてあり、入用のときに乞えば池の上に浮かべてあった……という貸椀《かしわん》伝承がある。池をのぞいてみた。いかにもそんな伝承が似合いそうである。

観音堂と「千手の公孫樹」

桐の海　岸打つ波は　海岸寺
弘誓《ぐせい》の舟に　うかぶ山かげ

五番　桐原山　海岸寺《かいがんじ》

松本市入山辺東桐原

一木造の千手観音立像

県道67号をさらに松本市街地方面に下り、山辺ワイナリーの手前、「桐原」バス停から右手に上ると東桐原地区。住宅の間の狭い道路を道なりに進むと、しばらくして右手に墓地と千手観音立像を安置する観音堂が見える。四番・洞水寺からは約3キロの距離だ。

海岸寺は、桐原山海岸寺のほか「弥勒山海岸寺」と称したといわれる。真言宗の古刹《こさつ》であったが、いつ頃の創建かは分からない。中世では既に衰退し、江戸時代になると二番・兎川霊瑞寺《とせんれいずいじ》の末寺として、観音堂を残すのみとなっていたようだ。

明治初年の廃仏毀釈のとき、本寺の兎川霊瑞寺と共に廃寺となり、兎川霊瑞寺は再興されたが、海岸寺の再興の願いはかなわなかった。本尊の千手観音立像のみは、本堂跡といわれる場所に観音堂を建てて地元の皆さんが守り伝え、今日に至っている。

当初、海岸寺は北方の山際、弘法平に建立された。「奥の院」とされるこの場所からは、12世紀の青銅製の経筒《きょうづつ》（経典を納める入れ物）、刀《と》子《す》、白磁の合子《ごうす》などが出土した。これらは市重要文化財に指定され、市立博物館に収蔵されている。牛伏寺《ごふくじ》の背後、鉢伏山腹の堂平や蟻ヶ崎の放光寺からも経筒が出土しており、これらを埋めた経塚の存在は、平安時代末期に末法思想（釈迦の死後、年月が経過するに連れて正しい教法が衰えるとの考え方）が広まっていたことを示している。

墓地に挟まれた道を進むと観音堂がある。周りには地蔵菩薩像や、念仏供養塔などが残る。観音堂の入り口にご詠歌と「筑摩三十三カ所観音霊場第五番海岸寺」の木札が掛かり、ここからは松本市街地と北アルプス

観音堂

の秀峰を一望できる。訪ねた日は、陽に映える乗鞍岳が美しかった。かじかんだ手を合わせてご詠歌を唱えた。木造千手観音立像は、宝亀2年（771）の行基の作という寺伝があるが、定かではない。しかし、一木造で、藤原時代中期の作として昭和47年（1972）長野県宝に指定されているので、海岸寺は平安時代に創建された可能性も残している。

観音立像は当初の姿ではなく、中世や近世に修理した跡がうかがえるという。中でも、台座の裏にある天《てん》和《な》3年（1683）の修理銘からは、時の松本藩主・水野忠清が自ら大檀那となり、京都の仏師に修理させたことが分かる。為政者にとっても大切な仏像であったのだろう。

この観音立像、平成19年（2007）に市美術館で開催した『百柱をたてる』でも公開されたので、拝まれた方も多いだろう。しかし、やはり仏像はあるべき場所で拝みたい。毎年5月1日にご開帳。ぜひ再度ご詠歌を唱えたい。きっと、千本の慈悲の手と千個の知恵の眼で救ってくださるだろう。

札所本尊・木造千手観音（長野県宝）＝『松本平の神仏 百柱をたてる 空即是色・千住博』平成19年所収

ここはまた　和泉なるらん　西大寺
御法《みのり》の声も　尊ふとかりけり

六番　西大寺《さいだいじ》

松本市中山埴原（保福寺観音堂内）

寺の様子知る手がかりなく…

五番・海岸寺から中山地区へ。右手に国史跡「弘法山古墳」、左手に開成中学校を見る間を通る県道63号を道なりに進む。西大寺は大正末期頃まで存続したが、今は七番・保福寺に什器《じゅうき》が移され、祀られているとのこと。中山小学校先の信号を直進すると中山郵便局。「小笠原長時妻子ノ墓入口（保福《ほうふく》寺《じ》）」と刻まれた石柱が目に入る。そこには明治16年（1883）建立の見事な恵比寿・大黒像が立つ。ついつい目を奪われ、写真を撮影。坂道を案内板に導かれて上ると保福寺に。

恵比寿大黒像

　西大寺は「西大庵」とも呼ばれたようだが、近世初めには西大寺という名で絵図に登場している。明治9年、当時の中山村戸長らが筑摩県参事へ提出した書類には、西大寺・臨済宗保福寺に属し、村の中央にあり、開基年月不詳――とある（長野県町村誌　南信篇）。廃仏毀釈で廃寺になった寺院の建物が学校校舎として使われる例は多い。この西大寺も例外ではなく、寺の庵が一時、和泉学校校舎として使われた。

　その後は、集落の念仏講の皆さんが守り伝えてきたようだが、太平洋戦争後の農地解放で堂宇は壊され、境内地のほとんどは民間の土地に帰してしまった。今となっては、この寺の様子を知る手がか

西大寺、保福寺の入口

りはほとんどない。ただ、境内地の跡地といわれる場所には、文化4年（1807）建立の西国・秩父・坂東順礼供養塔や、嘉永5年（1852）建立の宝篋印塔《ほうきょういんとう》が、寂しいながら残っている。本尊十一面観音などは、本寺であった保福寺に安置されている。

六地蔵

保福寺冠木《かぶき》門前には「筑摩三十三カ所観音霊場第六番西大寺」、同じく「第七番保福寺」の石板が立つ。山ふところにあるこの寺、後ろを振り向くと眺めは抜群なのだが、私が訪れた日はあいにく曇天……。ちょっと信心が足りないかもしれない。しかし、手前に中山丘陵、その向こうに松本市街地南部、そして北アルプスの山々を望めたのには感謝だ。

石段を上ると観音堂。その手前には、西大寺から移された嘉永3年建立の六地蔵などが整然と並び、「どうぞ、観音堂へ」と案内してくれるかのようだ。境内には寛政3年（1791）建立の三界万霊塔や蚕玉《こだま》様なども移されている。これらは、先述の順礼供養塔などと泣き別れになった感があるが、残された石仏、石塔などから往時の隆盛が少ししのばれる。

観音堂で手を合わせ、小さな声でご詠歌を唱える。石段を下る途中、老夫婦とすれ違う。後ろ姿をうかがうと、観音堂をのぞいたあと熱心に手を合わせている。西大寺？　保福寺？　どちらの観音様をお参りに来たのだろうか。

まだおけよ 末はかならず 埴《はい》むらの 御法《みのり》のたねを こふし寺哉《てらかな》

七番 金峯山 保福寺《ほうふくじ》

松本市中山埴原

度重なる火災でも宝物は豊富

六番・西大寺と同じく保福寺。松本市街地から向かうと中山郵便局から左に折れて坂道を上る。

古くは標高1317メートルの高遠山の頂上に科野《しなの》権現が祀られ、そのあたりにこの寺の堂宇があった。現在の場所に寺が移ったのは正平20年（1365）のことで、松嶺和尚の時である。文正元年（1466）、火災に遭って寺勢が衰えたが、天文元年（1532）に京都・妙心寺の信叔《しんしゅく》が開山となっている。

同19年、小笠原長時は武田晴信（信玄）に攻められて林城を去る際、その妻室・仁科氏と息女を保福寺に託している。その後、天正元年（1573）に再び火災に遭うが、慶長18年（1613）に長時の孫・小笠原秀政が松本城主になると伽藍を再建し、寺領を寄進するなど寺域が整った。この地は元和《げんな》4年（1618）、松本藩領から諏訪藩領になったため諏訪藩主からの寄進もあった。保福寺の歩みを振り返るとしばしば火災に見舞われているが、法燈は連綿として今日まで絶えていない。

「筑摩三十三カ所観音霊場第七番保福寺」の木札を見ながら庫裏へ。

山門

札所本尊・千手観音

磯部弘文住職（55）に案内していただき、観音堂へ向かう。六番・西大寺と七番・保福寺の札所本尊が共に安置されている。住職が「うちの札所本尊はこちらです」と言いながら千手観音像を私の前に。そして「秘仏ではないので、しっかり撮影してください」。高さ30センチほどの小さな像だ。ありがたく手を合わせたが、「しっかり」の一言でプレッシャーも感じ、ご詠歌を唱えるのを忘れ、シャッターを押す指も震えた。

住職は「何度も火災に遭っているので古文書は残っていないし、寺の宝物は中馬《ちゅうま》の絵馬くらいですよ」と謙遜。中馬とは、ある荷物を売り主から買い主へ運んで届ける「中通い馬」の略で、山国・信州では重要な輸送手段であった。確かに中馬を描いた安政3年（１８５６）奉納の絵馬は極めて貴重なものだが、保福寺にはまだまだ宝物がいっぱいある。『善光寺道名所図会《ずえ》』にも記された重玉《しげたま》の松（2代目）、寛政12年（１８００）建立の立川和四郎の手になる本堂、享保17年（１７３２）建立の山門、枯山水の庭園、谷文晁や仙石翠淵筆の天井画、小笠原長時妻子の墓……。紹介しきれないほどだ。

保福寺「松本の中馬」絵馬

最後に磯部住職が「桜の季節はたくさんお見えになりますし、ここから槍ヶ岳に沈む夕日を撮影する人も多いですよ」。冬場の札所巡りも良いが、桜が咲く頃に足を運べば別の魅力がありそうだ。

ひと休み ふたやすみして はるばると
参れば願ひ まどかなる寺

八番 隆光山 円城寺《えんじょうじ》

松本市中山埴原東

信仰厚い「夜泣き封じ地蔵」

七番・保福寺《ほうふくじ》から南へ2キロ弱。松本市街地から向かうと「宮の下」バス停から左に折れて坂道を上る。まっすぐ進むと埴原《はいばら》神社。この神社は湯立《ゆたての》神事と駒馳《こまはせ》神事でも知られる。社地の南を通る道に沿って進むと円城寺に着く。振り返るとやはり眺望が抜群。晴れていれば北アルプスと松本平が一望できそうだ。訪れた日は、残念ながらアルプスには少し雲が掛かっていた。が、前日に降った雪で、松本平はうっすらと白く、狂歌堂真顔が詠んだ「墨絵の松本の里」のようにも見える。

聖地蔵菩薩

円城寺は、中世にはあったといわれるが、寺の歩みは明らかではない。仙石《せんごく》氏の氏寺として創建されたともいわれるせいか、住宅地図を見ると確かにこの周辺に「仙石」姓のお宅は多い。

明治9年（1876）の記録には次のようにある。東西19間3尺×南北30間3尺、面積1反9畝《せ》15歩、真言宗牛伏寺《ごふくじ》の末派で中山村の観音松という所にあった、開基は不詳で堂宇は壊され、中山村の辰の方角にある胡桃澤に移し、元禄8年（1695）9月に暁海という僧が再興した（長野県町村誌・南信篇）――。元は現在地の東南にあったといわれ、元禄8年に埴原神社の東にあった隆光山観音寺と合わせて、現在地に円城寺として

再建されたといわれる。

参道入り口の右手に「隆光山円城寺」の石柱が立つ。その後ろに聖観音像、左手には建立年不明の地蔵菩薩像が立つ。このお地蔵さん、「夜泣き封じのお地蔵さん」として地元の皆さんから信仰が厚い。木柱の文字はかすれていて、今ははっきり読めない。しかし、お地蔵さんには賽銭《さいせん》があがっている。

石段を上ると本堂。ここには「筑摩三十三カ所観音霊場第八番円城寺」の木札が掛かる。横を見ると、古い観音霊場巡りの木札もある。そちらの札にも敬意を表し、ご詠歌を、今回は2度唱えてみる。本尊は聖観音菩薩像だが、あいにく拝むことができなかったので、石段を下る。来た時には通り過ぎてしまった、参道入り口の聖観音像前であらためてご詠歌を唱えた。高さ90センチほど、銘文は「□保七」と読めるようだ。「享保七」年（1722）なのか「天保七」年（1836）なのかは、よく分からなかった。

参道から本堂を望む

少し時間を過ごしたが、アルプスの山々にかかった雲はそのままである。やはり、保福寺と同様、桜の季節にもう一度足を運びたい。

来世にて　死出の山路は　よもこさじ
きんぽう山に　参る身なれば

九番　金峯山　牛伏寺《ごふくじ》

松本市内田

「厄除け縁日」の寺　仏像の宝庫

八番・円城寺から南へ3・5キロほど。「しののめの道」を左に折れ、「厄除け縁日」で知られる牛伏寺へ。この寺はもと鉢伏山の中腹・蓬堂《よもぎどう》にあり、普賢院《ふげんいん》と呼ばれたという。その後、堂平に移り、1500年代には現在地に移ったといわれる。慶長17年（1612）の大火で全焼したが、再建されて現在に至っている。江戸時代に諏訪藩領であったことから、松本藩で吹き荒れた廃仏毀釈からは逃れた。恐らく長い寺の歴史には栄枯盛衰があったろうが、平安時代から江戸時代に至る数十体の優れた仏像群に、牛伏寺の信仰の深さを探ることができる。

駐車場から歩くと、右下には牛伏《うしぶせ》川の水をたたえる牛伏寺ダムが見える。この川はかつて「暴れ牛伏」の異名をとり、明治初年から当時の内務省土木局直轄の砂防工事に着手、大正7年（1918）には、今は重要文化財になった「牛伏川本流水路」（牛伏川階段工）ができた。ダムは昭和45年（1970）に完成である。

寺の縁起にもちなむ牛堂を見て参道を進む。内部には阿弥陀如来像と赤黒2頭の牛が祀られている。如来像は江戸時代の作と伝わる。石段を一歩一歩上り、仁王門をくぐって7分ほどで観音堂へ。途中、参拝を済ませた何人かに出会う。その脇を歩いて観音堂へ。

観音堂は正徳2年（1712）の棟上げといい、村々の檀家から柱材が寄進され、島立堀米《しまだちほりごめ》からは大量の榑木《くれき》（屋根葺き材）が運搬された記録も残る。親子連れが参拝していたので、小さな声でご詠歌を唱える。声をかけたら、名古屋の方だった。そういえば、駐車場には県外ナンバーの自動車が2台ほど停まってい

左から仁王門、観音堂、仏像収蔵庫

た。大絵馬も奉納され、そちらも見事。観音堂の右手には、立派な仏像収蔵庫が立つ。

本尊は木造十一面観音像で国重要文化財。秘仏である。像高152センチ、等身大に近くヒノキ材の一木割矧《わりはぎ》造で全身に彩色がある。『新編　松本のたから』（1998）『牛伏寺誌 歴史編』（2013）などにカラー図版が掲載されているので見てほしい。私は『新編　松本のたから』編集時、大谷秀雄住職のご厚意で、すぐ近くで秘仏の観音像を拝むことができた。33年に1度のご開帳法要時を除けば、有り得ない貴重な体験をさせていただいたが、その時の感動を皆さんに伝えられないのが残念だ。

牛伏寺はあらためて言うまでもなく仏像の宝庫。個人的には「我はこれ三途《さんず》の川の嫗《おうな》」という感じの脱《だつ》衣婆《えば》が好きなのだが……。

仁王門から石段を下り、如意輪堂前の牛さんにあいさつ。参拝者のほとんどが手で撫《な》でるのでピッカピカ。表門をくぐって歩いてくる人が見えた。年間を通じて参拝者が絶えない寺である。

仁王門

野も山も　御法《みのり》の風に　王徳寺
遍照尊の　ちかひたのしき

十番　加擁山　王徳寺《おうとくじ》

松本市寿北

疫神除不動として知れ渡る

牛伏《うしぶせ》川を上流から下り、矢沢橋の信号を右に折れて坂道を上がると王徳寺。九番・牛伏寺《ごふくじ》から北へ4キロほどだ。この寺は700年ほど前、尊栄大和上により開かれたといい、大日如来と不動明王が本尊として祀られた。

正徳元年（1711）以前は不動寺と言われていた。が、不動明王の威徳をたたえて「王」の字を寺号の頭とし、明王の「徳」を戴《いただ》くとの願いから、今のように王徳寺と呼ばれるようになり、牛伏寺の末寺となった。明治10年（1877）、当時の豊丘村戸長らが長野県権令へ提出した書類には、王徳寺・片丘村牛伏寺真言宗末派にして……宝暦壬申《みずのえさる》年憲海中興す――とある（長野県町村誌・南信篇）。宝暦壬申年は同2年（1752）である。不動明王は「信州中山疫神除不動尊」として、近郷近在に知れ渡っていた。寛政2年（1790）の寺伝由来記によると、天文年間（1532～55）以降、小笠原氏の帰依が篤く、とりわけ父祖の領地を回復した小笠原貞慶《さだよし》は開運不動として尊崇した。

王徳寺全景

駐車場から一度下り、石段を上る。右手には明和6年（1769）

建立の六地蔵が迎えてくれて、うち1体は高遠石工・孫右衛門の銘が刻まれている。本堂前から西を眺めると七番・保福寺《ほうふくじ》、八番・円城寺と同じく北アルプス、松本市街地から安曇野方面を望めるが、あいにく、私の訪問日は山々は雲に隠れていた。

　中島宥生住職は不在、奥さまの案内で本堂へ。まずは大日如来にお参りし、続いて札所本尊の十一面観音へ。しかし忿怒《ふんぬ》相の不動明王が目に入ってしまったので、先にお参りする。右手に利剣、左手に索を持ち、額に三筋の水波の相を表すこの像は市重要文化財。明応8年（1499）の寄進で、寄進者は相当な経済力を有した人物とみられる。「こちらが観音様です」との案内にあわてて手を合わせ、小声でご詠歌を唱えた。「よかったら写真もどうぞ」と勧められた。像高は40センチほど、光背を入れると60センチほど。端正な顔立ちである。

札所本尊・十一面観音

　十一面観音はあらゆる方向を向き人びとを見守るといわれ、札所巡りで霊験にあらたか、人気があるという。奥さまによると、悩みを抱えた方がこの寺に時折足を運び、いろいろと相談していくという。観音にお参りし、住職ご夫婦と対話し、帰るときは表情がすっきりする人が多いらしい。そんな話を聞くと〝癒やしの空間〟と言われるのも宜《むべ》なるかな。

　奥さまのお話が耳に残り、石段を下るときにもう一度ご詠歌を唱えた。桜には少し早かったので、近いうちに再度訪れたい。そのときは、きっとアルプスもきれいに見えるだろう。

十一番 横林山 桃昌寺《とうしょうじ》

松本市内田

きこしより 増るうちだの 桃昌寺 千年の光 あらたなりけり

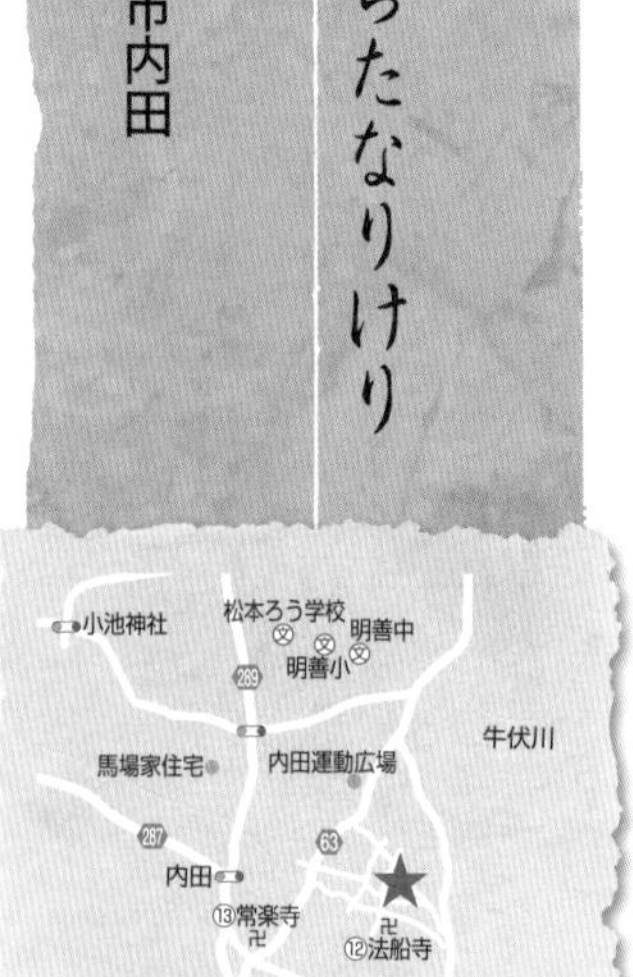

百瀬知行所代官・近藤氏の菩提寺

十番・王徳寺から牛伏《うしぶせ》川沿いを南へ市道片丘線を南に進むと松原台、片丘郵便局を過ぎて「牛伏寺《ごふくじ》入口」信号を左折。内田保育園前を右折し、内田運動広場を右手に見てしばらく進むと桃昌寺に着く。すぐ南に十二番・法船寺がある。

この寺の始まりは明らかではないが、今は畑地になっている横林山の麓に伽藍が開かれたようだ。臨済宗の大覚禅師（1213～78）によって開かれたとも、曽根原七左衛門重政が「桔梗ヶ原の合戦」で、多くの人びとが戦死したのを悼み、仏像を彫って供養したのが始まりともいう。寺の名前は、元は東昌寺といった。武田氏の家臣であった桃井将監が浅田の地に寺を再興した際、「東」を「桃」に改めたようだ。

その後、この寺には難事が幾度か起こり法燈が絶えてしまったことがあった。が、その折々に檀家や関係者が寺の再興に力を注いだ。あるときは松本城下町の瑞松寺の末寺となり、また慶安元年（1648）には村井にあった二十一番・泉龍寺から同寺4世・燈室和尚を中興開山に迎え、その末寺になった。現在地へ移転したのは享保17年（1732）で5世・洪全和尚の代といわれる。その後幾多の変遷があり、二十番・西

六地蔵

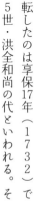

本堂

鐘楼

福寺の末寺となっている。本尊は文殊菩薩坐像で、脇侍は観音菩薩坐像と勢至菩薩坐像である。

正面入り口の覆屋内に立つ六地蔵、そして三界万霊塔が出迎えてくれる。少し風が吹くと、桜の花びらが舞う。楼門をくぐり本堂前へ。本堂には「筑摩三十三ヵ所観音霊場桃昌寺」の木札が掛かる。本堂は文化15年（1818）再建といい、鐘楼の梵鐘は戦争中の昭和16年（1941）に供出されたが、昭和50年に「国家昌平」「万邦和楽」の銘を刻んだ梵鐘が新たに鋳造された。

昼下がりのひととき、境内に人の姿が見えなかったので、手を合わせ、少々大きな声でご詠歌を唱える。鳥のさえずり、せせらぎの音のほかは何も聞こえない。静かだ。風向きが少し変わったのか、歓声が聞こえる。内田運動広場で白球を追う野球少年たちだろう。本堂裏には墓地があり、その入り口に無縫塔が2、3基並ぶ。

なお桃昌寺は寛文12年（1672）以降、上瀬黒、下瀬黒、竹淵、白川の4村と百瀬村の一部を治めた諏訪氏が管理した「百瀬知行所」の代官・近藤氏の菩提寺としても知られる。寺宝の一つに葛飾北斎の師の一人で幕府御用絵師・友川寛信筆「達磨《だるま》大師」の掛け軸がある。これは桃昌寺が近藤氏の菩提寺であった縁で寄進されたものである。

ぎやく縁も　もらさですくふ　法の舟
巡礼とふの　拝む身なれば

十二番　塩澤山　法船寺《ほうせんじ》

松本市内田

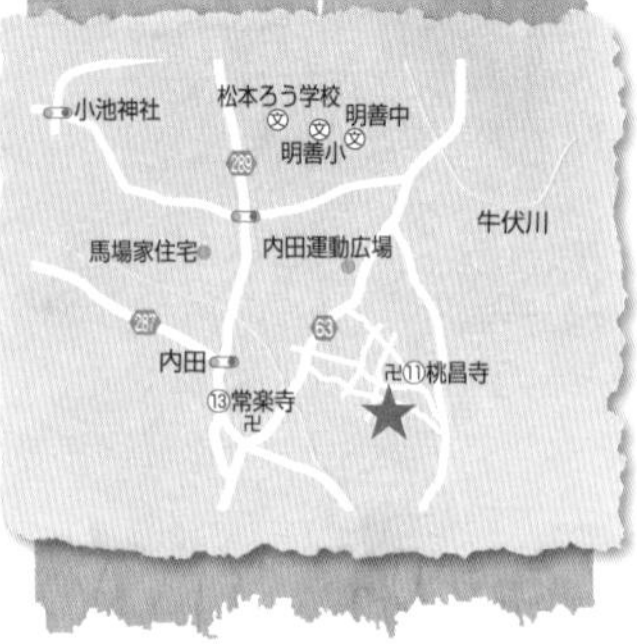

アジサイの名所　子育て観音

十一番・桃昌寺から南へ100メートルほど歩けば法船寺がある。市道片丘線から東に折れると白壁に囲まれた本堂、鐘楼、観音堂などの建物が目に入るので、分かりやすい。

寺伝によると永禄4年(1561)に憲修和尚が開山したという。また、もともとは南内田の地にあったが、現在の場所に移転されたともいう。境内が市の特別名勝に指定されている法船寺は、四季を通じて静寂なたたずまいを見せる。とりわけ近年は境内全域でアジサイが色とりどりの花を咲かせる「あじさい寺」として知られ、見頃には足を運ぶ人が多い。

六地蔵など

本尊は薬師瑠璃光如来、位牌堂には大日如来坐像が安置されている。この坐像、廃仏毀釈の嵐の中で廃寺の憂き目にあった鎌田の正福寺から譲り受けたものである。また、寺宝の一つに橋本雅邦筆「白衣観音坐像」の掛け軸があり、こちらも美術ファンに知られている。

山門前の道を挟んだ駐車場からは、晴れていれば北アルプスはもとより、塩尻から安曇野まで、松本平が一望できそうだ。3体ずつ覆屋に立つ六地蔵の出迎えを受けて境内へ。近藤栄祐《えいゆう》住職(38)の案内で観音堂に入ると、住職が「この観音堂の建立年を伝える墨書が残っていま

観音堂

札所本尊・準胝観音

す」と指で示してくれた。その先には「寛延元戊辰年十月二十五日奉建立観音堂」と読める。

1748年建立の堂内には、十二番観音の準胝《じゅんてい》観音が安置されている。「どうぞ撮影してください」と勧められシャッターを押す。高さ60センチほどの像だ。筑摩三十三番観音霊場では唯一の準胝観音。その功徳は息災・延命・求児・除病などがかなうといい、別名「子育て観音」である。近藤住職によると、かつてはこの観音堂の周りで近所の子どもたちがよく遊んだが、不思議なことに誰もけがなどしなかったという。準胝観音さまのおかげなのだろう。

堂には子育て祈願の小絵馬が奉納され、風になびいている。堂の前、西にある枝垂《しだ》れ桜の樹齢はほぼ観音堂の歩みと同じ。花の時期は逸したが、来年は片丘桜をぜひとも鑑賞したい。堂周りのアジサイはこれから。例年なら7月中旬が盛りのようだ。

住職に写真撮影の許しをいただくと、ついついご詠歌を唱えることを忘れてしまう。七番・保福寺《ほうふくじ》のときと同じく、境内を辞すときにご詠歌を唱える。子育て中ではないから、まあ、いいかとも思うが……。

聞きしより 朝夕願ふ 常楽寺
今日この山に 参るなりけり

十三番 清水山 常楽寺《じょうらくじ》

松本市内田

コウヤマキとササラ踊りの寺

十二番・法船寺から西へ約500メートル下ると常楽寺に着く。市道片丘線からは塩尻方面に向かい、「崖の湯口」バス停に程近い。周辺には「筑摩三十三番観音霊場・天然記念物コウヤマキの寺」という案内板がいくつかある。

常楽寺の始まりは、慶長年間(1596~1615)とも、少し下って延宝3年(1675)ともいわれる。明治9年(1876)、当時の片丘村戸長・馬場與平《よへい》らが筑摩県参事に提出した書類によると、牛伏寺《ごふくじ》の末寺で、延宝3年に憲久が開基した——とある(長野県町村誌・南信篇)。ちなみに馬場與平は、今は国重要文化財である馬場家住宅の第13代当主であった人物である。

案内板にあった「コウヤマキ」とは、境内にある高さ25メートル余の、松本城主・小笠原秀政お手植えの伝承を持つ木(高野槇)のことだ。このコウヤマキと共に、この寺はかつて境内で片丘の人びとによってササラ踊りが踊られ、伝承されたことでも知られる。「夏も濁らぬ清水山はササラ踊りの生まれ場所」の碑が、この踊りの歩みを伝えている。

周辺の道路改良が進んだため境内の南に通用門があるが、金色の鯱《しゃちほこ》をいただく山門は西側にある。山門の右手にある六地蔵が出迎えてくれる。左手には制札。よく見ると「定 一、車馬ヲ乗入ル事 一、魚鳥ヲ捕ル事 一、竹木ヲ伐ル事」など、明治36年(1903)に県が定めた条文が墨書きされている。かすれているが、英文も併記されている。

正面に本堂が立ち、右にシダレザクラの老木、左にコウヤマキ、その奥に鐘楼。札所本尊の平和観世音菩薩像は、鐘楼と成田不動尊を祀る不動堂との間に祀られている。万延年間(1860〜61)頃に祀られた本尊が不詳であったため、昭和53年(1978)、槇完明《かんみょう》住職(67)が発願し、再興建立した。堂宇内ではないので、いつでもお参りができる。

住職の奥さまから話をうかがう。奥さまは私の実家の近くから嫁ぎ、小学生の頃にお世話になった方だ。久しぶりに会ったため話が弾み、肝心なことを聞き忘れるところだった。「境内の湧き水は名水として知られ、今は水みちが変わりましたが、観音様のお参りと名水を訪ねてくださる方々が多いんです。特に名古屋方面からは団体の皆さんが足を運んでくれます」

平和観世音菩薩像に手を合わせ、ご詠歌を唱える。踵《きびす》を返して山門へ向かう。古い石塔と並ぶ少し新しい石塔が目に入る。近づくと「動物供養塔」とあり、花が手向けられていた。

鐘楼と高野槇

札所本尊・平和観音

頼みおく　願ひはなおも　弘長寺
その末の世の　末の世までも

十四番　赤木山　弘長寺《こうちょうじ》

松本市寿小赤

あじさい寺の本尊は石仏

「寿小赤《こあか》」信号から市道赤木線を塩尻方面へ。赤木公民館を過ぎてしばらく進むと「赤木山弘長寺」の大きな寺標石が目に入る。左に入ると弘長寺。長野自動車道の側道にも「あじさい寺　弘長寺」の案内板があり、アクセスしやすい。

鎌倉幕府5代執権・北条時頼の六男、相模六郎政頼が当時幕府の直轄地であったこの地に遣わされていたが、弘長元年（１２６１）10月に病没。年若くしてこの世を去った政頼を哀れんだ時頼が憲政を遣わし、弘長3年に政頼を弔うためにこの寺を開かせたという。政頼は幼名を赤木丸といい、弘長年間の創建であることから「弘長寺」という寺号になった。

初めは現在地の南、白神場《しらかんば》にあり、寺域も広かったという。寺号とともに、寺域に残る南北朝から室町にかけて建立された数基の宝《ほう》篋印塔《きょういんとう》が、この寺の古さを物語っていようか。弘長寺はその後2度火災に遭い、現在地に移ったのは寛永3年（１６２６）のことであった。

駐車場から山門をくぐる。庫裏で、先に紹介したような弘長寺の歩みなどを山田真弘《しんこう》住職（52）から聞き、本堂へ案内される。ふと見ると、大陸浪人・川島浪速《なにわ》の書が掲げられている。本尊の不動明王を拝ませていただき、札所本尊がある位牌堂へ。山田住職は「札

薬師堂

山門と本堂

札所本尊・石仏の十一面観音

所のご本尊は十一面観世音菩薩ですが、石仏なんですよ」と言い、写真を撮りやすいように厨子《ずし》から出してくれた。確かに石仏で、像高は20センチほど。「空也厄除作　天徳三年　小野道風持」と刻字されている。この菩薩、嘉永4年（1851）に地中から発見された。天徳3年は959年で、この刻字により空也《くうや》上人作と伝わる。31世住職・榮勇が「空也上人十一面観世音由来記」を記して今に伝わり、ここに詳しく述べられている。

「三十三番札所のうち、石仏の本尊は珍しいかもしれませんね」と山田住職。ストロボが反射してしまい写真がうまく撮れず、ご詠歌を唱えるのを忘れてしまった……。なお、十一面観世音菩薩は事前に申し込みがあればお参りできるとのこと。住職から『写真集　弘長寺』（文・山田住職、写真・宮下済雄氏）をいただいた。多彩な寺宝などもふんだんに紹介されている。なお、ここはアジサイの名所でもあり、6月中旬からが見頃になる。

　本堂を辞して薬師堂へ。今では見ることの少ない「目の字」の小絵馬がひっそりと。目の病の平癒を祈って奉納されたものであろう。

むらさきの雲のこなたに常光寺
導きたまへ花のうてなへ

十五番 雨寶山 常光寺《じょうこうじ》

塩尻市片丘北熊井

小宇宙に響くオルゴールの音

十四番・弘長寺からは市道赤木線を南に進んで塩尻市に入り「宮村」信号手前を左に折れる。北熊井諏訪社を右手に上ると常光寺である。

寺の始まりは明らかではないが、寺に伝わる「雨寶山常光蜜寺由来記」によると、平安時代中期、東山に薬師如来をまつって小さな堂を建て、蓬堂《よもぎどう》と称したのが始まり。戦国時代、熊井城の鬼門を守る祈願所として一本杉に薬師堂を移し、往時は東西約550×南北約220メートルの規模を誇っていた。天文年間（1532～55）に武田勢がこの地方を攻めた際に寺は焼失、その後、大沢の地に仮堂を祀った。現在地に

六地蔵・山門・寺号碑

移ったのは江戸時代に入った寛永2年（1625）、牛伏寺《ごふくじ》から来た憲養が中興したと伝えられる。山号「雨寶山」は、蓬堂に雨乞い信仰があったことにちなむ。

六地蔵に迎えられて山門をくぐる。この山門、かつては諏訪藩高島城の城門の一つで、明治8年（1875）に移築された。ほぼ江戸時代を通じて、この地域は諏訪藩―東五千石―領。諏訪藩主の巡見時はこの寺が宿泊、休憩に利用された。これが理由か分からないが、藩主から寺紋を許され、女性用の乗り物（駕《か》籠《ご》）などを拝領している。

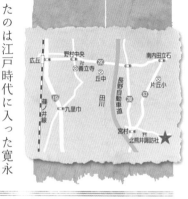

本堂の内部

境内に足を踏み入れるとオルゴールの音色が耳に入る。中島宥性《ゆうしょう》住職（65）の出迎えを受けて本堂へ。「残念ながらご本尊の撮影はちょっと……」とのことで、リーフレット写真の転載の許しを得た。寺と札所の本尊は、如意輪観世音菩薩。像高約84センチの市指定有形文化財。鎌倉時代中期の作と推定され、寺の記録に享保13年（1728）、京都の法輪寺から移した、とある。ご詠歌を唱えてお参り。本堂内でもオルゴールの音色が聞こえ、心地よい。「オルゴールは私の趣味。お寺は開放的じゃなきゃね。昔、お寺は子どもたちの遊び場だったのにね。子どもたちも、地域の方も、もっとお寺に来てほしい」と中島住職。

本堂を辞して境内へ。リーフレットに「花ごよみの寺」とあり、そこかしこにフクジュソウ、ツバキ、梅、スイセン、ミズバショウ、桜……。初夏はアジサイも楽しめる。薬師堂には室町時代作の木造薬師如来が祀られ、その脇には旧広丘村出身の歌人・太田水穂の「あさの露ゆふべの霞たらちねの乳の香ぞする鉢伏の山」歌碑。本堂、庫裏などの建物をはじめ、多くの石造、林、せせらぎ等々が、まるで一つの小宇宙を形づくっているかのようだ。「いつでも庫裏へどうぞ、開いていますから」と中島住職。

幾千代も　かはらぬ色の　松林寺
峯のふく風　御法《みのり》なりけり

十六番　瑠璃山　松林寺《しょうりんじ》

塩尻市片丘南熊井

興味深い半鐘のいきさつ

十五番・常光寺からいわゆる片丘街道（県道63号）を南へ約2キロ、「桟敷」交差点の手前を左に折れると松林寺に至る。「千歳の松に仏法の永久なる」ことを託し、この寺号がついたという。寺の東を旧「五千石街道」が通り、裏山は南熊井城跡である。

寺の始まりは明かではないが、8世・清雄が記録を残している。寛保3年（１７４３）の記録によると、かつては現在地の西北の倉村にあったが衰退し、享保8年（１７２３）に6世・憲勝の尽力により現在地に客殿（本堂）が完成した。往時、本堂は東西約6メートル×南北約7メートル、庫裏は東西約10メートル×南北約7メートルの規模を誇り、盛えたという。しかし文政11年（１８２８）に本堂以下を焼失。17世・英運が堂宇の再建に並々ならぬ熱意で臨み、天保3年（１８３２）に本堂、庫裏などが完成した。

樹齢４００年以上といわれるヒノキに迎えられ、寺内へ。本堂正面には地元の出身・玉骨道人が揮《き》毫《ごう》した「瑠璃山」額が掛かり、なぜか半鐘が吊られている。小野文雄《ぶんゆう》住職（69）の出迎えを受け、庫裏でお話を聞く。恐る恐る本尊の撮影をお願いすると「どうぞ、どうぞ」と本堂へ。「邪魔でしょうから、どかしますね」と脇侍仏を横に寄せ、照明をつけてくれた。寺と札所の本尊は如意輪観世音菩薩。作者や作年代は不明であるが、よい表情をしている。

「せっかくですから、薬師堂も」と住職に案内されて薬師堂へ。本堂内も薬師堂にも古い句額が掛かっている。薬師堂は寺よりも歴史が古く、かつては現在地より北

本尊・如意輪観音

の堂平にあり、現在地には寛政6年（1794）に再建された。薬師堂は2代目・立川和四郎の作。堂には薬師如来が祀られ、武田勝頼が寄進したものと伝えられる脇侍仏5体は、堂内に安置されている。

さて、先ほどの半鐘が気になる。小野住職曰く、次のようなエピソードがあった。

半鐘は宝暦6年（1756）の銘があり、文政の災禍も逃れ、太平洋戦争中の金属供出の対象とされても村民の英知で寺の前の火の見の警鐘として生き延びた。戦後、寺に戻すべきだとの声で寺に戻る。寺は、代わりに新たな半鐘を鋳造して火の見に吊るしたが、音が悪く万が一のときに役に立たない。消防団の衆は法被姿で筵《むしろ》旗を立て、再び半鐘を返せと寺に座り込み、結局寺側が折れた。歳月は過ぎ、今の住職が庫裏などを新築した折、この宝暦の半鐘を再び寺に戻す機運が起こり、昭和62年（1987）3月に所定の場所に帰ってきた——。

本尊の撮影をさせてもらうと、ついついご詠歌を唱え忘れてしまう。帰りがけ、六地蔵の前で小さな声で……。

本堂「瑠璃山」額と半鐘

八千とせや　誓ひはふかき　福寺の
あゆみをはこぶ　志るしなりけり

十七番　慈眼山　永福寺《えいふくじ》

塩尻市塩尻町

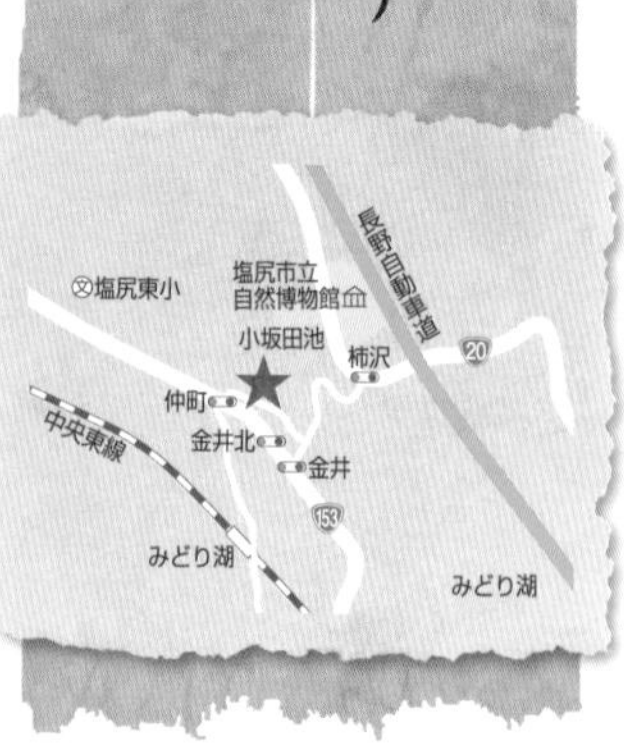

「筑摩」札所唯一の馬頭観音

十六番・松林寺から南へ。国道20号または国道153号経由で約5キロ、市営小坂田公園を背後に控えた地に永福寺がある。

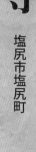

寺伝によると、寺は永正9年（1512）、文明という僧が住みつき、大永元年（1521）に長畝《ながうね》に寺を建立したことに始まる。往時は長福寺といっていた。木曽郡木曽町にある長福寺の開基は、木曽義仲から13代目を称する源太郎豊方《とよかた》で、その法名は長福寺殿叟英《そうえい》。永福寺の前身、長福寺の寺名もこの法名により、文明という僧は豊方の孫にあたる義方《よしかた》という人物に当たるらしい。

仁王尊像

境内には「木曽義仲公縁《ゆか》りの永福寺」の石柱が立つ。その後の寺の様子は不明だが、元和元年（1615）、中山道塩尻宿の東端の古寺に移り、さらに元禄15年（1702）には現在地に移転した。享保2年（1717）、現在の永福寺という寺号になっている。

山門、そして仁王門をくぐって境内へ。この仁王門、明治26年（1893）着工で翌年完成、市指定有形文化財である。棟梁は立川（立木）音四郎種清で、明治21年には皇居の造営にも携わった。松本中

旭観音堂

町に生まれた彫刻家・太田南海の手による仁王尊像が迎えてくれる。

本堂にお参りし、白馬実円副住職の案内で旭観音堂へ。この観音堂も同じく市指定有形文化財でご本尊は駒形観音。宝永元年（１７０４）に建立されたが、のちに焼失した。安政2年（１８５５）から名匠・立川和四郎2代目・富昌により造営され始めたが、翌年富昌が不慮の事故死。工事は一時中断したが、万延元年（１８６０）に3代目・富重によって一応の完成をみている。

前立馬頭観音

副住職から「撮影していただいて結構です」と言われ、今回は前立馬頭観音にカメラを向ける。副住職が気を遣って私一人にしてくれたので、その前に少し大きな声でご詠歌を唱える。高さ30センチほどの像。筑摩三十三観音札所では唯一の馬頭観音である。その名のとおり頭上に馬の頭をいただき、観音には珍しい忿怒《ふんぬ》相。奈良時代には日本に伝わり、近世には民間信仰に組み入れられ、農村部では家畜の守り本尊とされたこともあり、私たちには路傍の馬頭観音はなじみが深い。

「三十三観音巡礼で来る方もありますが、最近は街道ブームなのか、中山道を歩く方々がこの寺に寄り観音様をお参りするケースが多いですよ」と副住職。堂には大絵馬などが多く奉納され、かつての信仰の篤さを物語る。

8月17日が旭観音堂の縁日だそうだ。観音堂の四囲には檀徒の方々の浄財で四国八十八ヵ所のお砂踏みもある。

有がたや　闇路を照らす　常光寺
なをいつまでも　はてしなき世を

十八番　飯綱山　常光寺《じょうこうじ》

塩尻市上西条

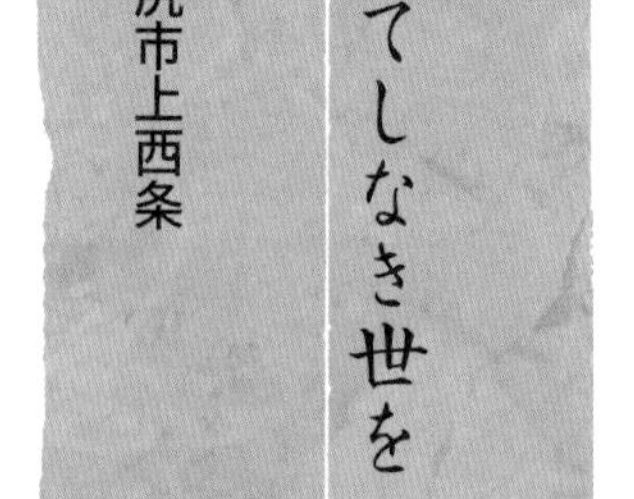

「しゃくなげ寺」自然散策も

塩尻市内の札所には同名の「常光寺」が二つある。十五番は「花ごよみの寺」だが、十八番は「しゃくなげ寺」として有名だ。

十七番・永福寺からはいったん国道153号に出て塩尻市街地方面に進み、すぐに左に折れる。塩尻市街地方面からは「塩尻町」交差点を過ぎて右に曲がる。JR中央東線みどり湖駅を過ぎて突き当たりを右へ。大きな石の観音さまが見えたら、そこが常光寺の入り口だ。

常光寺の始まりは明らかではないが、永徳2年（1382）または応永年間（1394～1428）に、恵覚が飯綱大権現を勧請して中興したという。その後、西条城主・小笠原氏の信仰と庇護で栄えたが、同氏の没落とともに法燈も絶えた。江戸時代になって寛文9年（1669）、実清が法燈を再興した。このバックグラウンドには、飯綱大権現に対する民衆の篤い信仰があったらしい。文政2年（1819）、山火事で伽藍を失ったが、天保初年までに本堂、庫裏などが再建されている。

8月上旬、駐車場から狛犬《こまいぬ》の出迎えを受けながら石段を上り、本堂前へ。参道にはまだアジサイが咲いていた。訪れた日は午後から先祖の供養があるとのこと、上條仙昌《せんしょう》住職（69）は忙しそうで、檀家も手伝いに来ていた。「観音さまのお参りには御朱印を持って来る方が多いです。特にシャクナゲが見頃になる5月はにぎわいます」と上條住職。札所観音の撮影をお願いすると「護摩堂に安置してありますから、どうぞ」と護摩堂に通された。厨子に納められた聖観音は、高さ50センチほどだろうか。右手に蓮華を持ち、どことなく気品と風格が漂う。「境内の清掃がありますから」と、気を遣って私一人にしてくれた。堂内に掛けられたご詠歌を唱え、そして撮影。

撮影後、上條住職に勧められて裏山「飯綱山」へ。整備された遊歩道の登り口にある小祠の玉垣に、かつて栄えた製糸会社の名前を見つけ、

本堂（左）と護摩堂

札所本尊・聖観音

遊歩道を少し上ると平成3年（1991）建立の道祖神に出会い、これもカメラに収めた。2千本はあるというシャクナゲの中の遊歩道を上り詰めると、本尊・大日如来の化身ともいわれる不動明王の石像が迎えてくれる。ゆっくり歩くと30分ほどだろうか。順路札がそこかしこにあるので、無事に本堂裏手の庭園に戻った。ツツジなどが植えられ、時季が合えば自然に触れながら花が楽しめる。

「アジサイ」だが、境内は西日がほとんど当たらないため、7月いっぱいくらい楽しめるとのこと。養蚕信仰だが、蚕糸業が華やかなりし頃、5月になると県内はもとより韮崎や中津川などから繁栄を祈り、関係者の参拝が絶えなかったとのことである。

上条の 小澤の里の 観世音
大慈の光り 清水湧き出る

十九番 圓通山 慈光院《じこういん》

塩尻市上西条

本堂と鐘楼だけの〝小宇宙〟

十八番・常光寺からは下西条方面に約300メートル。塩尻市街地からは国道153号「堀の内」信号を右折し、中央東線を横切って建国神社を過ぎて左折する。地域振興バスの停留所「慈光院下」手前を右に曲がって細い坂道を進むと、駐車場がある。市街地から向かった私は、一度入り口を通り過ぎてしまい、気づいたら常光寺の前まで来てしまった。引き返して、歩いている人に尋ねた次第。

慈光院の始まりは明らかではない。戦国時代、小笠原氏が西条の山を利用して築いた大手の山城跡に、観音堂があったという。現在の場所に移ったのは、江戸時代も後期を迎えた享和年間（1801〜04）のこと。中興したのは照山廓明《みょう》尼《に》首座といわれるが、戦国時代から400年間にわたって法燈が絶えていないようだ。

駐車場から杉木立の参道を歩く。それほど急ではないが、少々息が上がる。山懐に抱かれているだけあって眺望は抜群で、晴天なら、塩尻市街地はもとより北アルプスの雄姿も堪能できる。「筑摩三十三ヶ所

石段脇に立つ六地蔵

本堂をのぞむ

観音霊場第十九番札所圓通山慈光院」と刻まれた大きな石柱と、六地蔵に挟まれた石段を上ると、天保10年（1839）建立・寄進の常夜燈一対の出迎えを受ける。小沢祖圓尼《そえんに》からお話をうかがう。「何もないところですが、よいでしょうか。享和期にここに移ってから代々尼寺で、私は8世になります。檀家はないですが、地域の皆さんがいろいろと協力していただけるので、助かります」

札所観音の撮影をお願いすると「ご本尊の聖観音は秘仏ですので……。申し訳ありませんねぇ」。もう一度お願いしたが、答えは同じ。仕方がない。毎年9月17日には観音大祭があるとのこと。「お祭りの日も、聖観音像を拝むことはできませんが……」と祖圓尼。それほど大きくない本堂に札所の木札が掛かる。お参りの後、境内を一回り。建物は本堂のほかは簡素な鐘楼があるのみ。ここは、緑に囲まれた、一つの小宇宙のような雰囲気が漂う。

参道を駐車場へ向かう。市街地が見え始めた頃、少し遠くから中央東線を走る電車の音が耳に入る。が、ほかには何も聞こえてこない。参道でしばし静寂さを楽しむ。できれば、観音大祭の9月17日にもう一度訪ねてみたい。

朝夕に 参りてたのむ 西福寺
如来の誓ひ あるにまかせて

二十番 寶松山 西福寺《さいふくじ》

塩尻市下西条

信玄が開基　深山幽谷の庭園

　平成12年（２０００）頃だったと思う。新宿からの特急「あずさ」で松本に帰る途中、塩尻で降りる知人が車中から指を差して「あれが西福寺っていう寺せ。塩尻じゃ立派な寺だじ。窪田さんも一度行って見ましょ」と話してくれた。西福寺と聞いて、このやりとりを思い出した。

　十九番・慈光院からは、塩尻市街地方面に約2・5キロ。地域振興バスの「西福寺入口」停留所を過ぎ、右に折れる。中央東線の新線（みどり湖経由）の高架をくぐった後、今度は旧線（辰野支線）の線路下をくぐると、西福寺に着く。

六地蔵

　西福寺は４５０年ほど前、永禄８年（１５６５）に武田晴信（信玄）によって開基された。この年に晴信から出された西福寺あて寄進状には「壹貫貳百四拾文」（1貫２４０文）を寄進し、さらに寺の造営を怠らないよう記されている。が、寺伝には、さらにさかのぼって明応2年（１４９３）、清林宗泉禅師が久野井に禅寺を建立したのが始まりとある。その後、6代・珠白《じゅはく》禅師が現在地に移したといわれる。珠白禅師は洗馬《せば》の三十三番・長興寺に住持した人物である。

　少し坂道を上ったところに駐車場がある。「曹洞宗西福禅寺」の大きな石柱に迎えられる。弘化2年（１

庭園をのぞむ

山門から本堂をのぞむ

845）と翌年、安政元年に起きた火災で焼け残った山門をくぐると、裏山を背景に見事な伽藍がいや応なく目に入ってくる。昭和55年（1980）からの開山400年記念事業で整備されたという。

　私が訪れた日、青山文規《ぶんき》住職（55）は法事に出掛ける直前で忙しそうだったが、少しお話をうかがうことができた。「気候が良い時季は、観音さまをお参りに多くの方々がお見えですよ」。私が「札所観音の千手観音の撮影はいかがでしょうか」と尋ねると「それは残念ですが、できかねます」。本堂前でご詠歌を唱え、本堂・庫裏裏の庭園へ足を進める。明治38年（1905）に改修され、池泉は「心」字をかたどっている。

　重さ7.5トンもあるという拝石に立って庭園を一望すると、深山幽谷に吸い込まれるようだ。池のニシキゴイが跳ねて、びっくり！　遊歩道歩きはぜいたくな時間が過ごせる。山門と同じく、2度の火災を免れた宝蔵には、先に触れた晴信の寄進状のほか、多くの寺宝が収められているが、中でも、開山和尚の袈裟《けさ》は市指定有形文化財。戦国時代の伝《でん》衣《え》（師が法燈を継ぐ弟子にその証しとして与えた法衣《ほうえ》）が現存するのは、県内でも極めて稀である。

　境内が広く、ゆっくりと参拝・散策するには時間が足りない。紅葉の時期に再度訪ねてみたい。

むらさきの　雲にうつろふ　いずみ寺
平等大悲の　御かげなるらん

二十一番　大淵山　泉龍寺《せんりゅうじ》

松本市小屋南

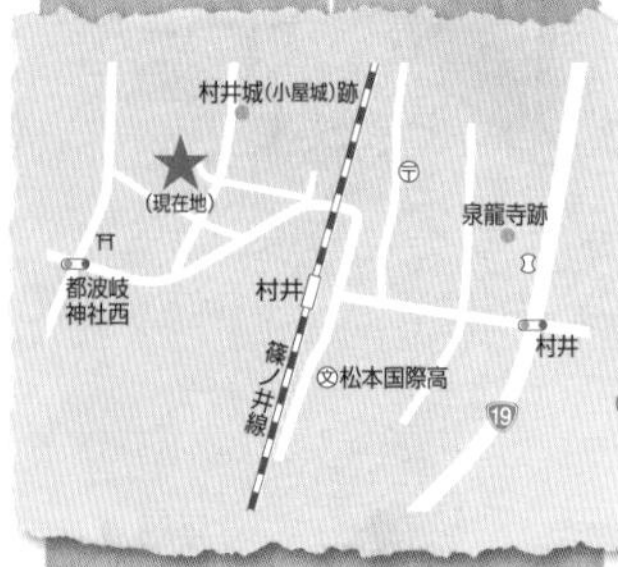

宿場の寺　火災から大きく復興

　心を癒やす旅は、塩尻市域から松本市域に戻る。

　土・日曜日は高速道路ばかりでなく、一般国道も慢性的に混雑が続く。二十番・西福寺からは渋滞気味の国道19号を松本方面へ。「村井」交差点を過ぎ、左に銀行支店を見ると、すぐ西側に芳川地区景観整備委員会建立の「大淵山泉龍寺跡」の案内板が立つ。二十一番・泉龍寺は宝暦4年（1754）まで、この一帯にあったことが分かる。

　開基は、このシリーズのしんがり、三十三番で訪ねる洗馬・長興寺の3世・康翁壽泰大和尚で、天正15年（1587）の開山である。往時、境内は東西21間×南北30間、本堂は東西7間×南北11間半、庫裏は東西5間×南北6間——などの規模であった。今も少しだけ面影が残る、善光寺街道の宿場町であった村井宿は慶長19年（1614）頃から整備されたというから、街道を往来する旅人は、泉龍寺の伽藍を目にし、手を合わせたのであろう。しかし、案内板の場所は人通りが少なく、気付く人は少ないようだ。

　現在地は、篠ノ井線・村井駅方面から向かうと、駅すぐ北の踏切を越え、小屋の都波岐《つばき》神社手前を右に曲がって小屋公民館を過ぎたところになる。ちなみに小屋公民館前には、小正月の火祭り「三九郎」のとき、子どもたちが奉持する彩色道祖神木像を納める祠がある。

　六地蔵に迎えられて山門をくぐる。正面に本堂、右手に庫裏、左手に薬師堂、大きな千手観音石像などが配され、全体にすっきりとした印象だ。宝暦4年（1754）、

千手観音石像

泉龍寺跡

12世・別宗哲山大和尚のときにこの地に移り、廃仏毀釈の嵐を乗り越えた泉龍寺であったが、昭和16年（1941）正月、近隣で発生した火災で大半を失った。檀信徒の努力で次第に復興、平成9年（1997）には現在の本堂、会館、庫裏などが完成している。

　訪れた日、百瀬泰隆住職（63）はあいにく不在。奥さまから少しお話がうかがえた。かつては名古屋方面からバスで参拝に来る団体客が多かったようだが、近年は個人でお参りする傾向が強いようだ。「先日も若い方が偶然お参りに見え、びっくりしました」。千手観音像に手を合わせ、境内に人影がなかったので、大きな声でご詠歌を唱える。秋晴れの空にご詠歌が吸い込まれてゆく。気分すっきり……のはずであったが、代表的な寺宝、十六羅漢・五百羅漢像が拝めなかったのが心残り。あらためて足を運びたい。

本堂

身をすてて　人をすくふは　法の道
衆生さいどは　諸仏なるべし

二十二番　方便山　善立寺《ぜんりゅうじ》

塩尻市広丘野村

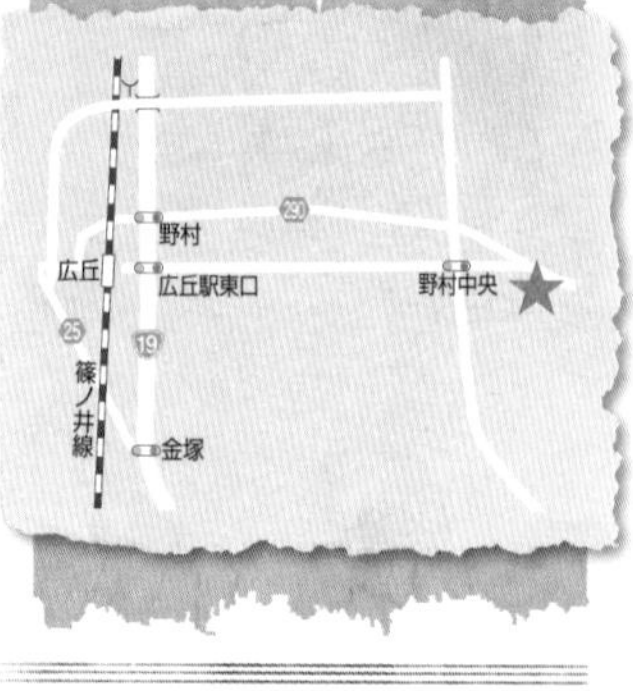

檀信徒の献身で復興

二十一番・泉龍寺からは、国道19号を南に進んで塩尻市に入り「野村」信号を東へ。丘中学校方面に向かい、新道と合流する。右手に善立寺がある。

善立寺は天文14年（1545）、武田晴信（信玄）が桔梗ヶ原に陣を進めた折、武田方の兵火に焼かれたというから、それ以前の創建とみられる。寺伝によると、その後同23年に武田家の家臣・名和重行が伊勢の僧賢譽存慶を招いて野村の地に一宇を建立。方便山善立寺と号し、江戸時代中期の元禄3年（1690）、現在の場所に移転した。

『信府統記』所収の「松本領諸寺院記」には「浄林寺ノ末寺ナリ、塩尻組野村ニアリ、当寺ハ天正年中ノ建立ニテ開山ハ正蓮社賢譽ナリ」と記さている。明治4年（1871）、廃仏毀釈で廃寺に。本堂ははじめ日章学校、のちに野村学校として使われた。しかし同13年、檀信徒の強い献身で復興し、現在に至っている。現本堂は平成5年（1993）、庫裏、客殿は同19年に落成した。

薬師堂・観音堂

庫裏で小路《こうじ》祥永《しょうえい》住職（57）からお話を聞いた。「札所巡りに訪れる

参道から本堂をのぞむ

人は月に最低でも2、3件はあり、過日も女性が4人連れで見えました」「昨今は団塊の世代以上の人が多く、このところ年々微増状態では」という。「札所巡りで寺に足を運ぶ人たちは、いろいろな事情があってのことでしょうから、あえて理由をお聞きしないですよ」と住職。安らぎを求めて来る人が多いのだろうが、仏像ブーム、自身や身内の不幸を背負って……等々、それぞれ事情があるのだろう。

本尊の菩薩は柔和な表情

小路住職は25年ほど教壇に立っていたとのことで、話が上手だ。ついつい引き込まれて1時間が過ぎてしまう。

札所巡りにみえる人たちに「どうぞ自由に参拝を」と接する小路住職は、「思いを遂げてほしいと思っています」と話す。話をする中で、ポツリポツリと自ら住職に口を開く人もいるという。「介護していた家族が亡くなってしまって」「かわいい幼い子どもを亡くしてしまって……」。私は札所を訪れても、極めて表層的なことしか接しないから、このようなお話はとてもありがたい。

「関東方面から2泊3日で、松本周辺の温泉に泊まるツアーに札所巡りが組み込まれているように、観光面ではプラスでしょう。一方、癒やしや安らぎを求めて来られる方々に、札所であるお寺がうまく対応できないことがあるのではないかと、私は感じるところがあります」

善立寺が廃寺になった松本藩の廃仏毀釈をはじめ、史実と伝承、私の好きな石仏や新旧の道祖神まで話題が広がり、住職の関心の広さ、知識の深さに脱帽した。2時間が経過。「そろそろご本尊の撮影を」とお願いし、観音堂へ。かつ

花山法皇石仏

ては薬師堂と観音堂は並び立っていたが、前年の工事で薬師堂・観音堂とした。向かって左に厨子に収められた札所本尊・聖観世音菩薩と花山法皇石仏、右に薬師如来像ほかが祀られている。住職が堂の外で待っているので、ご詠歌はのちほど。「南無観世音菩薩」と小声で唱えて撮影。

柔和な表情をしたこの菩薩、もらった資料には、台座裏に「元禄十年」（１６９７）、願主は「当寺四世香蓮社稱譽上人」、施主は「惣丹那」と書かれている、と説明がある。さらに「御首《かしら》ハ運□之作」とある。文字が不明な□の部分は「慶」の字とされ、野村地区の古老の中には運慶の彫った仏像がある、と幼心に聞いた覚えがあるという人もいる。

花山法皇石仏は『エデンの海』などで知られる小説家、のちに石仏研究にいそしんだ若杉慧《けい》が昭和30年代、塩尻に来た時に撮影し、彼の著書『野の仏』ほかで紹介した。拓本が朝日新聞に掲載され、パリの展覧会にも出品されたという。「花山法皇」と刻まれた石仏は、作者、建立年は不明だが、どことなく味わいのある表情に魅せられる。

札所本尊・聖観音

COLUMN

観音信仰と札所巡り

民衆に広まった観音信仰

観音信仰は仏教の諸菩薩のうちの一つ、現世利益《げんぜりやく》・来世利益の仏として人びとから信仰されてきた観音、観世音菩薩に対する信仰である。観音は人びとを救うため、三十三応身といわれるように様ざまな姿に変わるという。観音が変化の仏と呼ばれる理由である。

観音信仰は平安時代から鎌倉時代にかけ、貴族中心の信仰から民衆にまで広がった。その過程で観音札所を巡る巡礼修行も盛んになり、有名な修験者や聖などが修行した霊験あらたかな寺院にはその利益にあやかろうとする参拝者が増えたようだ。そうした中、それらの寺院を結び、観音の三十三身にのっとった三十三ヵ所の観音を巡礼する風習が平安京を中心に始まった。平安時代末期には近畿地方一円を巡礼する西国三十三番の札所が生まれ、鎌倉時代には関東地方一円を巡礼する坂東三十三番札所が、室町時代末期には秩父三十四番札所なども成立し、多くの巡礼者を集めるようになった。

札所にはご詠歌があるが、いつ誰がつくったかは不明なものが多いという。詠歌とは、一般に和歌を詠むこと、または和歌そのものを意味するが、仏教が人びとの暮らしにとけ込むと、和歌と仏教とが習合し、仏教に彩られた詠歌が行われるようになった。その代表的な例がご詠歌で、独特な哀調を帯びた曲節が付されている。

巡礼は江戸から盛んに

札所巡りが広く行われるようになるのは江戸時代を迎えたからで、全国では百を超える三十三番の札所ができたという。信濃国内では信濃三十三番や百番などいくつかの札所ができ、松本藩領とその周辺でも本書で紹介した三つの札所をはじめ、松本三十三番、信府三十四番などが巡礼対象となった。

往時、人びとは凶作や災害、疫病などに悩み苦しむことがあった。札所を巡り参拝する行為は、当然、寺院側の霊験といった宣伝もあったと思われるが、札所巡りは人びとが現世では災いを防ぎ、病気を治し、来世にあっては極楽往生を願った。このように、観音は現世・来世の利益によって人びとが信仰する代表的な存在になった。

もっとも、もろもろの利益にあやかろうとする神仏頼みは決して過去のできごとではない。AIが活躍するようになった今でも、例年マスコミ報道される有名な社寺への初詣や受験合格・入社祈願の小絵馬奉納などに、現代人の心が反映されている。

今よりも　参るよしだの　はつせ寺
ちかひをふかく　頼む我身を

二十三番　御手洗山　光明寺《こうみょうじ》

塩尻市広丘吉田

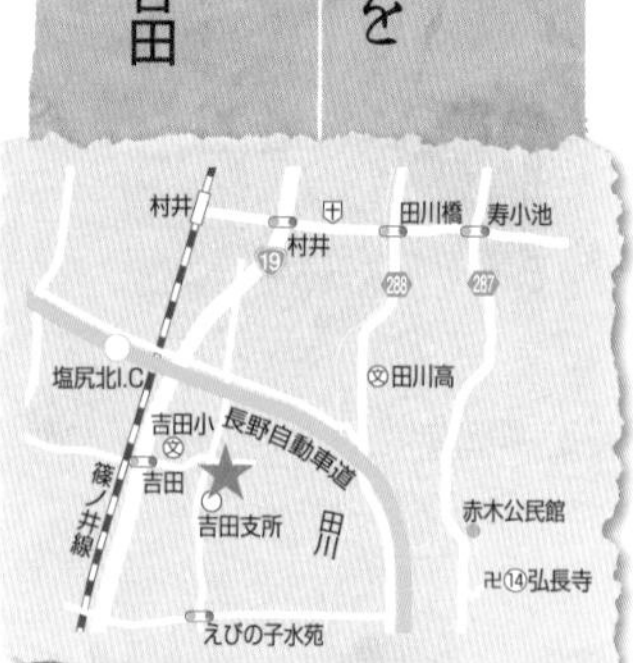

光明金剛水の野づら積み井戸

　二十二番・善立寺からは国道19号方面へ進み、「野村中央」信号を右折して北進。「えびの子水苑」交差点も直進して建部社、吉田簡易郵便局を過ぎると塩尻市役所吉田支所がある。手前を右折し東に進んで左折する。少し分かりにくいが、光明寺に到着する。

　光明寺は寛永4年（1627）、吉田村上手南部の地に建てられ、このときに山号を御手洗山とした。私も編集をお手伝いした吉田区誌（2008）によれば、吉田村にかって建てられていた長谷寺をのちに引き継いだという。元禄8年（1695）、第4世・廣栄代のときに村内の内畑にあった領主・吉田四郎忠家の居館跡といわれる現在地に移転している。現在の本堂は大正12年（1923）に改築。庫裏や会館は平成2年（1990）に新築された。本堂脇の大慈堂には薬師三尊、観世音菩薩が祀られる。

光明金剛水の井戸

　駐車場からはいったん道路に出、そこから六地蔵を見て、山門をくぐって境内に入る。「吉田民謡発祥の地」記念碑の前を通って進むと、元禄11年（1698）から2年にかけて掘られた深さ7間余（約13メートル）の野づら積みの井戸が目に入る。井戸の記念碑には、延べ740人もの人びとが関わり、「光明金剛水」として知られている――などとある。私が訪れた時は法事が行われていたようで、本堂前に集まっていた人の「立派なお寺ですね」「境内広いねえ」などの話し声が聞こえてきた。

本堂前のご詠歌碑は、興教大師生誕900年を記念して平成8年建立。そこには「筑摩三十三番信濃府八番札所長谷観音霊場」と刻まれている。本堂での参拝は遠慮し、大慈堂の前でご詠歌を唱えた。本堂前には、迎えのタクシーが何台も停まり、運転手が私の様子を不思議そうに見ていた。

かつては寺城を囲むように古い土塁があり、この場所から小池、赤木、白川はもとより、塩尻、宗賀、今井、村井の各方面に至る道筋が放射線状に伸びていたという。周囲を見渡しながら少し歩いてみる。

なるほど、領主吉田氏の居館跡にこの寺が建てられたという説を裏付けているような景観だ。

最後に、かっての長谷寺について。奈良井川側の段丘帯の中世居館・長者屋敷から南側あたりにあったというが、場所は特定されていない。なおこの辺から昭和29年（1954）、鉄製護摩炉が出土した。この護摩炉は平安時代の作とされ、長谷寺が密教系の寺院としてかなり古い時代に創建されたことを示しているとされる。現在は松本市立博物館に収蔵されている。

ご詠歌碑と本堂

自《おのずか》ら いたらぬ空も なかりけり
仰げばたかき 日の光りかな

二十四番 高日出山 慈恩寺《じおんじ》

塩尻市広丘高出

由来碑に刻まれる住民の思い

二十三番・光明寺からは、国道19号に出て南へ進み「緑ヶ丘南」交差点を左折、市営野球場、高出公民館を左に見て進むと、高出観音堂と墓地に着く。少々寂しそうな雰囲気が漂う場所に昭和61年（1986）8月、慈恩寺の由来碑が建立された。

慈恩寺は寛永年間（1624～44）から正保年間（1644～48）にかけて、往時、中山道塩尻宿あった長福寺（のちに永福寺と寺号変更）の慈恩和尚により開山されたと伝えられる。本尊は地蔵菩薩と日不見《ひずみ》観音の別称を持つ聖観音菩薩の2尊で、信濃百番観音巡礼の第八番札所でもあった。

寺の変遷の記録がないため詳しいことは分からないが、文久元年（1861）8月の火災で焼失するまで、高出大明神の境内に建立されていた。この寺は不幸なことに度重なる火災に遭い、寛政4年（1792）4月に火災で建物が失われて同年8月に再建、同6年に庫裏を造り替えたが、文久元年に再び火災に見舞われ建物は灰燼《かいじん》に帰している。その後再建されること

石仏群

もなく、明治を迎えた。しかし2尊のうち聖観音菩薩は難を逃れて西福寺に預けられた。『たかいで』（2000）などによると寺の史料は焼失、残った文献を見ても輝かしい寺績はないようだ。元禄年間（1688～1704）以後は、村の大半が西福寺の檀家であったというから、慈恩寺とはいうものの、檀家をほとんど持たない寂れた寺であったらしい。

高出観音堂は、元文2年（1737）に建てられた三光庵という尼寺と関係があるらしいが、創建は不明。昭和15年（1940）まで追分法善尼が居住して堂を守ってきたが、同尼を最後に無住になっている。それより前、昭和7年に西福寺英州和尚の勧めで慈恩寺の本尊がこの観音堂に安置され、地域住民によって今日まで祀られてきた。この本尊、今回は拝見できなかったが、金箔彩色像で室町期の作と伝えられている。また、観音堂西側には慈恩寺歴代住職の墓石などが移されている。平成4年（1992）に水屋、案内板等が設置され、翌5年には慈恩寺の本尊が安置され、二十四番札所として再興されている。

慈恩寺は確かな寺績も残らず、不遇な歩みのみが残っている印象が強い。が、由来碑に刻まれた「（高出）区民はこの時期慈恩寺の歴史と本尊の有難い功徳を知り崇拝護持のため由来碑を建立後世に伝える」という一文には、高出地区住民の強い思いを感じられた。

区民の思いを伝える由来碑と観音堂（後方）

みのひまも　あらじとおもふ　大慈悲の
人をはぐくむ　深き心を

二十五番　慈眼山　養福院《ようふくいん》

塩尻市大門三番町

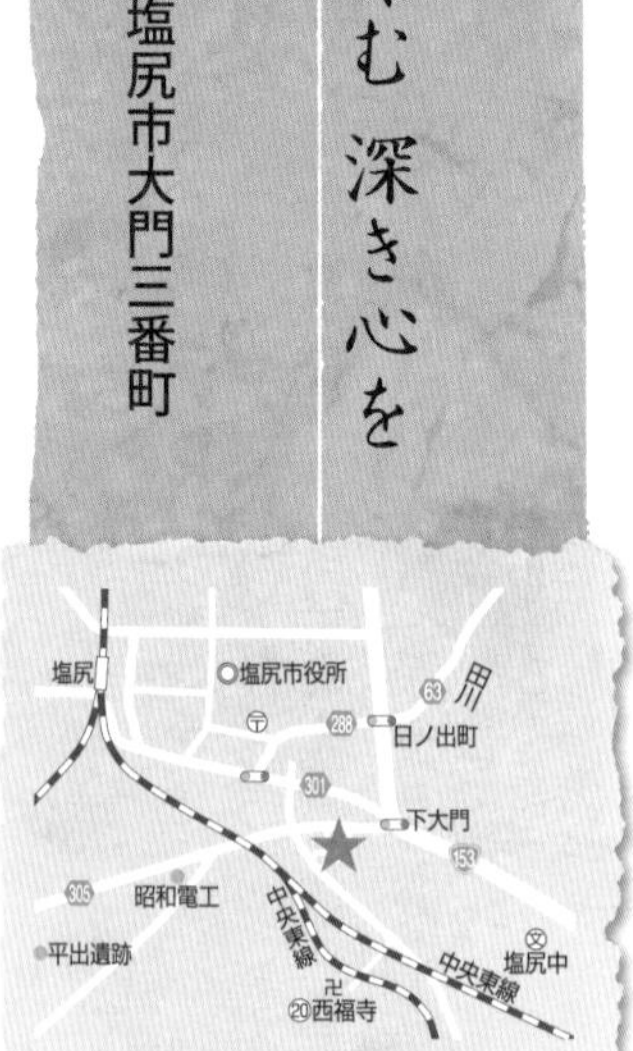

民間信仰碑や六地蔵出迎え

二十四番・慈恩寺からは国道19号に出て左折、塩尻市街地方面へ。変則の「下大門」交差点を右折して昭和電工方面に進む。この通りが旧中山道である。街道の両側には江戸時代から既に民家が立ち並び、街道の村として発展した。大門の氏神・大門神社の手前を左折。この神社は柴宮八幡社と若宮八幡社が合祀《ごうし》されたもので、大門の氏神として地域住民から崇《あが》められている。「養福院」という案内は出ているものの、住宅地の中でちょっと分かりにくいかもしれない。

養福院は本寺—末寺に関係はなく、大門村の人びとによって篤く信仰されてきたという。そのためか、境内には修験や、いわゆる民間信仰の石碑が建てられている。しかし、この寺の始まりは明らかではない。大門村に置かれる前は、村の南にある「上の山」の中腹、松山にあったといわれる。観音さまはその霊験あらたかで、近隣はもとより、かなり遠方まで知れ渡っていた。のちに村の中に移転、若宮八幡社が合わせて祀られたことから、この寺は同社の神宮寺＝神

庚申塔など

社に付属して建てられた寺ではないか――ともいわれる。

昭和35年（1960）10月、現大門神社境内に近い養福院敷地内に大門保育園を新築するため基礎工事を行った際、ほぼ完全な形を残した銅鐸《どうたく》が発見された。この銅鐸は三遠式と呼ばれ、東海地方から搬入されたと推定される。昭和40年に「柴宮銅鐸」として長野県宝に指定され、現在は平出遺跡考古博物館に収蔵されている。

さて、養福院は本堂が老朽化したこともあり、平成5年（1993）に現在の場所に移転新築した。境内はそれほど広くないが、本堂手前左にご詠歌の碑が建立され、手前右には六地蔵が立ち並んで出迎えてくれる。冒頭でふれたように、民間信仰碑などもある。本尊は十一面観音。秘仏なのでここでは紹介できないが『写真集塩尻市』（1995）に内陣・本尊のカラー写真が掲載されている。像高45センチ、台座17センチ、光背70センチほどで、室町時代の作と伝えられる。

なお、この寺は善光寺をはじめとした信濃百番観音巡礼では「筑摩郡大門村　悟七番　養福院」として数えられている。

本堂

きり雲の たちかさなるは 雪の山
見はらしたまへ 大悲観音

二十六番 桔梗山 郷福寺《きょうふくじ》

塩尻市広丘郷原

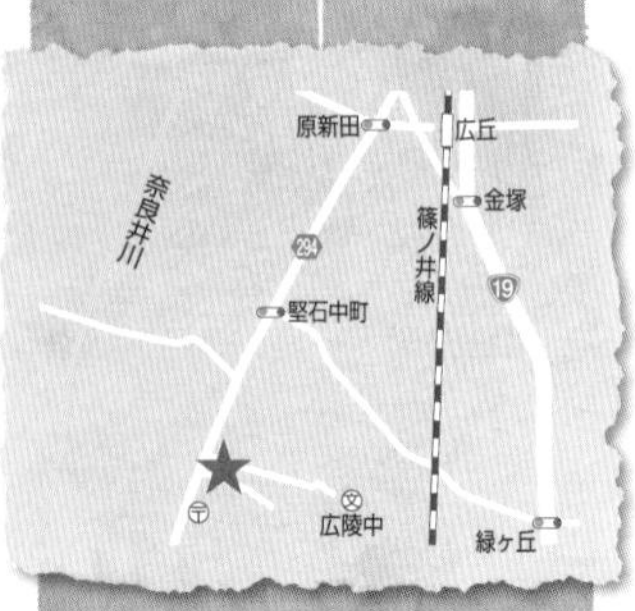

宿場一角の静寂 芭蕉の句も

二十五番・養福院から国道19号に出て松本方面へ。「緑ヶ丘南」信号を左折して松本歯科大学前を通り過ぎ、郷原街道（県道294号）を右折して少し北へ進むと、右手に郷福寺がある。車の往来が激しいながら、宿場の雰囲気も残すこの道は旧北国脇往還、いわゆる旧善光寺街道である。郷福寺のある郷原は、洗馬宿から村井宿に至る街道の中継宿として栄えた。

郷福寺は中世、桔梗ヶ原の中央にあった「池の坊」と呼ばれた場所にあり、天文年間（1532〜55）に甲斐・武田氏の信濃侵略に伴って堂宇ほか一切が焼失したという。江戸時代、慶長17年（1612）に憲快法印によって現在地に桔梗山郷福寺として中興された。その後、文政4年（1821）には郷原宿で起こった大火で類焼、再び堂宇ほか一切を失うという悲劇に見舞われた。しかし、同6年に庫裏、嘉永7年（1854）に本堂、その後は宝蔵、薬師堂、土蔵、総門等々、見事なまでの復興を見せている。

駐車場から歩くと、寺の前に市史跡「郷原の区画割と古井戸」の標柱と説明板、善光寺街道・郷原街道の標石などが立つ。参道の右手には、昭和63年（1988）に再建された薬師堂が構える。ここは文政の大火の前には観音堂があった。左手に並ぶ庚申塔を見ながら、表門をくぐって本堂へ。本堂前でご詠歌を唱える。

本堂の大工棟梁は諏訪の名工・立川和四郎の弟子、木曽福島の斉藤常吉。明治13年（1880）の明治天皇巡幸の折、本堂の一室は御小休所とされ、現在も往時のままである。ここでは紹介しないが、リーフレットには「明治天皇御座所」の写真が掲載されている。踵《きびす》を返して聖

表門から本堂をのぞむ

観音像の前で再びご詠歌。脇に、ご詠歌を刻んだ碑が立っている。次いで安永4年（1775）建立の「野を横に馬挽《ひ》きむ計《け》よ郭公《ほととぎす》」という芭蕉の句碑を見る。この句は芭蕉が奥の細道紀行の折、那須野を馬で進むときに詠んだ句で、桔梗ヶ原から那須野を連想したと伝わり、『善光寺道名所図会《ずえ》』にも紹介されている。時間帯にもよるだろうが、街道を行き交う車の音などは聞こえず、境内は静寂さが漂っている。再び表門をくぐる。この表門、明治を迎え贄川《にえかわ》宿本陣の門を移築したと伝えられる。

かつて民芸運動の創始者・柳宗悦《むねよし》が称《たた》えた旧宿場を少し歩く。建て直された家もあるが、古い家、新しい家にかかわらず、目を凝らして見ると表札のほかに屋号札が掛けられている。車で通り過ぎるだけでは見逃してしまう。地域文化を大切にする住民の思いの一端にふれた。

明治天皇駐蹕記念碑

まよふべき　渡をおもへば　この法を
心にすつる　時のまもなし

二十七番　慈眼山　心念堂《しんねんどう》

塩尻市洗馬芦ノ田

雨乞いの霊験あらたか

二十六番・郷福寺から郷原街道（県道294号）を南へ。東京電力塩尻送電所・中信変電所を過ぎて「郷原工業団地」信号を右折し、日本アルプスサラダ街道を西へ進む。奈良井川に架かる桔梗大橋を渡り、坂道を上ると洗馬《せば》小学校に出る。学校前を西に進み、突き当たりを左折、酒蔵脇の細い道を右折して上ると慈眼山心念堂の堂宇が目に入って来る。ここ芦ノ田集落を含め、洗馬は江戸時代初期、元和4年（1618）から高遠藩領となり、西五千石と呼ばれた「洗馬文化」の地である。

心念堂の沿革は明らかではなく、室町時代は「こうせい寺」（漢字は不明）と呼ばれた真言宗の寺院であったと伝えられる。江戸時代になると、いわゆる村持ちの堂となり、曹洞宗、浄土宗などの僧や尼僧が住んだらしい。往時、村の堂は旅回りの僧や行者が寄留したというから、この心念堂もその一つだろう。明治維新後は廃寺となり、芦ノ田学校として使われたが、明治11年（1878）には再び観音堂に復している。

青面金剛庚申塔

私が訪れた日は雪がチラチラ。車を少しスリップさせつつ堂前まで進んだ。元禄3年（1690）4月の本堂再建奉加帳がある。現在の堂はこの年以降の建築とされてい

心念堂

六地蔵

る。「降雪後の屋根の落雪に注意してください」という看板。「慈眼山」の立派な山号額に一礼し、凍える手を合わせてご詠歌を唱える。が、寒いので声が震えた。西国や坂東の三十三番札所などの古い記録もあり、とりわけ雨乞いの霊験があらたかで、多くの信仰を集めていたという。

堂内部をのぞくと、絵馬や俳額が何面か奉納され、そのよすがを今に伝える。本尊・千手観音像は室町末期の作といわれるが、残念ながら拝めなかった。この像、一説には京都三十三間堂の本尊を模して造られたという。

参道には六地蔵、境内には多くの石仏が立ち、これらも信仰の深さと広さを今に伝える。特に知られているのが青面金剛庚申塔。自然石に金剛像を線彫りしてあり、2本の手は宝剣と宝珠を持ち、他の2本は合掌、2匹のオオカミと2羽の鶏が彫られている。かつては宝剣をバット、宝珠をボールに見立て、近隣の子どもたちから「野球の神様」と人気を博したとか。民間信仰の自由闊達《かったつ》さを知ることができる。

ほかに、洗馬文化を支えた一人、熊谷乙人《おつじん》(長右衛門)の句碑「状の外ねたるほだんのつかい哉」が立つ。

父母の めぐみも深き 古川寺《こかわでら》
拝む仏の 誓ひ請《こ》ひしむ

二十八番 普門山 古川寺《こせんじ》

朝日村古見

西山山麓唯一の厄除け観音

松本盆地の西山山麓で朝日が一番先に当たり、旭日《きょくじつ》のように輝かしく発展することを願って村名が付けられた朝日村。日本アルプスサラダ街道を松本方面から進み、古見《こみ》に入ると、村営バスの停留所「古川寺口」がある。ここには彩色で知られる古見の双体道祖神2基が立つ。道祖神に手招きされるように右折して集落をしばらく進むと大古見神社、そして古川寺に着く。

旭城山の西南に開けた山麓にある古川寺の開基は、平安時代後期。永長年間（1096〜97）と伝えられる。寺裏の沢を1500メートルほど上った場所にある清水寺は、古川寺の奥の院に当たり、この寺は祈祷寺であったとも。戦国時代、武田氏の臣・上條佐渡守がこの地を治め、延命長寿を願って普門殿を建立、中興した。

上古見の道祖神

その後、慶長19年（1614）に松本城主・小笠原秀政の加護を受けて寺城を修復、堂宇を再建し不動明王を本尊としている。現存する本堂は宝暦7年（1757）、庫裏は天保3年（1832）、鐘楼門は江戸期の建築で、池田町の廃寺から移築されている。なお、本堂は明治7年（1874）4月から3ヵ月の間、拡智《こうち》学校校舎として使われていた。

　古川寺は厄除けに参詣して以来10数年ぶりの訪問だ。まず大古見神社にある立派な庚申塔を撮影してから境内へ。この寺は西山唯一の厄除け観音として知られるが、私が訪れた日は、厄除け縁日の熱気がうそのように境内はひっそりしていた。外出先から戻った副住職さんに「秘仏と分かっていますが、聖観音菩薩の撮影はやはり無理でしょうね」と尋ねる。副住職は一瞬困った表情に。庫裏から小冊子『朝日村を歩く』を持ってきて「この中の写真をご覧ください」と渡してくれた。

　観音堂へ。享保6年（1721）再建というが、建築史的にみるとそれより古い寛文年間（1661～73）という説が有力とのことである。ご詠歌を唱える。

　ふと外陣の天井を見上げると美しい天女が描かれている。本尊・聖観音菩薩立像は観音堂と共に村指定文化財で、室町時代の作で高さは97センチほど。先述の通り秘仏で、御開帳のときしか拝めない。古くは雨乞い祈願で信仰を集めたという。

　鐘楼門から東を望むと絶景。晴天の日は八ヶ岳が望めるという。

本尊・大日如来＝『朝日村を歩く』平成21年所収

古川寺全景

ふだらくは よそにはあらじ ありがたや
みねの松風 谷川の水

二十九番 少林山 興龍寺《こうりゅうじ》

塩尻市洗馬小曽部

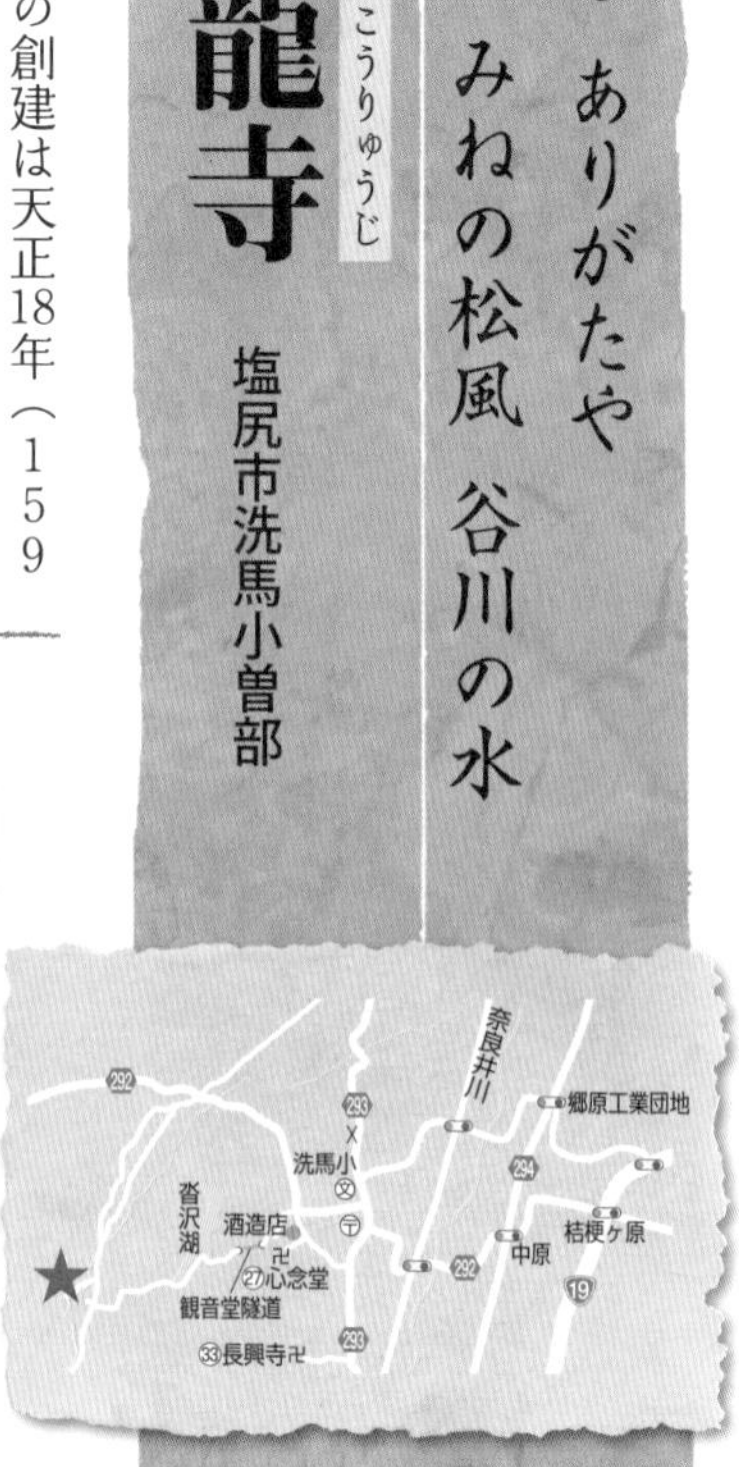

花の寺 歌碑が並ぶ公園も

「道祖神とそばの里」として知られる塩尻市小曽部《こそぶ》。二十七番・心念堂からは芦ノ田と小曽部を結ぶトンネル「観音路隧道《ずいどう》」を抜け、沓沢湖岸を進む。二十八番・古川寺からは日本アルプスサラダ街道を洗馬方面に向かい、左折して小曽部川に沿って進む。途中の小曽部大橋の親柱にはかわいい道祖神が立つ。地域振興バス「すてっぷくん」の「澤の渡」停留所を過ぎて進むと、右手に「興龍禅寺」と刻まれた大きな石碑が目に入る。

興龍寺の創建は天正18年（1590）、開基は大熊高地とされる。が、その人となりは不明。実際はもっと古く、鎌倉時代初め頃ではないかともいわれる。寺名は、日照り続きの際雨を降らすために「龍」を呼び、雲を「興」す祈祷寺であったことに由来している。

私が訪れた日はあいにくの雪降り。入り口の霊場碑を右手に見ながら本堂横まで車で進んだ。庫裏で洞《どう》派信隆《はしんりゅう》住職（58）の出迎えを受け、話を聞いた。「宣伝不足かもしれませんが、札所巡りにみえる方はそれほど多くはありません」「物質文明が進み、いろいろなものにふれる機会は増えましたが、あくまで表面的なことが多いのでは。そこで満たされない方々が札所巡りをするのでは

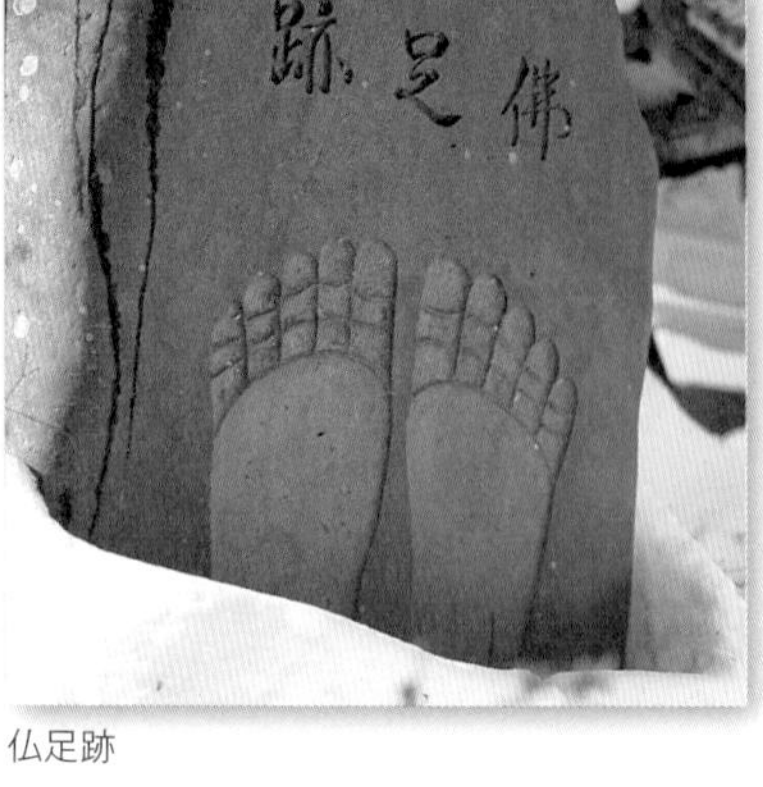

仏足跡

札所本尊・聖観音

ないでしょうか」

本尊の撮影を恐る恐る尋ねると快諾、本堂へ。本尊前の幕を外してもらい撮影……と思ったところでバッテリー切れ！　住職に単三電池を借りて室町時代中期の作という聖観音菩薩像を撮影――〝事なきを得た〟が、冷や汗ものだった。住職が「私は法事がありますので、これで失礼します。こんな天気ですが、よかったら境内を散策してください」

庫裏の玄関脇には境内の案内写真が示され、パンフレットには明治33年（1900）の「少林山興龍寺之景」が載る。見事な景観だが、一見したところ、今はより充実しているようだ。平成16年（2004）10月には、インド伝来の仏舎利を供養する仏舎利塔、ストゥーパーが建立された。歌碑公園には長寿観音像が立つ。ツツジの時期なら格別だろう。今では珍しくなった衆寮は、坐禅堂も兼ねているから、私のような粗忽《そこつ》者にはぴったりかもしれない。

〝失態〟で後回しになっていたご詠歌は、山門前で唱えた。雪降りの興龍寺も良いが、春が訪れたら、もう一度足を運びたい。配布されているチラシには「お釈迦様の事、仏教史について、しきたり作法の事、お話致します。気軽に声をかけてください」とある。

本堂をのぞむ

参るより　心も清き　水澤の
誓ひも深き　み寺なりけり

三十番　天陽山　盛泉寺《じょうせんじ》

松本市波田中波田

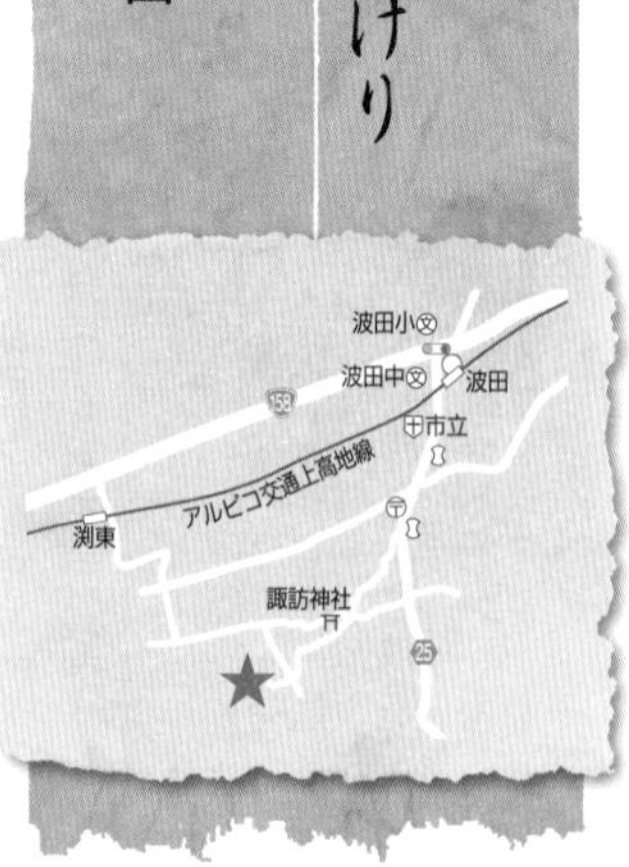

小笠原氏「三階菱」の寺紋

二十九番・龍興寺からは日本アルプスサラダ街道（県道25号）を朝日村、山形村を抜けて、松本市波田まで大きく北上する。中波田公会堂近くのコンビニの角を左折、諏訪神社脇を進むと盛泉寺。松本市街地方面からは国道１５８号「鍋割」交差点を左折、アルピコ交通上高地線の踏切を渡ってしばらく進み、コンビニの角を右折して進む。

創建は天文21年（１５５２）、神林郷（松本市神林）の地頭であった常和泉守《つねいずみのかみ》が柏鷹《はくよう》正庭和尚を開山として建立した菩提寺「常泉寺」とされる。が、明らかではない。なお、常和泉守・常澄《つねずみ》氏は、古代朝廷が狼煙《のろし》を上げて諸国と連絡をとった「常不寝見《つねずみ》」、つまり不寝番としての職名が姓となって神林に土着。味噌やたまり醤油の製法を日本に伝えた高僧覚心（法燈圓明国師）を生んだ豪族として知られる。また、慶長年間（１５９６～１６１５）、松本町の瑞松寺の第2世・柏鷹が寺を開いたとの伝承もある。「常」から「盛」への改称は寛文10年（１６７０）。

駐車場からは「曹洞宗天陽山盛泉禅寺」と刻まれた立派な標柱を右手に見て境内へ。境内は数日前に降った雪でほとんど白一色だった。六地蔵に迎えられて門をくぐり、石段を上って本堂前に出る。この六地蔵、寛永12年（１６３５）の銘があり、波田地区内で最古の石像である。

本堂を見上げると、小笠原氏の家紋である三階菱の寺紋が目に入る。小笠原長時と武田晴信（信玄）が争っていた時代。寺の裏山にあった波多城も小笠原氏系の武将が治めていたと思われるため、この地方が武田氏の支配下になると、小笠原色を隠すために先にふれた常澄氏の伝承と結びついたのでは、といわれる。

本堂前の急な石段を上ると水沢観音堂。かつて「信濃日光」といわれた若澤寺《にゃくたくじ》の建物であった。廃仏毀釈で取り壊され、明治20年（1887）に盛泉寺境内に再建された。もちろん観音堂の千手菩薩は若澤寺のご本尊である。堂正面に掲げられる「大悲閣」は山岡鉄舟の揮毫。雪が積もった石段を恐る恐る下り、再び

水沢観音堂

本堂前へ。三階菱に気をとられていたので、遅ればせながらここでご詠歌を唱える。

山ふところに抱かれた……という表現が似合う盛泉寺。静けさのなかで、堰の流れの音だけが耳に入る。駐車場に戻ると車がもう1台。彼岸前だが、老夫婦が墓参りに来ていた。

山門と六地蔵（左）

むかしより　たつともしらぬ　今むらへ
参るその身を　すくひたまへや

三十一番　今村観音堂《いまむらかんのんどう》

松本市笹賀今

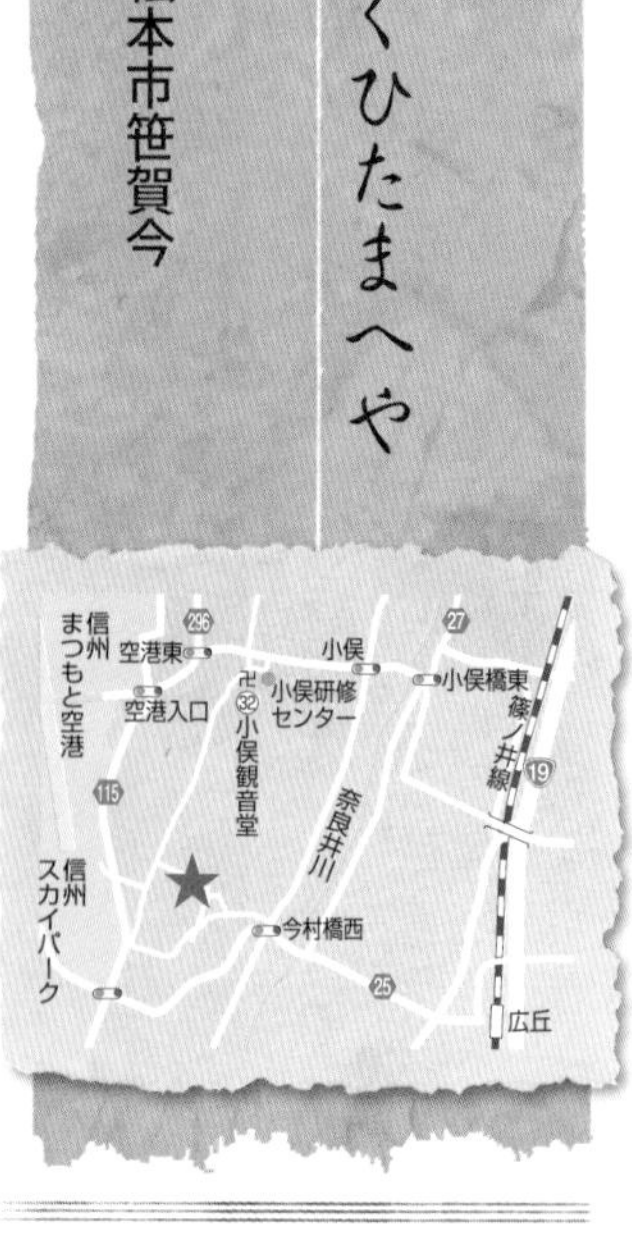

今も園児の願いを受けて

JR広丘駅西口から県道25号を直進。奈良井川に架かる今村橋を渡り、「今村橋西」信号から斜め右の旧道に入る。しばらく進むと今町会公民館。道路を挟み双体道祖神が立つ。寛政元年（1789）建立の握手像で、左側面に「右松本道　左大町道」と刻まれて道標の役割も果たしている。松本市域の数多い道祖神の中でも、私の好きな1基である。ここでも道祖神に手招きされながら公民館の手前を右手に折れ、集落の中を道なりに進み段丘に上がると、今村観音堂に着くが、今村観音堂の話を進める前に少々。江戸時代には、住職在住の正蓮庵という寺が今村諏訪社の近くにあったが焼失。幸い本尊は無傷のままで、これが今村観音堂の脇座に遷座されている木造阿弥陀如来坐像である。

さて、今村観音堂は円智堂といい、現在地の西側に昭和29年（1954）まであったが、創建年次は正蓮庵同様に不明である。建坪は15～18坪、2間続きの庫裏も併設され、昭和初年まで堂守がいた。その後は無住となり、昭和29年12月ここに柏木保育園が建設されると、現在地に現観音堂を建立して遷座、今に至っている。

約10年ぶりの訪問。以前は逆方向から訪ねたので、集落内の道は初めてだ。柏木保育園は平成元年（1989）に空港東地区に移転し

六地蔵

ているので、跡地に車を停めた。段丘上なので、東側は見晴らしがよい。

堂前に「南無観世音菩薩　筑摩三十三カ所観音霊場」の幟《のぼり》が風に揺れる。誰もいないので、まずご詠歌を大きな声で2度唱えた。備え付けの「巡拝記録簿」をめくると、松本市をはじめ塩尻市、安曇野市からも少なからず参拝者がいる。堂内の正面には本尊の聖観音立像が厨子に納められ、安置されている。また、正蓮庵の本尊であった木造阿弥陀如来坐像が、脇座に祀られている。この坐像は室町時代中期頃の作とされ、螺髪《らはつ》が細かく表情が円満、体躯も堂々としている美作。昭和61年（１９８６）に市重要文化財指定を受けた。

観音堂

敷地の東側には六地蔵をはじめ馬頭観音、庚申塔などが祀られている。かつては村人によって折々に行事が盛んに行われたといわれ、今も4月に馬頭観音のまつり、11月に六地蔵まつりが行われる。まつりには柏木保育園の園児たちも頭巾《ずきん》や前掛けを取り換え、団子を奉納する。ご朱印は松本市笹賀神《ごう》戸《ど》の長照寺でもらえる。

帰り際にもう一度、六地蔵の前掛けを見る。かわいい絵と文字が。園児たちの願いごとが書かれていて微笑ましい。

木造阿弥陀如来坐像（松本市重要文化財）
＝『新編松本のたから』平成10年所収

濁るべき　ながれもさらに　あらざれば
水にかげさす　月もさやけき

三十二番　小俣観音堂《こまたかんのんどう》

松本市笹賀小俣

本尊は全てが整った作例

　三十一番・今村観音堂からはいったん信州スカイパーク東側に沿う県道115号に出て北上。「空港入口」信号を右折して県道27号を東に進み、次の「空港東」信号も右に行く。左にコンビニを見る交差点を右折。すぐに行き着く小俣研修センターの東側にあるお堂が小俣観音堂。村井・広丘方面からは奈良井川に架かる小俣橋を渡って空港方面に向かうルートになる。

　今村観音堂と同じく、ここの由来も不明なことが多い。この堂の前身は「千手山観音寺」といい、尼堂や釈迦堂もあるかなり大規模な寺院であった。笹賀地区誌（２００８）所収の「千手山観音寺遺跡図」には、庫裏のほか、鐘楼、仁王門などが記されている。しかし江戸時代の寛永年間（１６２４〜44）に焼失。元禄11年（１６９８）の神社仏閣帳には観音堂の記載があるので、それ以前に再興されたのだろう。

　その後、何度か火災に遭ったが、本尊・木造千手観音立像などは幸いなことに難を逃れた。昭和20年代には祥雲寺という寺格を得た。が、30年代中ごろに元の観音堂に戻っている。堂は無住となり、老朽化も進んだため、昭和60年（１９８５）に現在の３間四方の建物に建て替えられた。

　空港に向かう県道はよく通るが、この堂を訪ねたのは久しぶりだ。東側の参道から堂に向かう。「小俣村中」によって文化11年（１８１４）に建立された一対の常夜燈が入り口にあり、出迎えてくれる。右手には三十三体観音がズラリと並んで壮観。観音堂には「筑摩三十三カ所観音霊場第三十二番小俣観音堂」の木札が掛かる。本尊の千手観音立像は昭和61年に市重要文化

観音堂

財指定。堂の傍らに立つ指定文化財説明板を読んだ後、ご詠歌を唱えた。

千手観音立像は寄木造りで金漆塗り、彩色された持ち物、鍍金《めっき》の宝冠、十一面の相好、光輪、台座等々、「全てが整った作例」といわれ、高さ73センチ。制作年代は元禄2年（1689）といわれる。現存する注文証文（個人蔵）には「証文　一千手観音壱体、立像…代金三両三分　大仏師　伊兵衛印（元禄2年）閏正月十九日　こまた　利兵衛様」とある。この証文、附《つけたり》指定で、立像は当時の専門仏師の手により制作されたことが分かる。写真ではなく、ぜひとも直接拝んでみたい。なお、ご朱印は今村観音堂同様、松本市笹賀神戸の長照寺で。

再び参道に戻り、立派な石造観音像を拝みながら、大きな声でご詠歌を唱えた。

札所本尊・木造千手観音立像（松本市重要文化財）
＝『新編松本のたから』平成10年所収

昔より　御國つたはる　法の水
すゑの世までも　ながくにごらじ

三十三番　青松山　長興寺《ちょうこうじ》

塩尻市洗馬元町

曹洞宗の古刹　ペット霊園も

梅雨が明けたばかりの暑い日、筑摩三十三番最後の札所・長興寺へ。国道19号から日本アルプスサラダ街道に入り、奈良井川に架かる桔梗大橋を渡って坂道を上ると洗馬小学校。県道２９３号を南下。しばらく進むと、右手に嘉永4年（１８５１）建立の双体道祖神が目に入る。道が琵琶橋方面と東漸寺方面に分かれる手前を、右に折れて進むと長興寺に着く。

長興寺は、永平寺（福井県）、総持寺（神奈川県）を本山とする曹洞宗の古刹《こさつ》として知られ、室町時代の大永7年（１５２７）、洗馬城主・三村忠親の菩提寺として創建されたのが始まりという。のち武田晴信（信玄）の懇請により永禄2年（１５５９）、総持寺の才應總藝禅師が弟子を伴い、数多《あまた》の経巻、仏典、什器を奉持してこの地に入り、長興寺を開いた。同4年、晴信は長興寺に「三か条の禁制」を掲げ、元亀3年（１５７２）に寺領を安堵、天正3年（１５７５）には武田勝頼が寺領を安堵するなど領主から篤い庇護《ひご》を受けた。江戸時代を迎えてもそれは変わらず、松本、高遠両藩主から崇

山門

敬を受けてきた。

長い参道を進む途中には「クマ出没注意」の看板。「ふるさとの水20選」に選ばれた「長興寺参道の湧水」で顔を洗う。駐車場脇に「明治三十六年七月　長野縣」と書かれた制札の復刻板が掛かり、「車馬乗入」「魚鳥捕獲」「竹木伐採」禁止の三か条が日本語と「Notice」で始まる英文で紹介されている。

石段を上り、山門をくぐって庫裏へ。牧野祥英《しょうえい》副住職から話を聞く。部屋からは昭和46年（１９７１）に市名勝に指定された庭園が見える。

明治42年（１９０９）1月、山門、鐘楼、宝蔵を除いた本堂ほかの堂宇を全焼。大正期に庫裏が再建され、昭和53年に本堂、開山堂が再建された。お寺では訪れる方すべて把握できていないとのことで「詳しいことは分からない」というが、筑摩三十三番札所最後の寺、信州七福神霊場として知られ、訪れる人は多い。さらに最近は木曾義仲の母親の墓を訪ねる人も増えているという。また、昨今の風潮でペットの納骨希望の人から問い合わせが増えたのを受け、ペット霊園「愛語」を設けた。

文人墨客も愛した寺

「このお寺は学問寺として隆盛を極め、文人墨客ほか多くの方々が逗《どう》留《りゅう》したそうです。古くからオープンにしていますし、札所本尊も信州七福神の毘沙門天も、どうぞ撮影してください」。本堂で2体ともに撮影。札所本尊は聖観世音菩薩像、像高20センチほどである。せっかくだから、と、副住職がペット霊園も案内してくれた。

それから庭園へ。江戸時代中期末の天明〜寛政頃にかけての過渡的な意匠がよく表現されている池泉庭園である。

昭和5年4月、東筑摩教育会の招

札所本尊・聖観音

きで民俗学者・柳田国男が長興寺2階の大広間で3日間「民間伝承論大意」を講じた。そのため、洗馬は〝日本民俗学発祥の地〟とも称される。私はその時にこの庭園で撮影された1枚の写真をよく覚えている。参加者八十数人が柳田を囲んで一堂に会した様子である。庭園にレンズを向けると、民俗学の先達《せんだつ》一堂が一瞬見

本堂

えたような気もした。

　この寺を訪れた文人墨客・学者は多い。全ては紹介しきれないが、柳田の他に2人ほど触れておく。

　一人は、天明3年（1783）から1年余、洗馬の釜井庵に滞在した遊歴の文人・菅江真澄。真澄は長興寺の酒井洞月上人を訪ね、京都・二条家の和歌や古典、仏道

柳田国男と釋迢空の歌碑

の薫陶を受けている。もう一人は、國學院、慶應義塾の両大学教授を務め、釋迢空《しゃくちょうくう》としても知られる折口信夫《しのぶ》。折口は昭和4年以来、たびたび長興寺で講義、講演をしている。

　石段を下り、再び山門をくぐる。天保初期の完成といわれ、大工棟梁は立川和四郎富棟の門人・塩原源助。山門を出ると、洞月上人と菅江真澄、柳田国男と折口信夫の歌碑が立つ。

洗馬山のかまへの庵のあめの日
のむかし話と我もまりけむ
　　柳田国男

寺やまの林のおくのかそけさよ
わかつく息のきこえけるかも
　　迢空

　駐車場へ戻る途中、山門に向かって小声でご詠歌を唱えた。

川西三十四番札所

安曇野市／松本市

ありがたや　功力《くりき》も深き　観世音
導き給へ　弥陀の浄土へ

一番　栗尾山　満願寺《まんがんじ》

安曇野市穂高牧

深山幽谷　三途の川が流れる

北アルプス、西山の麓、穂高の満願寺が川西三十四番札所のスタートとなる。

満願寺。私がここを初めて訪れたのは昭和60年（1985）頃。安曇野の道祖神に興味を抱いてたまたま訪れたと記憶する。石段を上り、仁王門をくぐって本堂へ。少々乱れた息を整え、たぶん手を合わせた――と思う。信濃百番も、川西三十四番も知らない頃である。以来、折にふれてこの寺に足を運んでいる。

穂高の市街地、農免道路から「烏川橋」交差点に進んで右折、烏川橋を渡る。橋の親柱は、安曇野のシンボルともいえる道祖神。この神に招かれるように進むと、右手に草深の道祖神と満願寺への案内看板。「入口2km」とある。左折して坂道を進む。山﨑の集落で天保12年（1841）建立、道祖神ファン必見の「握手像道祖神」が出迎えてくれる。その先、道は二手に分かれ、右は本堂方面へ、左は駐車場へ。この間、道端にいくつかの「丁石」が立つ。左へ進み、六地蔵に迎えられて車を停める。

満願寺は山号を栗尾山といい、真言宗豊山派に属する。寺伝によれば、神亀2年（725）頃、裏山の奥にある長者ヶ池から出現した1寸8分の黄金の仏像を、聖武天皇の勅願によって建立した一宇に安置したのが始まり。その後、坂上田村麻呂が八面大王討伐を祈願し、秘策を授けられて無事退治できたため堂平に堂宇を建立、国家鎮護を祈願したという。この寺は、栗尾沢の上流、浅川山を背に南に面した、いわゆる深山幽谷の地にあり、その足元には延喜式記載の勅旨牧猪鹿《いが》牧が広がっている。

こうした自然的環境からすると、

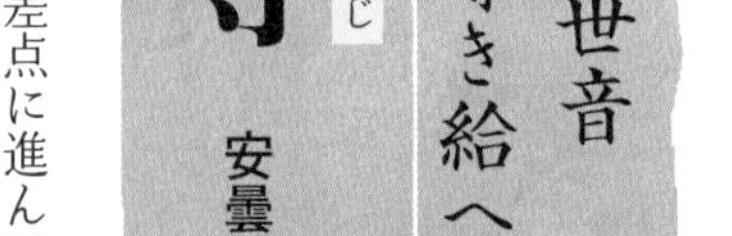

微妙橋下を「三途の川」が流れる

丁石

寺伝の内容は置くとしても、この寺の始まりは平安時代初期頃としてもよいのではないか。伽藍は次第に整えられたが、武田氏の安曇郡侵攻などで焼失、そのたびに復興されている。天正13年（1585）、小笠原貞慶《さだよし》は堂平から現在地に堂宇と本尊を遷《うつ》し、尊應法印を中興開山とし小笠原氏の祈願寺とした。江戸時代を迎え、歴代松本藩主の信仰が篤く、寺領を安堵されている。

少し戻り、六地蔵にお参りしてから微妙《みみょう》橋へ。橋の裏に経文が書かれていることから、別名「お経橋」とも呼ばれる。古くはこの橋を渡り、満願寺を参拝するのが常道であったようだ。弘治2年（1556）の勧進帳に「御堂の前に川あり、三途の河と号す、ここに橋あり」と記される。どうも悪人ではなく、善人が渡る橋のようだ。私に渡る資格があるか否かは?だが……。下を流れる川は〝三途の川〟で、あの世とこの世を隔てる境でもある。

六地蔵

目を引く閻魔大王らの変相

微妙橋。この橋は、高野山の無妙橋、越中立山・芦峅《あしくら》寺《じ》の無明橋とともに「日本三霊橋《れいきょう》」といわれる。現在の橋は明治39年(1906)、当時の東穂高村(現安曇野市)に在住していた木曽福島の大工・瀬川伊勢松とその門人たちが架けた。橋を渡ると地蔵堂が南面して立つ。さまざまな供え物で少しにぎやかだ。日ごろ冷や汗ばかり流している私だが、この日は暑く、石段を少し上ってはひと休み。滝のように汗が流れる。

仁王門をくぐり本堂前へ。まずお参りし、庫裏へ丸山公晃住職を訪ねた。しかし、不在。どうも私が時間を間違えたようだ。奥さまが気を利かして外出中の住職に電話をしてくれた。このあたりでは珍しい習俗である「ホトケムカエ(仏迎え)」のことを、戻ってきた住職に尋ねた。「昔は8月8日から泊まりがけでホトケムカエに来た檀家さんも多くいてにぎわいましたが、今

ホトケムカエ(仏迎え)

本堂

はおりませんねえ。8月9日が千手観音の縁日で、皆さんが集まってくれます」

満願寺は安曇野の精霊が集まる霊山で知られ、新盆の家では8月9日の早朝にこの寺に参詣し、故人の霊を迎えることを例としている。これは、松本藩主の命令で始まったともいわれるほど、旧南安曇郡域を中心としながらも、塩尻、松本、安曇野など松本藩領に広がっているようだ。

本堂へ。内陣を見上げると見事な天蓋《てんがい》、そして目を引くのは「地獄極楽変相之図」だろうか。昭和28年（1953）に山田文憲さんによって描かれた作品で、地獄を支配する閻魔《えんま》大王とその部下、葬頭河《そうずか》の婆《ばば》（脱《だつ》衣《え》婆《ば》）など、それぞれの変相の様が描かれている。本堂前には、やや高齢の人たちは5人ほどお参りに来ていた。

外に出て、緑に包まれた諸伽藍を見渡す。そこには4人の家族連れの姿。お参りを済ませ、庫裏脇で湧き水をペットボトルにくんでいるようだ。以前来たときに引いたおみくじが大吉だったので、今回もトライ。また大吉。〝教え〟には「四十歳まで研究せよ」「六十歳まで全うせよ」とある。40歳ははるか昔のことだが、60歳まではまだ間に合うかもしれない。

地獄極楽変相之図

帰路、微妙橋の横を通る際ようやく思い出した。このお寺は平成4年（1992）に、織田裕二さん、仙道敦子《のぶこ》さんらが出演したテレビドラマ『あの日の僕をさがして』のロケ地でもあった。

のちの世の　たねをばまきの　くわんぜおん
みのりをむすぶ　道ぞうれしき

二番　西牧山　真福寺《しんぷくじ》

安曇野市穂高牧

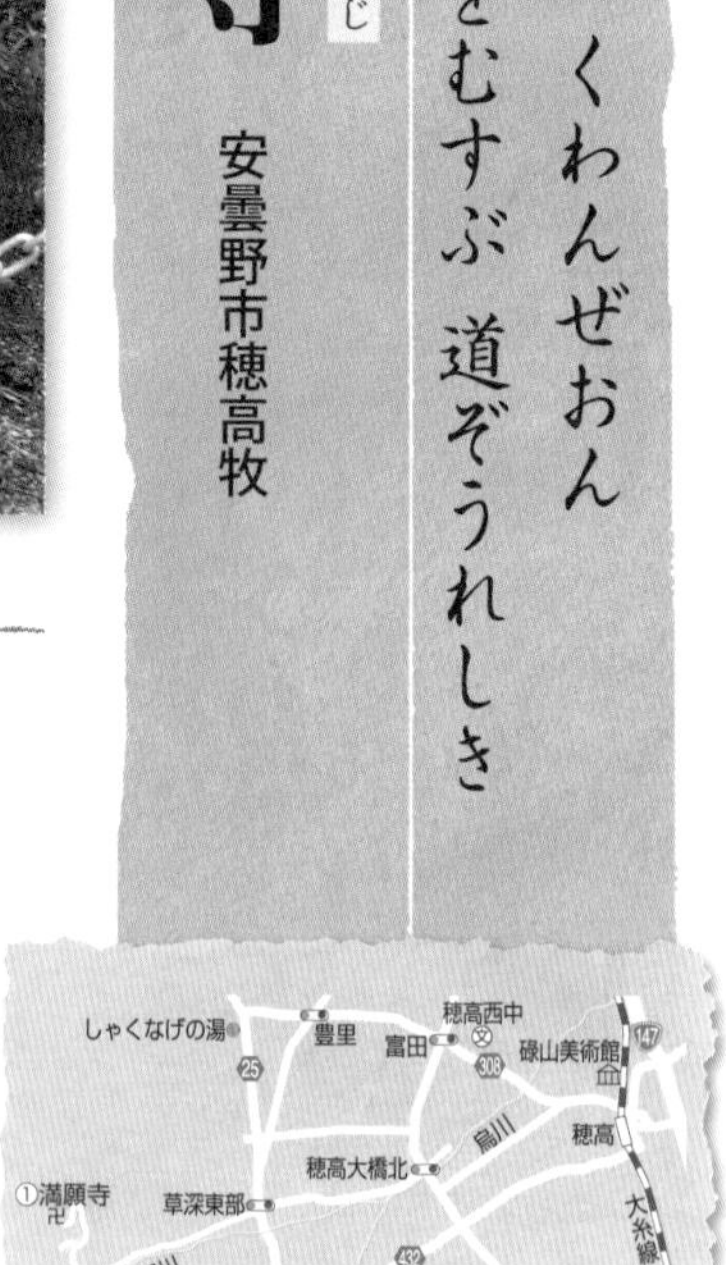

寺の跡地は公民館と体育館

満願寺から下ると県道25号（山麓線）に。烏川橋交差点方向に右折して進むと「牧公民館入口」の看板があるので、右折して公民館へ。烏川橋方面（南）から来る場合は25号を北に進み、左手に道祖神ファン必見、享和元年（1801）建立の道祖神の握手像を左手に見て進むと「牧公民館入口」看板が見える。

真福寺は元禄11年（1698）の『保高組邑々寺社御改帳』（穂高町誌歴史編上・民俗編、1991）に、草深の捨馬御札場から道のり3丁で

天満宮碑など

真言宗の寺、また「一　寮殿萱葺　五間　十三間　棟北南東向　本尊聖観音菩薩　長一尺三寸　行基菩薩作　一　堂萱葺　三間　三間　棟北南東向　古木アリ」「境地　東西一丁三間　南北一丁」などと記されている。『信府統記』には「満願寺末寺ナリ」「当寺ハ開基年代知レス」とあり、その始まりは不詳であることが分かる。

集落の中の道を上ると牧公民館で、ここが真福寺の跡地となる。北側には道路を隔てて墓地が広がっている。筑摩三十三番でもいくつかあったが、この寺も明治初年の廃仏毀釈で廃寺になった。今は平成14

枝垂れ桜

（2002）年完成の公民館と、7年完成の体育館の敷地になっている。先の『寺社御改帳』の記述によれば、境内の広さはほぼ110メートル四方だろう。見た目には、寺跡がそっくり公共空間になっているようだ。

松本藩の廃仏毀釈は藩主・戸田光《みつ》則《ひさ》自ら率先して断行しており、全国でも五指に入るほど熾烈《しれつ》であったという。明治3年（1870）に提出した願書は「微臣光則、韮才薄徳ノ身ヲ以テ」で始まり、「臣菩提寺当藩松本町曹洞宗全久院、同埋橋村同宗前山寺儀、檀家一同神葬祭願出…両寺共学校等ニ相改メ度…」とあり、菩提寺の全久院と、廟墓を守る前山寺を廃寺したことが分かる。全久院跡には、部材の一部を使って明治6年に開智学校が開校しているのはよく知られている。この川西三十四番札所がある旧南安曇郡内でも多くが廃寺され、復興されなかった寺は30余寺にも及ぶ。

境内跡をぐるりと歩いてみるが、寺跡だった様子がうかがえない。たまたま古木が目に入ったので、近づいてみると枝垂れ桜。説明板には、明治4年以前、西牧山真福寺があった当時からこの枝垂れ桜は、安曇野市を代表する古木——とある。もう一つある説明板は、旧穂高町が昭和60年（1985）に建てたもので「旧西穂高小学校牧分教場跡」と書かれている。根元には「天満宮」「天神社」と刻まれた2基の石碑が、半ば埋もれて立っている。廃寺になった多くの寺がそうだったように、真福寺の敷地はもとより、おそらく堂宇の一部も分教場として使われたのであろうか。

9月も半ばを過ぎたが日差しが強いため、汗を拭きながら寺跡を見渡す。松本の城下町から遠く離れた牧の地で、廃仏毀釈の寺院破却の一端を目の当たりにした。

あをやぎの 風にさそはれ こざさ原
わけゆくみねは ありあけの月

三番 安養山 青原寺《せいげんじ》

安曇野市穂高小岩嶽

かつては末寺門葉三十六箇寺

二番・真福寺から再び「公民館入口」へ。県道25号（山麓線）を左折して北進する。しばらく進むと日帰り温泉施設の「安曇野しゃくなげの湯」。足湯につかりたいのを我慢し、もう少し直進し、左手に石灯籠が見えると、そこが三輪神社だ。戦国期に武田晴信（信玄）に攻められ落城した小岩嶽城の鬼門に位置し、長禄2年（１４５８）の創立であるという。神社を過ぎると参道があり、青原寺の本堂に至る。山麓線から少々奥に入るので、分かりにくいかもしれない。

青原寺は、小岩嶽城主の菩提寺として建立され、美濃国関の龍泰寺第五代・蘭如従賀和尚の開基といわれる。青原寺資料には、蘭如の没年が天文5年（１５３６）とあるので、この寺の始まりはそれ以前であろう。江戸時代、慶安3年（１６５０）の検地では、わずかに7石の除地が許されているが、穂高町誌歴史編上・民俗編（１９９１）や本寺龍泰寺史（１９８０）によると青原寺は、筑北村坂北の硯水《せきすい》寺をはじめ、安曇野市明科の雲龍寺と龍門寺、松本市中央の瑞松寺、上田市室賀の前松寺、松本市波田の盛泉寺など、かつては末寺門葉三十六箇寺を擁し、この地方の曹洞宗寺院では、大寺であった

参道脇に立つ地蔵など＝青原寺提供

本堂=青原寺提供

ことが分かる。

参道脇からは、昭和47年（1972）建立の「曹洞宗安養山青原寺」の寺号碑が目に入る。大正天皇即位を記念して大正4年（1915）に建立された寺門をくぐり、うっそうとした杉木立の参道を少し進む。山麓線を走る車の騒音が聞こえてこないほどの静けさ。右手には観音供養塔、三界萬霊塔、青面金剛像、地蔵菩薩像などが立ち並んで迎えてくれる。いずれも建立年が不明なのが残念だ。山門は大正5年の建築。石段を上り本堂へ進む。

二番・真福寺でもふれたように、松本藩の廃仏毀釈は多くの寺院を破却しており、この青原寺も例外ではなかった。明治4年（1871）に廃寺となったが、同11年の内務省の達しによって再興の許可を得、2年後に寺号を再び「安養山青原寺」とするようになった。そして明治17年には24世・大全海が本堂を再建、本尊聖観世音菩薩を安置したという。この本尊さま、今回写真で紹介できないが丈は18センチほどである。現在の本堂は平成15年（2003）、庫裏は21年に新築された。

なお、この寺には江戸時代作といわれる木彫の龍神がある。今もそうであろうが、稲作の大敵は旱魃《かんばつ》と台風である。かつてこの地域の農民たちはこの龍神を携えて宮城の中房川狩闇《かりうら》の淵に行き、これを沈めて雨乞いをしたという。

杉木立の参道と山門=青原寺提供

たづね入る　のぼりむかへば　みやしろの
岩のうへに　大悲かがやく

四番　岩上観音堂《がんじょうかんのんどう》

安曇野市穂高宮城

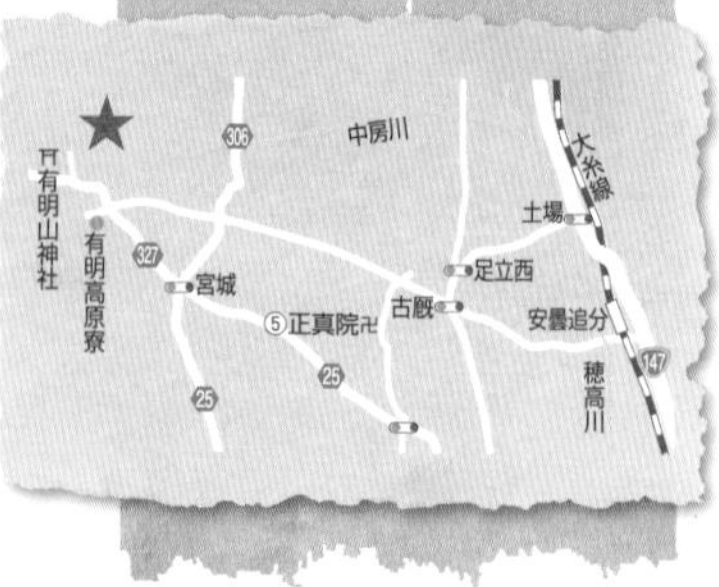

悪霊防いで田村麻呂が建立

三番・青原寺から県道29号（山麓線）を北に進む。途中、左手に重要文化財・松尾寺薬師堂がある。県道327号（中房線）へ左折し、中房温泉方面へ。私が訪れたのは10月中旬のとある日。山麓線も中房線も、車が多い。

穂高町誌（歴史編上・民俗編、1991）などによれば、岩上観音堂は、旧・高山寺（現・正福寺）の観音堂である。延暦20年（801）、坂上田村麻呂が、魏石鬼岩窟《ぎしきのいわや》に立てこもっていた鬼賊魏石鬼八面大王の退治をこの寺の不動明王に祈願し、成就した。田村麻呂は寺の住職に命じ、八面大王の悪霊を防ぐために魏石鬼岩窟の岩上に観音堂を建立し、准胝《じゅんてい》観音を祀ったという。旧高山寺は、鎌倉時代末期作の不動明王像を祀っていることから、平安時代の創建といわれる。『信府統記』には、大同元年（806）「田村将軍魏石鬼退治ノ後」とあるが……。廃仏毀釈で明治3年（1870）に廃寺となった後、同25年に本堂その他を焼失。同31年、和歌山県の正福寺を引寺号として「五龍山明王院正福寺」と公称するようになった。

参道

有明山神社の鳥居付近からそば屋の脇に出て石段を上る。石段の先は正福寺。不動堂にお参りをした後、観音堂へ向かう。といっても「岩上観音堂」という表示ではなく、「魏石鬼岩窟」という表示になっている。

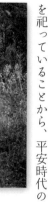

八面大王が立てこもっていたという岩窟

4、5分歩くと観音堂に到着。参道には50体以上の聖観音像、千手観音像などが立っている。キノコの時期なのだろう、この一帯は入山禁止の張り紙とテープが目に付く。が、私は「熊出没注意」の張り札の方に気を取られてしまう。

　まず岩窟へ。側面の磨崖仏を見ていると、後方からガサガサという音が。熊じゃないよな……と振り返ると人の姿だったので一安心。地元の、70代と思《おぼ》しい男性で、鈴のついたつえを持ちながら「熊も出るし、キノコ採ったと思われるで、気をつけましょ」と言われた。岩窟の説明、さらには「耳塚」や「立足」の地名の成り立ちも説明してくれた。キノコ採りの帰りだろうか、男性2人が魚《び》籠《く》を提げて参道に戻っていった。

　傷んだ石段を上って、文字通り岩の上に建つ観音堂に着き、手を合わせる。かろうじて「川西四番」と読める木札が掛かっている。さい銭箱の前にはキャンディーが供えられている。現観音堂は昭和62年（1987）に建て替えられたもので、堂側面には「八面大王厄除観音堂」の建立寄附者名板が貼られている。准胝観音は像高77センチ、舟形の光背を負った木造仏であるという。

　参道を戻って不動堂へ。風でテープが揺れ、そのたびに（熊じゃないよね……）とビクビク。4、5分がとても長く感じられた。

観音堂

はるばると 梅の林へ きてきけば
つねにたへせぬ ほけきやうのこえ

五番 梅林山 正真院《しょうしんいん》

安曇野市穂高古厩

廃寺の本尊を勧請して復興

四番・岩上観音堂から県道327号線（中房線）を農免道路の「有明」交差点方面に下る。「江戸川区立穂高荘」入り口の看板が左手に見えたら左折。穂高荘を左に見て進み、有明の森保育園を過ぎると、正真院の本堂屋根が目に入る。

正真院は元亀元年（1570）、今の松川村の鼡穴《ねずみあな》の地に桜沢寺として開基したのが始まりという。その後、天正16年（1588）、小笠原氏に従っていた細萱長知の次男・内記《ないき》が開基となり、この寺を梅林山正真院と改称、古厩氏の居館跡であった堀屋敷に移転した。その後――恐らく江戸時代初期であろうが、古厩氏の居城跡であった現在地に移転している。慶安年間（1648～52）には朱印15石を許され、寺周辺の開発も行われて檀家も増えたが、文化8年（1811）に諸伽藍を焼失。翌年には庫裏、客殿、開山堂などを次々と建立して復興、寺勢を回復したが、明治3年（1870）に廃仏毀釈に遭い、無住の寺になった。本尊は焼却され、諸伽藍は山門を残して処分されてしまった。その折、一部の建物は古厩村油川に開校した有明学校の校舎として移築された。

その後は無住時代が続いたが、同25年に祖門透道が許可を得て小野

本堂

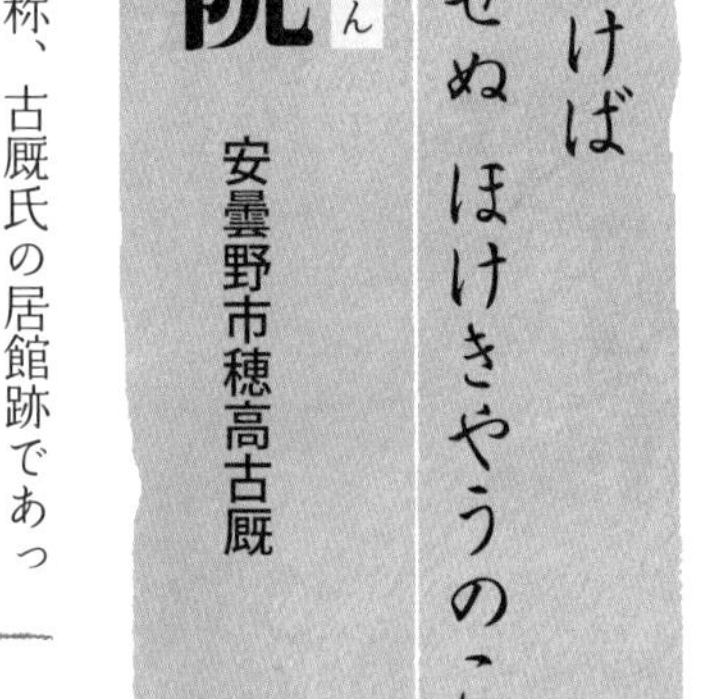

山門と地蔵堂（右）

村（辰野町）の祭林寺末寺の陽谷寺を引寺号として正真院を復活、のちに廃寺になっていた三十三番・龍峰寺（安曇野市三郷楡《にれ》）の本尊を勧請して復興を図った。その後、松尾寺（安曇野市穂高有明）から本堂を移築し、さらに大正年代には同寺から山門も移築している。

私が訪れたのは、あいにく雨降りの日だった。庫裏で東孝二住職（68）の出迎えを受け、話を聞く。関連資料を筆写していると「せっかくの資料を写し間違えるといけないから、コピーしましょう」と声をかけてくれた。

札所巡りの様子を尋ねると「川西の札所は住職のいる寺、無住・廃寺になったところが半々でしょう。一時ほど人出はないかもしれませんね。前は近くの畑に出ていても、ご朱印をと多くの人から声を掛けられましたが……」。恐る恐る本尊の撮影をお願いすると「うちは秘仏ではありませんから、本堂へ」と案内された。住職の名刺には「曹洞宗長野県第二宗務所所長」とあり、お忙しいようだ。

本尊・聖観音＝正真院提供

まずお参りをし、東住職が心配そうに見ている中で撮影。残念ながら光背が少し欠けてしまったため、住職が後日写真を提供してくれた。聖観世音菩薩像で像高は40センチほど。傘を差しながら本堂前へ。冬に向かう冷たい雨の中で、少し震えながらご詠歌を唱えた。往時、境内の規模は南北約390メートル×東西約490メートルであったといい、そこに諸伽藍や墓地が配されたという。恐らく相当な寺観を呈していたのだろう。

よしあしを　もらさですくふ　くわんぜおん
あうんの二字の　あらんかぎりは

六番　牛流山　真龍院《しんりゅういん》

安曇野市穂高等々力町

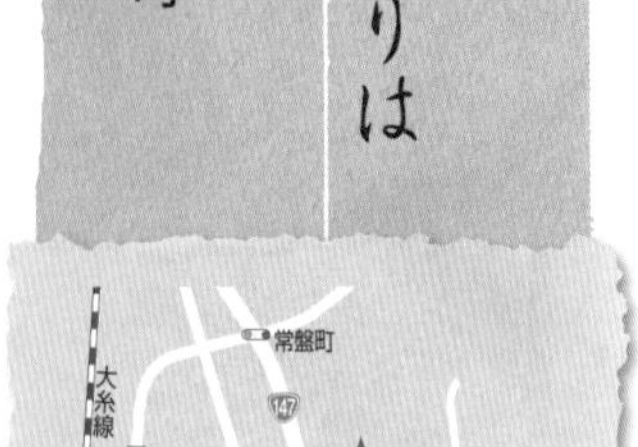

復活再興を願うもかなわず

五番・正真院から「古厩」信号に出て東に進み、ＪＲ大糸線を越えて国道１４７号に出る。右に折れて穂高市街地、松本方面に進む。「常盤町」信号を過ぎ、穂高病院手前を左折して道路がカーブするあたりが真龍院の跡であるという。

穂高町誌（歴史編上・民俗編、１９９１）などによれば、初めは「牛流山法雲寺真龍院」といい、京都の三宝院醍醐寺の末寺で、たびたび火災に遭っているため、本尊や古い記録類、堂宇などが焼けてしまい、開基は不明である。『信府統記』には、牛流山真龍院は保高組等々力村にあり「当寺開基年数知レス」と記されている。次いで、細萱村の常光寺、古厩村の松尾寺（薬師堂が重要文化財）、新屋村の常勝寺、松川村の仁科二十九番・蓮盛寺の4寺が真龍院の末寺と記されている。この記録からは、真龍院の由緒は古く、この地方の大きな寺であったことがうかがえる。

真龍院の跡とみられる場所

江戸時代、元和年間（１６１５～24）頃までは薬師堂があったが、その後に火事で焼けてしまった。正保年間（１６４４～48）、弘秀法

本尊・薬師如来＝『南安曇郡寺院堂宇仏像写真集』昭和51年所収

印の時に寺院、鎮守八幡社を修理して中興に務めたが、財政難のため薬師堂の再建ができなかった。その後、住職や関係者の努力で寺観が整ったが、宝暦4年（1754）の「什物仏具書籍目録」には、本尊薬師三尊をはじめ多くの仏像、両界曼荼羅《まんだら》などの仏画、多くの仏具が記されているようだ。

　幕末期まで、この寺は現在の国道147号を挟んで西側にある勝味庵の墓地あたりまで及んでいたようだ。この墓地には真龍院の僧侶のものと思われる無縫塔や、あとでふれる牛流家の墓もある。少し規模を縮小して現在の跡地に、客殿、庫裏、衆寮、門、蔵、雪隠などが建て替えられた。面目を一新した真龍院もほどなく明治を迎えるが、廃仏毀釈で廃寺に。その後堂宇は研成学校支校として使われた。

　明治19年（1886）、東穂高村信徒惣代・牛流龍岳ほか6人の連名で県知事・木梨精一に真龍院の復活を願い出ている。そこには、本尊は行基作の薬師如来で、弘安2年（1279）に憲應法印が開基したと記されている。さらに本堂は新築するが、庫裏、宝蔵、衆寮や敷地は牛流龍岳の寄附によるとある。残念なことにこの願いは叶えられず、再興は許可されなかった。

　跡地周辺に2度ほど足を運んでみた。やむを得ず帰農した住職・牛流氏によって本尊などは代々大切に保存され、今日に至っている。往時の寺観を想像するのは難しいが、大切な文化財が散逸、滅失せずに現存していることは大変うれしい。なお本尊薬師三尊の如来像には天和年中（1681〜84）の銘がある。

をちこちの へだてもあらじ かねのこえ
ひとまどかなる よやすくふらん

七番 穂高山 宗徳寺《そうとくじ》

安曇野市穂高本郷

寺復興の動きで本堂再建も

六番・真龍院の跡から国道147号を進み、穂高神社前を迂回してJR大糸線の踏切を渡る。二つ目の三差路に「南は宗徳寺・南小学校方面」の石の道標が立つ。その傍らに立つ大黒天の文字碑と、双体道祖神に招かれるように左折、南に進む。ほどなくすると宗徳寺である。

宗徳寺は、寺伝によれば天正2年（1574）の創立といい、永平寺と総持寺の両山を本山とする曹洞宗の寺である。大町市の仁科十八番・霊松寺（大町市）の末寺で、開山は霊松寺十三世・茂堂である。江戸時代の諸記録によると、この地方では中規模の寺院で、衆寮、鐘楼、鎮守堂、開山堂などが建立され、次第に寺観が整っている。しかし明治4年（1871）に廃仏毀釈で廃寺に。住職は帰農した。その後、寺の建物は研成学校支校・穂高学校支校の校舎に転用され、明治14～19年には穂高美学校として使われた。一方、明治10年代には寺復興の動きが起こり、13年に十五世・大磯良道が仮本堂を建立。4年後には県知事の許可を得て穂高山宗徳寺として再興され、31年には本堂再建も成し遂げた。

鐘楼（左）と常念岳。右は書院（工事中）

本堂（改修工事後）

宗徳寺前景（改修工事後）

美しい海鼠壁《なまこ》の経蔵を眺めつつ、庫裏へ。寺口良英住職（74）の出迎えを受ける。「川西とは、犀川から西、梓川から北、中房川から南の範囲です。残念ながら明治の廃仏毀釈で、川西の札所は廃寺となったところが多いです」と話し、示してくれた資料で往時の様子を知ることができた。本尊の撮影をお願いすると「本堂が新築中なので、ご本尊は仮安置してあります。今回は……」とのこと。本尊は七面観世音菩薩像で、室町時代の作とされる。「せっかくですから」と寺口住職はヘルメットをかぶり、自ら工事中だった本堂、書院の工事現場を案内してくれた。

「このお寺は背景もいいんです。常念岳が迫って見えますよ」。松本市街地から見る常念岳とは違い、こちらもまた良い眺めである。「このように取材して新聞に出してもらうことは大切だし、ありがたい」とお礼の言葉をもらった。工事現場から離れてご詠歌を唱え、1000坪はあるという広い寺域を一回り。常念岳と鐘楼を入れてシャッターを押してみる。なお、本堂などの大規模な新築・改修工事は平成22年度に竣工し、寺観は一新している。

つみ深き みもふみゆえ 思ひ川
心のあかを すゝぐ流れに

八番 吉祥山 東光寺《とうこうじ》

安曇野市穂高等々力

「吉祥仁王さまの下駄」が目印

七番・宗徳寺から再びＪＲ大糸線の踏切を渡り、穂高神社前を通って国道１４７号へ。右折して最初の信号を左折、大王わさび農場方面へ東進する。間もなく左手に山門と大きな赤い「吉祥仁王さまの下駄」が目に入る。ここが東光寺である。

寺伝によれば、東光寺の始まりは５００年ほど前で、開基は貝梅氏、等々力氏といわれる。往時は吉祥山東龍寺といい、今の等々力町貝梅の地にあり、馬頭観世音菩薩を祀っていた。その後、天正8年（１５８０）に曹洞宗の寺となったが、10年後の18年に烏川の洪水で現在地に伽藍を建立している。元禄11年（１６９８）の『保高組邑々寺社御改帳』によると、東龍寺には客殿、衆寮、庫裏などがあり、本尊は馬頭観世音菩薩坐像とある。

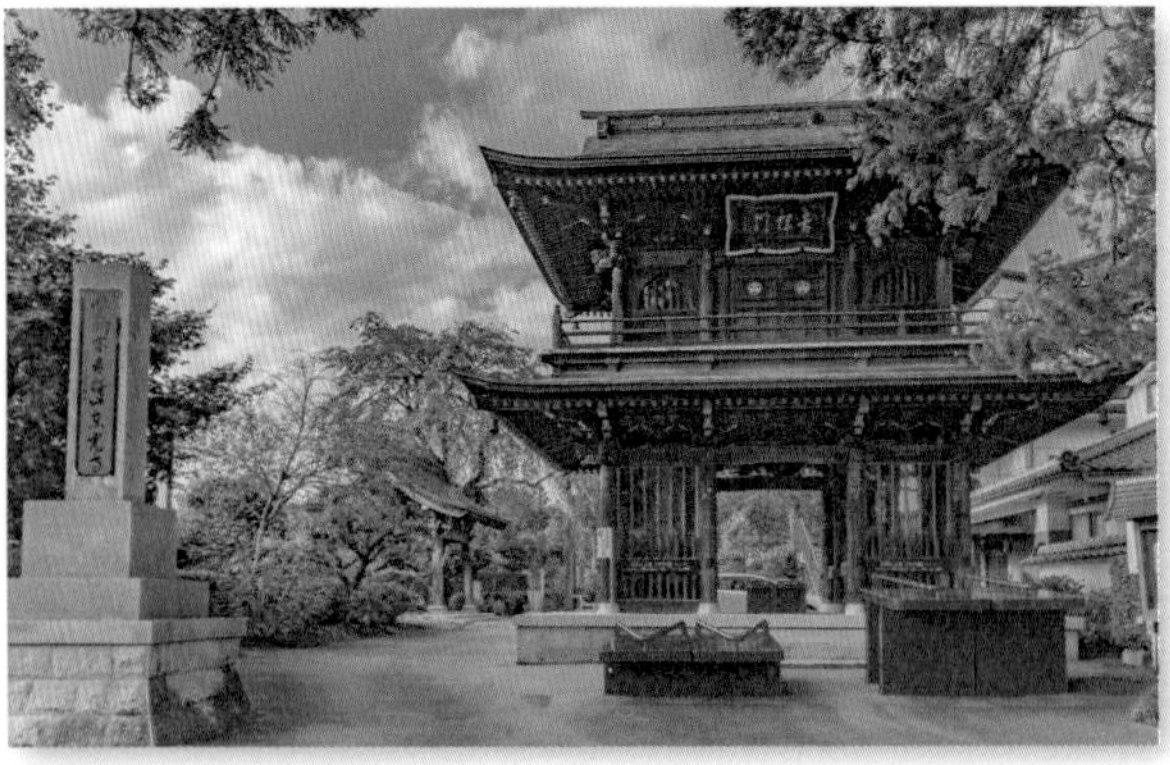

山門と吉祥仁王さまの下駄

しかし明治4年（１８７１）に廃仏毀釈で廃寺に。本堂は研成学校の等々力支校校舎となり、他の建物、什物は売り払われて学資に充てられた。12年11月、等々力に大火が起こり、村の本通り一帯が全焼、旧本堂も焼失。隠居中の若宮怪龍和尚はこ

子育て道祖神と鐘楼

の惨状を目の当たりにして寺の再興を発願、自ら土地を買い取って庫裏を建立。耕地一同・旧檀家の協力を得て24年に県知事から許可され、仁科十一番・大澤寺（大町市）の末寺として、寺号を東光寺と改め再興された。

まず「吉祥仁王さまの下駄」の説明を読む。「脚下照顧」とある。今年は卯《う》年だが、ピョンピョン跳ねる前に、まずは自分自身の足元を見つめ、一歩一歩着実に……ということだろう。若宮昭文住職（62）から吉祥閣でお話を聞き、東光寺由来書をもらう。「川西三十四番は、それほどなじみがないかもしれませんね。個人的には、ガイドブックがあればありがたいです」。

さらに「薬師堂に安置しているのは、実は阿弥陀如来像ですが、なぜか薬師如来様として信仰され、眼病の治癒に効くというので、多くの方々がお参りしてくれます」。本尊の撮影をお願いすると「本尊様は秘仏ではないですが、主要な行事のときにはご開帳しますので本日は……」と申し訳なさそうな顔をした。本尊は鎌倉時代の作といわれ、戦国の世には武士が戦場を守り本尊として背負って歩いたと伝えられる。

本堂前でご詠歌を唱え、薬師堂に次いで境内の平成3年（1991）建立の子育て道祖神にもお参りした。以前、「平成の道祖神」という新聞連載で紹介したことがあり、久々にこの道祖神と対面できた。

のりの水　をく志もきよき　白金の
光りててりそふ　秋のよの月

九番　福寿山　泉柳庵《せんりゅうあん》

安曇野市穂高白金

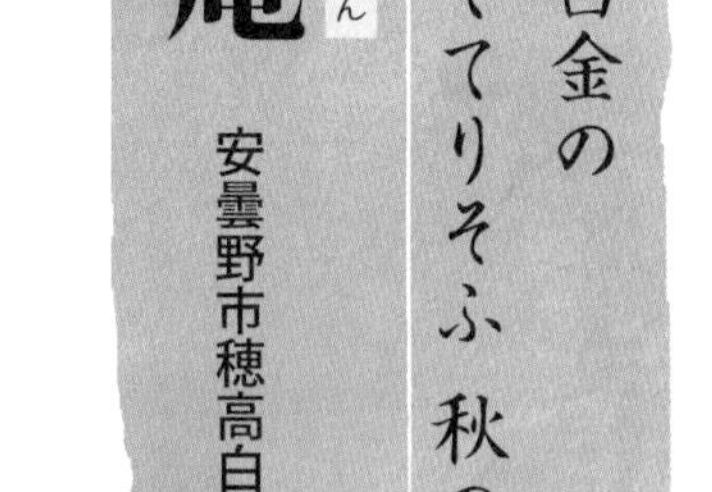

廃仏・無住後も地域が守る

八番・東光寺から国道147号に左折、しばらく南進し最初の信号をまた左折する。ホームセンターを左手に見ながら東へ。集落の中の細い道に沿って産土神《うぶすながみ》・白金八幡社を右手に見て進むと、手前に馬頭観音像群が目に入る。その向こうに泉柳庵がある。

穂高町誌（歴史編上・民俗編、1991）などによれば、泉柳庵は江戸時代中期頃には信仰の場となった阿弥陀堂が、その前身であったといわれる。元禄11年（1698）の『保高組邑々寺社御改帳』の「白金村」の項に「阿弥陀堂　平屋　四間半　四間半　本尊　阿弥陀座像」との記録がある。幕末に近い安政2年（1855）の、安曇郡の村々の明細を調べた記録にも阿弥陀堂が載っている。しかし、廃仏毀釈の嵐がこの地方の寺

本尊・聖観音＝『南安曇郡寺院堂宇仏像写真集』昭和51年所収

泉柳庵の小さなお堂

院を襲う。どうも、この小さなお堂も例外ではなかったようだ。

明治7年（1874）の白金村の情景明細表に「阿弥陀堂　当明治七年廃シ」とある。人々の信仰を集めていた白金村ただ一つの堂、村人もどうにかしたかったのだろう。のちに復活して戦前までは住職がいて、務めを果たしていた。時代の流れの中で無住となり、現在は地元の管理になっている。

また、廃仏を機に本尊は阿弥陀座像から聖観音像になっている。

泉柳庵の敷地には白金公民館がある。通りがかりの人に道を聞いてみると、泉柳庵は分からなくても、公民館の場所は分かるようだ。有名な、大きなお堂はないから無理からぬことか。堂を見上げると「泉柳庵」の額の右に「川西九番札所　厄除聖観世音　信州南安曇郡白金」と、かろうじて読める大きな木札が掛かる。お参りしてご詠歌を唱える。それほど大きくないが、大切な信仰の場であったお堂。この川西三十四番には全く廃されてしまった寺院が多い。が、この泉柳庵は廃寺後も、無住になってからも村人たちが支え、守ってきたことがわかる。

大寒を迎えて寒い。本来なら車ではなく、集落の中の庵だから小《こ》径《みち》を歩いての札所巡りがよいことはわかっているのだが……。さい銭箱脇に小さなミカンが四つ。ガタガタ震えていた私の身体、心も少し温かくなったようだ。

ひたすらに あゆみをはこぶ のりのみち
大ひにもるる 人はあらまじ

十番 立貫山 正覚院《しょうがくいん》

安曇野市豊科細萱

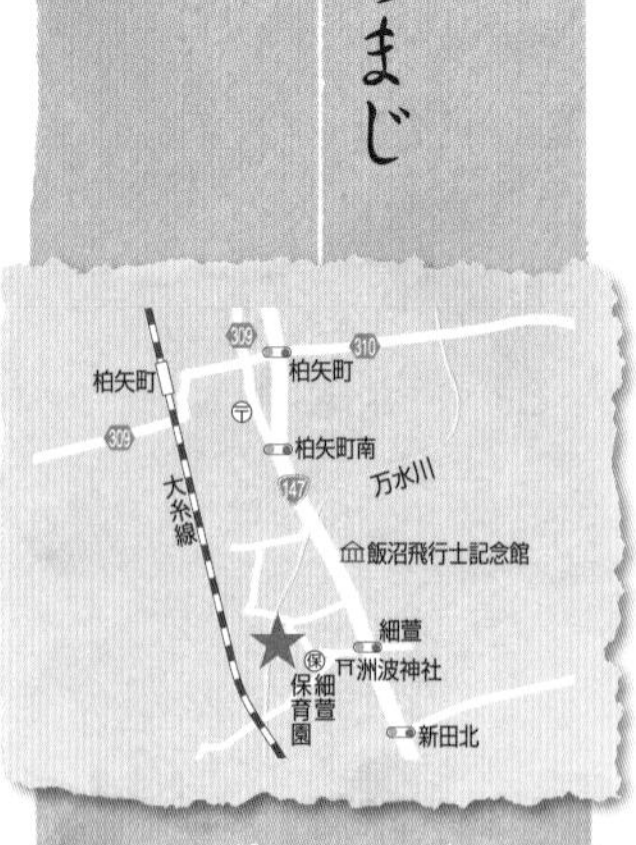

常念岳を望む霊園に立つお堂

九番・泉柳庵から国道147号へ出て、左折して豊科方面へ進む。万水川《よろずい》を渡り、飯沼飛行士記念館を過ぎてしばらく進んで右折する。道なりに西に進むと西浦霊園に着くが、その霊園の南東の隅に北向観音堂が立つ。ここが正覚院の跡になる。

正覚院は天和元年（1681）に開かれたという。が、残念なことに寺伝は不明なことが多い。豊科町誌（歴史編・民俗編・水利編、1995）などによれば、享保13年（1728）の『保高組村々高除地丁数寺社家書上控』には、細萱《ほそがや》村の殿村より西南西の方向、洲波《すわ》神社の北方にあるとされている。境内地は東西2町30間×南北2町の規模。7間×7間半の寺屋敷、2間半四方の隠寮などがあり、本尊は阿弥陀如来像で、西国三十三番札所巡りの石仏があるとされている。八番・泉柳庵と同じく明治4年（1871）に廃仏毀釈で廃寺となった。

霊園の中に立つ観音堂

私が正覚院跡を訪れたのはほぼ快晴で、寒さが緩んだ日の午後。北アルプスの山々を見ると、常念岳はここ細萱の地から見てもかっこいい。

堂前の石仏

〝信濃富士〟有明山は、雪が少ないためか山肌が見える。耳を澄ますと瀬音が聞こえる。少し万水川まで歩く。水かさが多いようだ。

踵《きびす》を返して霊園の南東に立つお堂へ。まず目に入るのは「北向子育観世音」の扁額《へんがく》。この篆刻《てんこく》文字、どこかで見覚えがあるが、思い出せない……。逆光だが、お堂を撮影。内部が見えたので久しぶりにシャッターを押す。本尊様の総丈は70〜80センチほどだろうか。

再び万水川へ。今日は2月の割には暖かい。が、まだまだ寒さは続きそう。春になれば水も温《ぬる》み、残雪の山々が美しいだろう。

帰宅してから思い出した。あの扁額の篆刻文字、JR松本駅ビルにかかる扁額「松本驛」と同じようだ。作者は旧堀金村下堀出身の曽山環翠（本名・慎一）ではないだろうか。

堂の内部

鐘の音の 絶えぬみのりの 寺なれば
つみも消えゆく み多の名号

十一番 周岳山 法蔵寺《ほうぞうじ》

安曇野市豊科新田

重厚な県宝の山門

十番・正覚院（跡）から国道147号に出て、右折して豊科の市街地方面へ進む。「豊科駅前」信号を右に曲がり、銀行の手前を左折して進むと法蔵寺の山門前に出る。

法蔵寺は、寺伝資料によると室町時代の永正3年（1506）、吉野村（現在の安曇野市豊科吉野）の梶海渡が創建。その後、松本城主・石川康長が街道筋を整備し、新田、成相に宿場を設けるに当たり、現在地に移転した。これは江戸時代に入った慶長16年（1611）のことで、移転を行ったのは石川氏の重臣・青山出羽、郷士・丸山丹後守と岡村小兵衛であったという。開山は承蓮社傳誉上人であった。

山門

元禄9年（1696）の記録などによると、往時の境内地は東西3丁、南北2丁半、檀家は600戸であったことがわかる。また寺領は10石で、安曇郡内では金松寺、真光寺の15石に次いでいる。明治4年（1

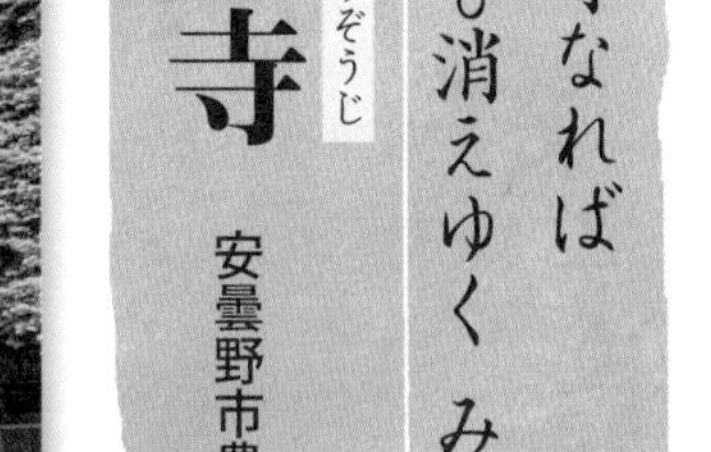

仁王門から本堂をのぞむ

８７１）年に廃仏毀釈で本堂、庫裏などが壊され、廃寺に。その後、仮堂を建立して同13年に再興された。

法蔵寺を訪れたのは、風は強いが暖かな日の午前中。隣接する公園ではボール遊びをする父子2組の姿があった。山門横を抜けて駐車場へ入る。この山門、諏訪の名工・伊藤長左衛門らの手で寛政元年（１７８９）に建てられた、重厚な造りの薬医門。平成7年（１９９５）に長野県宝に指定された。参道を進んで鐘楼門へ。そこには大数珠が掛かり「南無阿弥陀仏と唱えながら数珠を回してください、仁王様の大きな力と勇気が授けられます」とある。

早速、数珠を引いて回してみる。この鐘楼門も長左衛門らの手によるもので、寛政5年頃の建立だ。平成17年、境内の4棟とともに国登録有形文化財になった。本堂前でご詠歌を唱える。本尊は阿弥陀如来像で総丈は１８０センチほど。

この寺の住職・大沢法我さん（56）は、平成8年にある民放が制作した『槍ヶ岳にはじめて登った男・播隆』の主役・播隆上人を演じたことでも知られる。ＪＲ松本駅お城口広場に立つ上條俊介作の「播隆上人像」の顔と、どことなく似ているような気もする。

ちかひをや ふかくたのまん くわんのん寺
心ののりを まことにぞ奈す

十二番 観音堂《かんのんどう》

安曇野市豊科寺所

「寺所」の地名由来のお堂

十一番・法蔵寺を北に出て右折し、「寺所北」信号を直進して矢原堰に沿って長野自動車道方向へ進む。左折し、整骨院を少し過ぎてまた左折。道なりに進むと三差路の左手に観音堂がある。

豊科町誌（歴史編・民俗編・水利編、1995）などによると、寺所周辺は梓川扇状地末端に位置し、いくつかの集落があったようだ。ここは文字通り中世に寺があったことを示す地名で、現在の観音堂がその遺構であるという。どのような規模の寺があったのか、詳しいことはわからない。近世の集落の中心はこの観音堂周辺で、元禄11年（1698）の記録には、観音堂について平屋、東西・南北とも4間で、東向きとある。

私が観音堂を訪れたのは、法蔵寺の時と違い、寒さがぶり返した日の午後。風はそれほどないが、とにかく寒い。長野自動車道を通る車の音が途切れがちに耳に入る。

よく見ると木札が2枚掛かっている。1枚は「観音霊場川西三十四番十二番札所」、もう1枚は「寺所観音堂集会所」とある。この観音堂は30年ほど前に集会所を兼ねた建物に建て直したため、往年の雰囲気は感じられない。が、道路側に観音像が2体、庚申像碑なども立つ。また、南無阿弥陀仏碑が2体あり、1体は寛政9年（1797）に村で建てたものである。往時、法蔵寺を拠点にこの周辺で勧化にまい進していた、正道の書名号碑である。

観音堂の内部の様子はわからないが、本尊は聖観世音菩薩像。東日本大震災で犠牲になった方々の冥福も祈って大きな声でご詠歌を

「念佛千万遍」絵馬＝『豊科町誌歴史編・民俗編・水利編』平成7年所収

唱えた。路上には人の姿は見えず、郵便配達のバイクが1台通ったのみ。時折、粉雪が舞う。

さて、2月8日または3月8日、春秋の彼岸などには念仏講が行われる。村の近代化などで念仏講は少なくなっているが……。

明治36年（1903）の秋の彼岸、この観音堂に百万遍の大数珠回しをする情景を描いた「奉額観世音寶前念佛千万遍」絵馬が奉納された。奉納者の代表は堂の僧・鈴木大宗、世話人は大谷忠教ほか、画は穂高の人・望月硯《けん》斎《さい》で、明治年間における安曇野を代表する画家。中央上部に観音様、総勢136人が描かれており、圧巻だ。観音堂では毎年春の彼岸に念仏法要を行い、区民が「南無阿弥陀仏」と唱えながら大数珠を回して、無病息災や家内安全を祈っている。

寺所観音堂

かのきしへ　わたるねがひは　よ、かけて
ゆききたへせね　はしもとの寺

十二番　鶴尾山　仏法寺《ぶっぽうじ》

安曇野市豊科熊倉

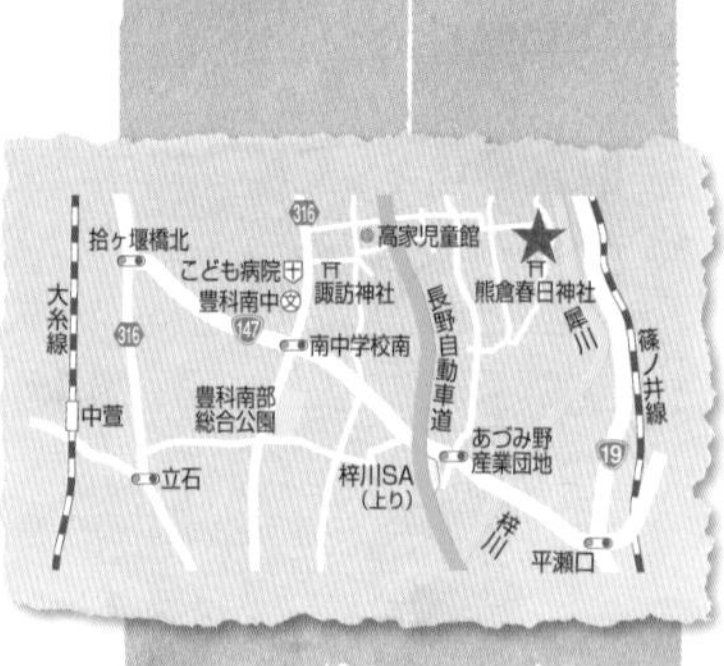

犀川渡し跡に近い要衝の地

十二番・観音堂から長野自動車道の「安曇野インター西」信号を左折し、県道36号を南進。このあたりの地理には疎いので少し遠回りかもしれない。県立こども病院を右手に見ながら「南中学校南」信号を左折、高家《たきべ》バイパスを東へ進み「あずみの産業団地」信号を左折したら熊倉方面へ北進する。右手前方に見える犀川の河岸段丘上の林を目指して進む。ここが春日神社。社伝によると、梓川の治水開拓神として祀られたという。神社脇を行くと市営熊倉霊園があり、その北に仏法寺がある。

鶴尾山仏法寺というが、創建は不明。平成20年（２００８）に地元・熊倉歴史文化研究委員会が建立した碑や、市の標柱によると、寺は天文20年（１５５１）、武田晴信（信玄）が平瀬城を攻略した際に戦火で焼失、後に観音堂が建てられたという。江戸時代の寺社関係の書上帳には名前が見えないが、参道には天保4年（１８３３）に地元民が寄進した百体観音が並んで出迎えてくれる。なお、これらは市の有形民俗文化財に指定されている。

仏法寺を訪れたのは、4月初めの暖かな日の午前中。大門前の用水を流れる水も少し温そうだ。以前訪れた時にはすぐ近くにある「熊倉の渡し」跡に来た帰りに寄った。参道入り口右手には「信濃十七番成相組熊倉村鶴尾山仏法寺　たたねかへ　末くまくらのくち身は　ほとけのじひにたすけたまわん」の碑が立ち、左手には寛政2年（１７９０）建立の百万遍供養塔、天保10年（１８３９）建立の二十三夜塔がある。現在の観音堂は平成3年（１９９１）の再建で、

本堂をのぞむ

「鶴尾山佛法寺」の額が掛かる。十二番・観音堂の時と同じく、東日本大震災で犠牲になった方々の冥福を祈りながらご詠歌を唱える。観音堂横には史料館がある。本尊は室町時代末期作といわれる阿弥陀如来像である。

熊倉の渡し跡は、大門から東へ百メートルほど。犀川の瀬音が耳に入り、国交省熊倉水位観測所もある。ここは川幅が最も狭く、古くから千国街道の渡し場であった。貞享3年（１６８６）11月、松本藩史上最大の百姓一揆、いわゆる貞享騒動の指導者・多田加助らもこの渡しから犀川を渡り、養老坂を上り松本城下へ護送されている。『善光寺道名所図会《ずえ》』の挿図には熊倉橋が架けられているが、明治初年には渡し舟２艘《そう》との記録がある。渡し舟は昭和30年代まで往復した。いずれにしても、旅人の往来が多い場所で松本藩の重要な交通の要衝であり、おそらく、仏法寺も栄えたのであろう。

犀川の渡し場「熊倉の渡し」跡

世の中に あらんかぎりの ちかひにて
あゆみをはこぶ 曽根の松丘

十四番 松丘庵《しょうきゅうあん》

安曇野市豊科中曽根

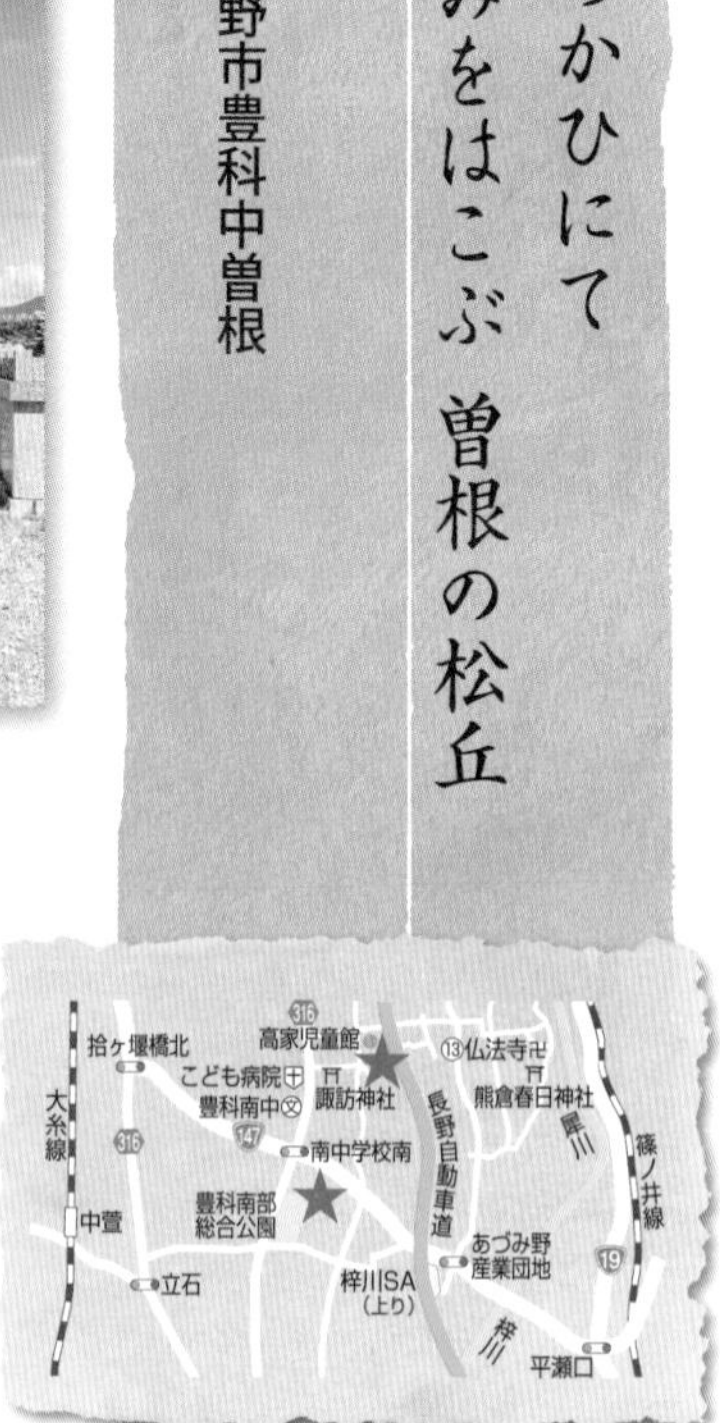

記録乏しく…跡地候補を探る

一番・満願寺から十三番・仏法寺までは、少なからず郷土史誌類の文献に記述があった。しかし、十四番・松丘庵は、私の見るところ皆無……。困り果てた私は、このシリーズの〝駆け込み寺〟である安曇野市教育委員会へ尋ねたが、やはりきちんとした記録は見当たらないという。寺の歩みも不明なことが多く、場所の特定も難しいとのこと。いくつかある候補地のうち「たぶんここではないか」という場所を教えていただき、跡地へ向かった。

1カ所目　薬師堂

堂前の松本道

先ず1ヵ所目の候補地へ。十三番・仏法寺からは南へ向かって進み、「あずみの産業団地」の信号を右折して進む。「南中学校南」の信号直前の小さな交差点を左折して集落内に入り、反時計周りに東に向かって道なりに少し進むと小さな堂と墓地がある。

中曽根区誌（2017）によると、この堂は薬師堂でその初見は慶安4年（1651）の検地帳であるというから、それ以前から存在していたのだろう。堂は南向きに立ち、正面を東西に走る道は松本道である。敷地内には石仏・石碑があり、裏面に「日課念仏講中」と読める文字が刻まれた寛政9年（1797）の建立南無阿弥陀仏碑や青面金剛像などが立つ。この堂は、荒れ川でもあった中曽根川の水難除けを願って建立されたといわれ、眼病に効く仏様として近在の人びとがお参りしたという。現在は、年2回ほど上中曽根の皆さんが集まってお祭りをしている。薬師堂前でご詠歌を唱える。

南無阿弥陀仏碑、青面金剛像

2ヵ所目の候補地も中曽根にある。「南中学校南」の信号を右折して北に進み、県立こども病院北側の三差路を諏訪神社方面、東へ進んで元町の集落に入る。新田堰に沿って道なりに進み、2番目の辻を左折。次の辻を右に進むと集落の東端、駐車場と小さな墓地がある。向こうに長野道が通る。北（左手）に折れると高家《たきべ》児童館。一帯は駐車場になっており、東側にM家とF家の墓地、西側には南無阿弥陀仏碑ほか十数体の石仏などが1列に並び東向きに立っている。南無阿弥陀仏碑の前でご詠歌を唱える。

2ヵ所目に立ち並ぶ石仏

冒頭でふれたように、松丘庵跡地候補はいくつかあり、うち2ヵ所へ足を運んでみた。後日、文献や関連資料に改めてあたってみると、どうも1ヵ所目がより有力な跡地のようだ。

たていしに ちかひをのこす おしへにて
ゆき、の人の みちに迷はじ

十五番　立石堂《たていしどう》

安曇野市豊科飯田

集落内の墓地に残るお堂

十四番・松丘庵に続き、今回もなかなか郷土史誌類の文献に記述が見当たらない。

思案しても仕方がないので、えいままよ……。4月下旬の風の強い日であったが現地に向かってみた。松丘庵からは県立こども病院まで出て左折、県道316号を南へ進む。国道147号高家《たきべ》バイパスをつっきり「上鳥羽」信号を左折する。

ほどなく、飯田家住宅の前に出る。同住宅は、江戸末期建築の母屋をはじめとして13棟の建物が残り、

御嶽大権現碑など

平成17年（2005）に国登録有形文化財に登録された。私たちの年代にとってはなじみのあるかりんとう屋「蔵久」がお店を経営していた場所である。酒造業であった同住宅を借用して営業していたが、現在の店舗になっている。住宅前を右折、南へ直進すると交差点に出、左折して道なりに進んで右手に見えてくる墓地が、立足堂である。

集落の中なので道路がそれほど広くなく、墓地手前の遊園地に車を停める。風が思いのほか強く、遊ぶ子どもの姿が見えないので一安心。好

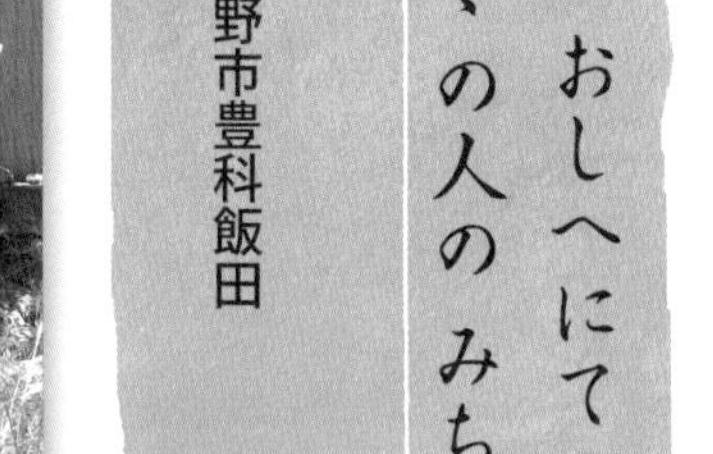

立石堂

天ならここから北アルプスがよく見えるだろう。小さな堂で手を合わせ、ご詠歌を唱える。堂には「川西三十四番札所　立石堂」という比較的新しい木札が打ち付けられている。堂のまわりを歩いていたら、年配の女性が堂前で手を合わせていた。お話を聞こうと思い踵《きびす》を返したが、足早に立ち去ってしまった。

立足堂の本尊は聖観世音菩薩像。像の高さは20センチほどだが、何となく優雅な表情をしている。なお、光背は昭和初年に付けられたとのことである。

堂の内部

たづねいり　志らぬまゝべの　道のべに
志んじゅの光り　あらたなりける

十六番　乗護山　金龍寺《きんりゅうじ》

安曇野市豊科真々部

参道に並ぶ見事な百体観音

十五番・立足堂からは、少し遠回りかもしれないが、県道316号に出て「真々部《ままべ》」交差点を右折。北に向かい、真々部公民館を過ぎて最初の角を左折すると右手に金龍寺がある。訪れたのは5月下旬の異常に暑い日の午後。周囲の田んぼは田植えがほぼ終わっている。北アルプスの山々が美しく見える。

金龍寺は、豊科町誌（歴史編・民俗編・水利編、1995）などによれば、創建は天正2年（1574）で『信府統記』によれば「真々部尾張守ト云ヒシ地頭ノ牌所ナリ、中興ノ開山ハ一庵和尚」とある。天正10年（1582）には「金龍寺」と称した文書が残るが、のちに真珠院となり、江戸時代末期の文書には「金桑山真珠院」とある。

明治4年（1871）に廃仏毀釈で廃寺になった。当時、真珠院に限らず対象となった寺院では、堂宇や仏具一切を処分して学校費用に差し出すように、筑摩県から指示が出されている。永山盛輝《もりてる》権《ごん》令《れい》の主導による全国に先駆けた学校設立の陰には、一面このような動き、〝寺院滅びて学校なる〟とい

参道。左右に百体観音が並ぶ

本堂をのぞむ

うことがあったのだろう。その後、壇信徒の再興要請があり、明治11年に内務省の許可を得て、金龍寺として再興された。

寺の入り口右手に、高い石柱が立つ。「高家村畜犬《たきべ》供養塔」とあり、大正4年（1915）に村の連合衛生組合が建てた。鐘門、本堂に続く参道の左右には、見事なまでの百体観音が並び出迎えてくれる。少しおしゃれな感じがする鐘門は、文政10年（1827）の建立。本堂前でお参りをし、ご詠歌を唱える。が、耳を澄ますと本堂内からお勤めをしているであろう、読経する声が聞こえてくる。しばし境内を歩く。諸堂が立ち並び、多様な願掛けをする人たちがこの寺を訪ねてくることを知る。

金龍寺の本尊は聖観世音菩薩像。像の高さは126センチほど。行基の作といわれ、かつて旧文部省が2度にわたって調査したという仏像である。

本尊・聖観音＝『南安曇郡寺院堂宇仏像写真集』昭和51年所収

よをてらす めぐみの光 きよければ
くらき心も はるゝあかつき

十七番 医王山 日光寺《にっこうじ》

安曇野市豊科下鳥羽

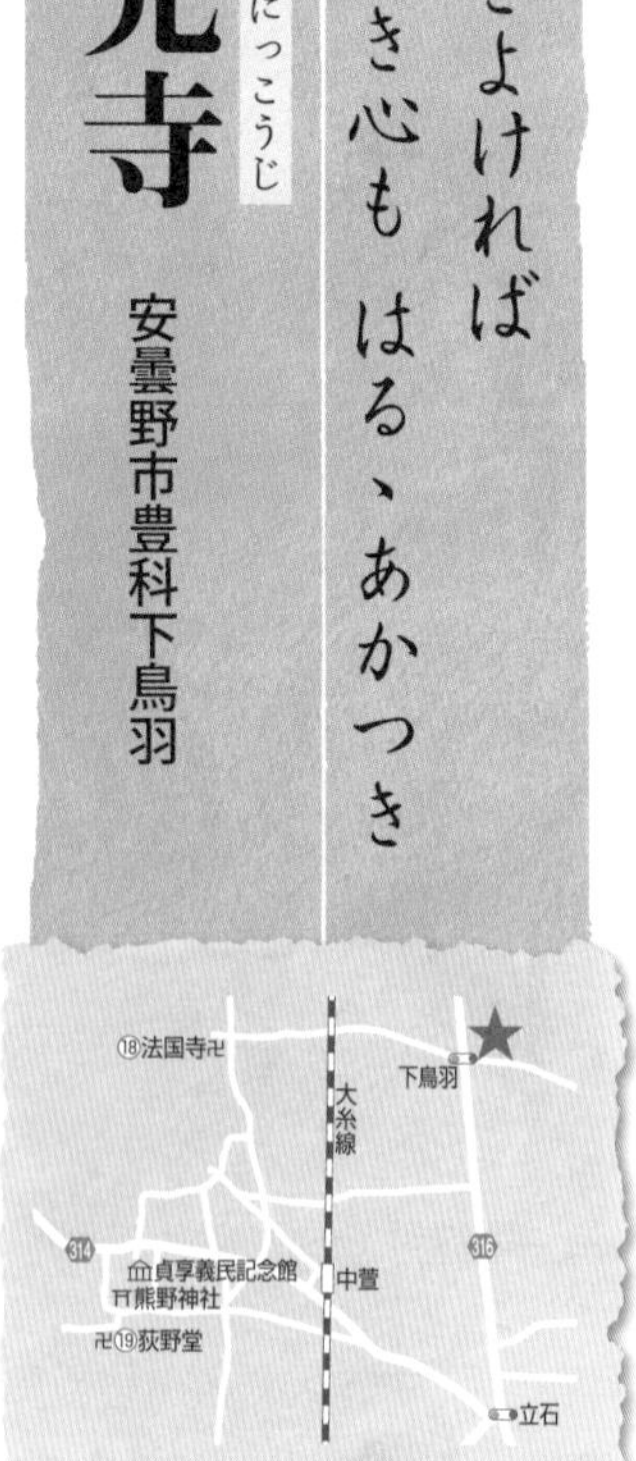

街道も通じていた古寺

十六番・金龍寺からは、県道316号に出て左折、北に向かって「下鳥羽」信号まで進み、右折する。右は大きな工場、左は住宅地。「お寺があるのだろうか……」と思いながら進むと、左に入る道がある。すぐにお寺の門らしきものが見える。これが日光寺の仁王門。私を見て、女性がこちらに歩いてくる。住職の守矢瑞光さんである。

豊科町誌（歴史編・民俗編・水利編、1995）などによれば、日光寺は中世にさかのぼる古寺で、もとは東方の寺村にあった。寺村には大門、古寺、薬師堂などの字名が残っており、薬師堂、日光寺、仁王門の真言宗形式の大きな寺だったようだ。寺村にあったとき、武田晴信（信玄）の攻撃に遭い焼失。また『信府統記』によれば「平福寺ノ末寺ナリ、当寺ハ開基縁起分明ナラズ、本尊ハ後鳥羽院ノ守本尊ト云伝フ、当寺仁王ハ文禄年中和泉町安楽寺ノ仁王トナリシコトアリシガ、元禄十六癸未年当寺へ帰寺也」とある。文禄年間（1592～96）に松本城下にある、現在の大安楽寺へ仁王像が移されたが、元禄16年（1703）に再

本堂から庭園を見る

び日光寺に戻ってきた。この仁王像（木造金剛力士立像）、現在は市指定文化財。

この寺の薬師如来像は霊験あらたかで、現在の堀金・三郷方面からは日光寺街道が通じ、参詣人も多かったようだ。再興から約100年後、天明8年（1788）年3月2～8日にご開帳を行うため、松本城下の六九口、伊勢町、博労町口、安原町口をはじめ、近在の保高町と一日《ひと》市場に立て札を立てて、周知に努めている。往時、にぎわいを見せたであろう日光寺も、明治4年（1871）に廃仏毀釈で廃寺。その後30年近く、鳥羽学校などの校舎、校地として使われた。

守矢住職は、平成20年（2008）10月の入山で「わからないことが多いので勉強中です」。案内されて、早速にお堂に入った。

本堂の入口。仁王門前に「鳥羽学校跡」の標柱がある

本堂に残る学校の焼き印

先にふれたように、日光寺は廃仏毀釈で廃寺になった。筑摩県の教育立県政策は〝寺院滅びて学校なる〟という現象を生み出した。本堂は鳥羽学校などの校舎として使われたのち、七番・宗徳寺の本堂として再建された。『穂高山宗徳寺』（2004）によると、明治31年に旧日光寺本堂を移築・再建――とあり、間口9間、奥行き8間の唐様を加味した、和様の落ち着いた本堂であったようだ。

案内された本堂で、守矢住職は「この障子戸には『鳥羽学校』という焼き印があるんですよ」と話してくれた。宗徳寺にあったものが、本来の場所に戻されたとのことだ。日光寺に残る記録には「本堂一棟

趣きのある境内

間口九間奥行八間也、附属品八板戸三十二枚、障子三十八本、唐紙十八本、畳三十畳…」とあるから、本堂の部材、什物も使われたようだ。100年の時を経てみれば、この障子戸、大切な文化財といえようか。本尊の撮影は「新聞に載ってしまうと、小さなお寺でセキュリティーが心配なので…」。無理からぬことで、ご本尊の像高はわずか9センチほど。寺伝によると「後鳥羽上皇の御襟仏」といわれる薬師如来像である。

　ところで、日光寺は住職がいるが、下鳥羽区が管理するお寺で、いわば地区全戸が檀信徒といったところである。廃寺後は「下鳥羽の薬師堂」として知られ、ここではドウゼワ（堂世話）といって女衆の世話人がいて、寺の折々の行事を手助けしてきた。6月11日に花祭りが行われ、このときもドウゼワの皆さんがお世話したといい、下鳥羽区の寺という意識がうかがえる。「1人では何もできないので、寺の維持をはじめ行事をやるときなどは大変助かります」と守矢住職。

　守矢住職はとても気さくで、このあたりの方言だと〝サッソク〟な方という感じ。地域をはじめ、多くの方々に足を運んでほしいという。飼っている猫は「吉を招く」ということでマネキチと名付け、人気があるという。月1回座禅会を催しているので、希望する人はマネキチに会いがてら、行ってみてほしい。

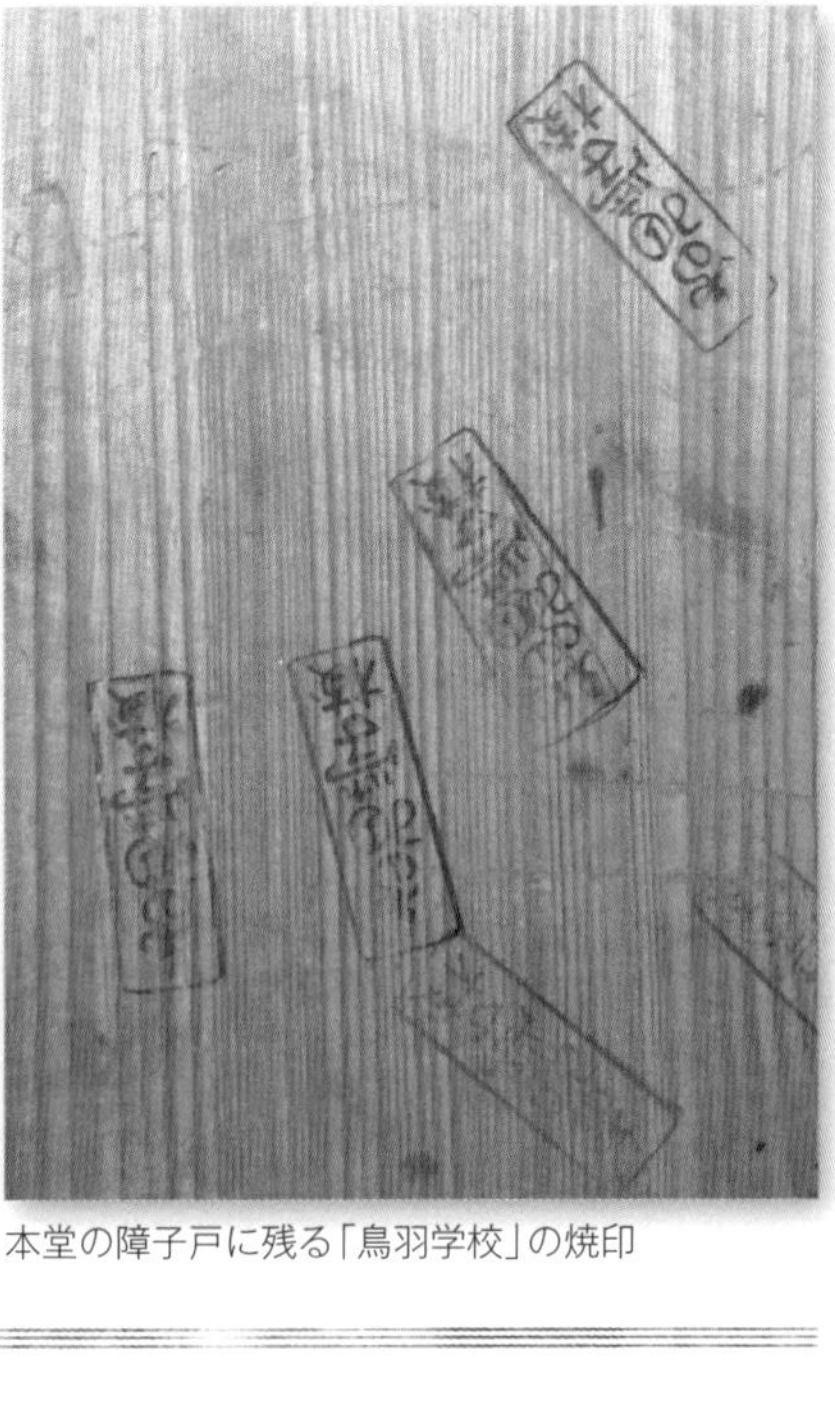
本堂の障子戸に残る「鳥羽学校」の焼印

COLUMN

寺院滅びて学校なる

札所百番を巡り、改めて感じることは、明治初年の廃仏毀釈で廃寺になった寺院がとても多いことである。

慶応4年（1868）3月に神仏分離令が出され、明治3年（1870）に松本藩主・戸田光則《みつひさ》は自ら弁官に願書を提出、そこには「臣菩提寺当藩松本町曹洞宗全久院、同埋橋村同宗前山寺儀、檀家一同神葬祭願出」「両寺共学校等ニ相改メ度」（『長野県史近代史料編第一〇巻（一）宗教』1982）などとあり、本町の菩提寺・全久院と埋橋《うずはし》の戸田廟《びょう》を守る前山寺を廃寺とし、学校にする方針などを示した。さらに歴代藩主の位牌《いはい》を女鳥羽川に流し、仏像・仏具を焼き払った。それより前、廃寺とした葵《あおい》の馬場の弥勒院から釈迦如来像が川西二十番・長徳寺へ移されている。

この年に始まった松本藩の廃仏毀釈は、全国でも五指に入るといわれるほどの熾《し》烈《れつ》さを極め、藩領内164寺のうち翌4年までに帰農した寺院は124寺で、全寺院の75パーセントにも達した。のちに復興した寺院もあるが、多くの寺で貴重な堂宇や仏像などが破却された。また、仏葬から神葬祭への改典と僧侶の帰農、無住・無檀寺院の廃寺化が進められた。さらに生活に根付いた行事に対する規制などがあり、人びとの日常は混乱に陥った。

廃寺となった寺院の本堂や庫裏などは、筑摩県権令永山盛輝《もりてる》が明治7年に学校設立について文部省に上申した際に「各学校家屋ノ儀ハ大概寺院或ハ明家等ヲ借受設ルモノトス尤モ当県下安筑両郡ノ間ハ廃寺多キヲ以テ大ニ便ヲ得タリ」（『長野県教育史第九巻史料編三』1974）と記したように、開明的な政策の下で創立された学校として再利用された例が多い。とりわけ、戸田氏の菩提寺・全久院廃寺を再利用し、明治6年に開校した開智学校はその代表的な事例にあたるだろう（国宝指定の現校舎は明治9年建築）。

――寺院滅びて学校なる。これは歴史が仕組んだアイロニーかもしれない。

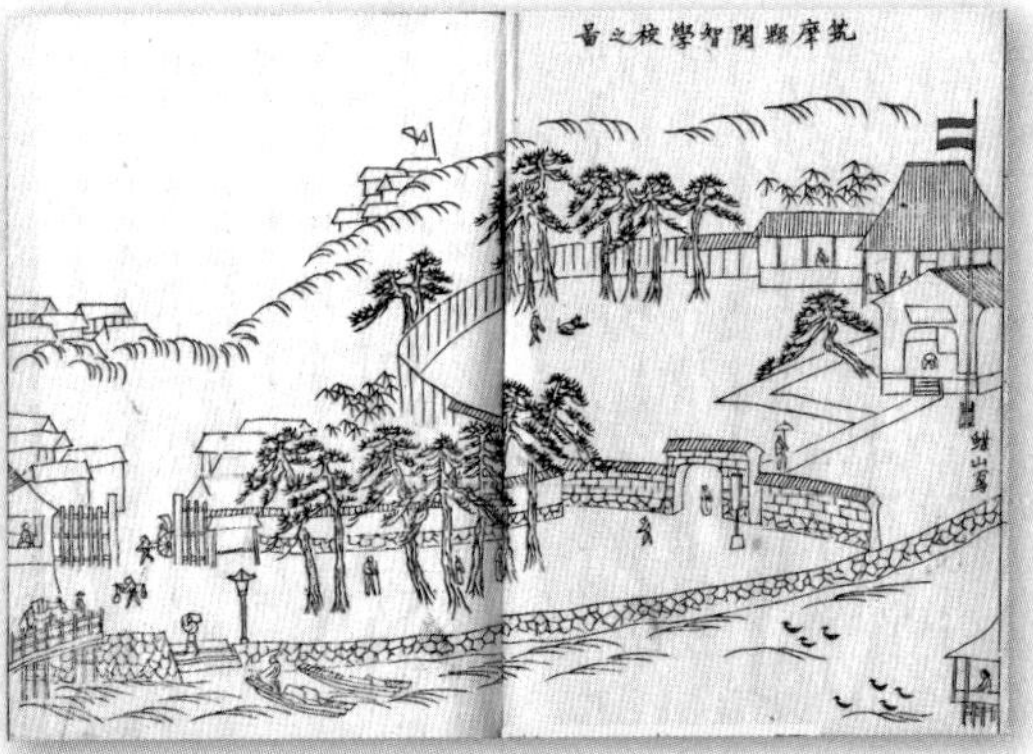

筑摩県開智学校之図（信飛新聞第５号　明治６年５月）

きてみれば　のりのみくにの　くわんぜおん
うまれず志なぬ　みをやちかへん

十八番　仏花山　法国寺《ほうこくじ》

安曇野市三郷中萱

無住から再興　地域の拠点に

十七番・日光寺からは次のように進んだ。県道３１６号に出て左折、「立石」交差点を右に、さらにすぐに右折してＪＲ中萱駅方面に進む。

法国寺遺跡碑

大糸線の踏切を渡って西へ進み、三つ目の角を右折する。集落を南北に貫く豊科道をしばらく進んだ右手が法国寺の跡である。「仏花山法国寺・中萱学校・中萱集会所遺跡」碑が中萱区により昭和53年（１９７８）に建てられている。

三郷村誌Ⅱ資料編（２００９）などに基づいて、法国寺のあらましをたどってみる。

伝承によれば「真々部七寺」の一寺といわれ、創建は戦国期の天文19年（１５５０）。現在の塩尻市洗馬の清水観音を移築したもの。また、真々部尾張守の力によるものと伝えられ、当初は真言宗であった。その後、別当寺は戦乱の世の中で無住状態となり、敗壊して寺領は除地として郷中の入会地となっていた。

十王堂・観音堂は、無住の時もあり存続してきたが、江戸時代に入り寛文5年（１６６５）、松本城下・宮村町の瑞松寺の存寿和尚が、村人の理解と真光寺七世名室順誉和尚の尽力で入山、長らく住持して一度衰えた寺勢を再興し、曹洞宗に改めた。その後、享保9年（１７２４）に入山した第三世別伝和尚のとき、この場所から乾原南の地、先の遺跡碑の場所へ伽藍を移した。しかし、明治初年に廃寺に。堂宇は、明治43年（1910）に温明盛尋常高等小学校の校舎が完成するまで中萱尋常小学校校舎に。その後、昭和24年まで区集会所として使われ、地域の行政・文化活動の場として利用されている。

　ここから北へ少し進むと歓喜寺。この場所は法国寺十王堂跡地で、上伊那郡七久保村（現飯島町）から明治33年に移った。さらに進むと左手に堂が見える。ここが先にふれた旧観音堂地だ。

　私がこれらを訪れたのは、まだ梅雨が明けない7月上旬の蒸し暑い日であった。旧観音堂跡地一帯は墓地で、地蔵菩薩像なども目に入る。平成5年（1993）、旧三郷村教育委員会が「史跡法国寺観音堂跡」の標柱を設置した。本尊は木造十一面観世音菩薩立像で室町時代末期の作と伝えられる。この本尊は廃寺の際、上伊那の小野の寺に預けられたが、明治17年にこの場所、最初に法国寺の堂宇ができた地に堂を建立して本尊を安置して現在に至る。

　現在の観音堂は平成24年の建立で、「法国寺」と筆太に書かれた寺号額が掲げられる。私はこれら3ヵ所、「仏花山法国寺…遺跡」碑の場所、旧十王堂跡地の歓喜寺、そしてこの観音堂でそれぞれご詠歌を唱えた。

観音堂の内部

観音堂

及木の 風ふきならす 萩の堂
やどかりのよに ゆめぞむすばず

十九番 荻野堂《おぎのどう》

安曇野市三郷及木

熊野の僧が建てた及木寺の跡

　十八番・法国寺からは来た道を引き返し、貞享義民記念館まで戻る。記念館東側を道なりに南下し、熊野神社脇を進み右折。熊野神社は昭和61年（1986）に松本市立博物館で「郷土の絵馬」展を開催した折に、私は調査と絵馬借用でお世話になった神社である。西側に曲がると小さな観音堂がある。これが荻野堂である。

　荻野堂の前には、平成5年（1993）に旧三郷村教育委員会が設置した「史跡及木《およびき》寺跡」という標柱が立つ。その説明によると、堂が立つ場所には及木寺という寺院があった。応永18年（1411）に熊野の僧・由良覚心が建てた寺で、十一面観音を祀った。覚心とは、筑摩郡神林郷（松本市神林）出身で、味噌の製法を日本に伝えたという高僧・法燈国師だといわれる。

　及木寺は神宮寺であったといわれる。寺は南向き、本堂は6間×6間の茅葺き、鐘楼と庫裏などがあった。規模は広く、参道は南街道まで続き、その先には花園が広がっていたとも。しかし文禄2年（1593）頃から始まった、石川康長による松本城天守築造事業の際、この寺の建物も用材とされた辰巳附櫓の築造に使われ、廃寺になったとされる。もっともこの櫓と月見櫓は、約40年後の寛永11年（1634）に松平直政が増築したもの。これには疑問が残る……。

　三郷村誌Ⅱ（第4巻・村落誌編、2006）などを参考に、荻野堂のあらましをたどってみると――。及木寺が廃寺となった跡に観音堂が建てられているが、建立年は不明。慶安5年（1652）の文書に「南向きの観音堂であった」とある。堂の広さは不明だが、50人

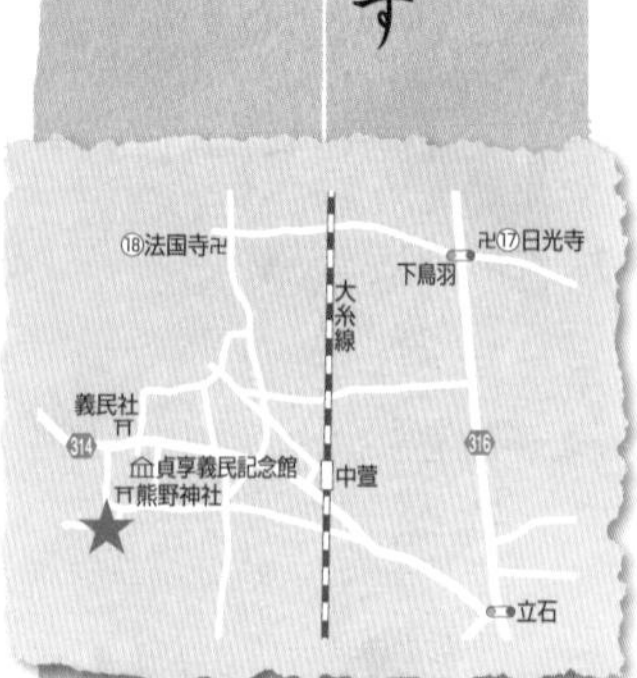

ご詠歌を唱えて参拝する人びと（大正時代か）＝安曇野市教育委員会蔵

荻野堂。かつて及木寺があった

ほどが入れる規模だったようだ。また、時代は下るが、天保12年（1841）の文書には「庫裏もあった」と記録される。

荻野堂を訪れたのは、7月下旬の暑い日。堂には宝暦10年（1760）に、当時の保高町村の8人と、等々力村の1人が奉納したと思われるご詠歌の札が保存されている。この札に書かれた文章が原稿用紙に書き写され、堂に貼られていてありがたい。

ご詠歌は「於ひ飛《及》木《木》の風ふ起《き》なら春《す》萩のとう《堂》やとかり能《の》世耳《に》夢もむ春《す》ば須《ず》」と読むようだ。ご詠歌は「萩」だが、嘉永6年（1853）の記録には「荻」とあり、現在までそう呼ばれている。荻野堂は明治8年（1875）に焼失、のちに再建。元禄時代の年号が刻まれる「南無阿弥陀仏」名号碑2基が堂の前に立ち、往時を偲ぶよすがとなっている。

のちのよも　またふたつぎと　おもふなよ
ながきすみかは　ひとつなりけり

二十番　二木山　長徳寺《ちょうとくじ》

安曇野市三郷一日市場

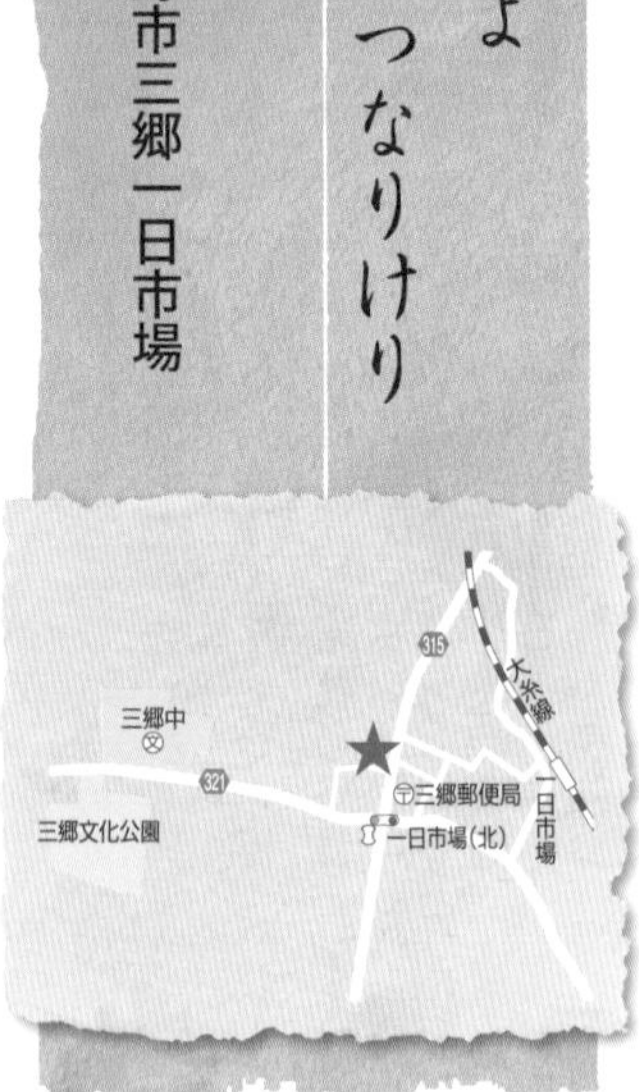

一日市場の心のよりどころ

十九番・荻野堂からは南に下り、一度、安曇野市三郷総合支所の通り（県道321号）まで出る。少し遠回りかもしれないが、「一日市場《ひといちば》北」交差点方面に進み、三郷中学校を過ぎて交差点の前で左折する。北に進んで突き当たる一日市場公民館の場所が、二木山長徳寺の跡地である。

三郷村誌Ⅱ（第4巻・村落誌編、2006）などによると、長徳寺の創建はその寺名が示すように長徳年間（995～99）とされてきたようだが、疑問が残るとのこと。しかし、寺用水の堂川が横沢堰末として存在し、鎌倉時代に荘園市場が立ったこと、長徳寺観音堂の聖観世音菩薩像が鎌倉時代末期ころの作であることなどから、古刹であることは間違いないようだ。開基は西牧氏といわれる。

元禄11年（1698）の書上帳によると、長徳寺の伽藍には本堂、庫裏、観音堂などがあり、さらに享保6年（1721）の書上帳によると境内の規模は、東西ほぼ81メートル、南北ほぼ91メートルの広さであったようだ。しかし、安政3年（1856）の大火で長徳寺の建物群は灰燼《かいじん》

長徳寺観音堂

長徳寺跡碑

に帰してしまい、2年後、東向きだった建物群は南向きに再建された。廃仏毀釈で廃寺となった際に本堂は取り壊されたが、庫裏は学校の校舎に利用され、同6年に一日市学校が開設されるなどした。

観音堂も、その大火で焼け落ちてしまった建物の一つだ。なかなか再建されず、明治37年（1904）になってようやく再建が許可された。堂内には本尊、聖観世音菩薩像のほか、釈迦如来坐像などが納められている。釈迦如来坐像は、明治2年に松本城「葵の馬場」にあった弥勒院が廃され、それから長徳寺に移され、のちにこの観音堂に納められた。松本藩主・戸田氏ゆかりの仏像である。観音堂は長徳寺跡の東、旧飛騨道沿いに立つ。

私が寺跡と観音堂を訪れたのは8月上旬の暑い日。公民館敷地には「二木山長徳寺跡」碑、一日市学校・長徳寺跡の歌碑が立ち、隣接する三郷神社と相まって、何となく雰囲気がよい。境内には馬頭観音ほか、多くの石仏群が祀られている。この一帯、一日市場住民の心のよりどころといった感が強い。

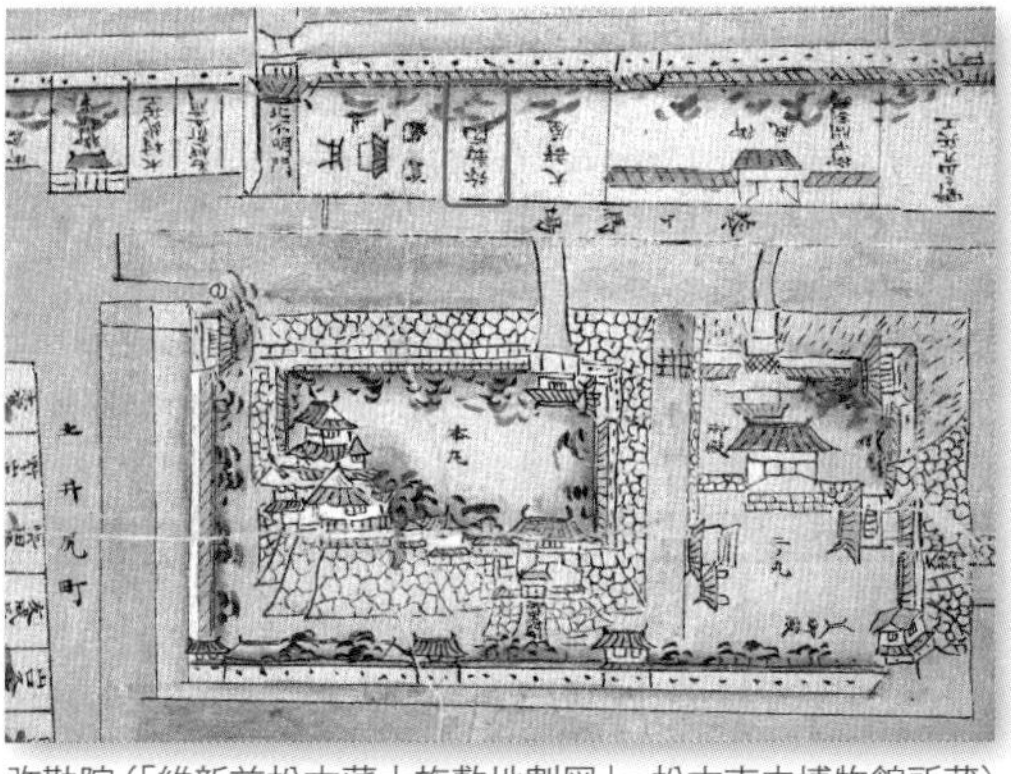
弥勒院（「維新前松本藩士族敷地割図」=松本市立博物館所蔵）

今日までは 露のいのちを 岡寺に
まゐる心を ちかひましませ

二十一番 岩泉山 音聲寺《おんじょうじ》

松本市梓川岩岡

集落の中に跡 本尊は現存

二十一番・岩泉山音聲寺から松本市となる。二十番・長徳寺からは道順をうまく示せないので、松本市街地から示す。

ＪＲ北松本駅の下をくぐり、国道19号も横切って梓川地区方面へ県道３２０号を直進。梓川に架かる中央橋を渡ると、梓川岩岡地区になる。左手にガソリンスタンドがあり、そこを過ぎて左折、すぐに右折し、岩岡の集落の中を進む。ほどなく左手に火の見櫓《やぐら》があり、岩岡公民館・同麦大豆生産振興センターに着く。この広場の一角に「川西二十一番札所岩泉山音聲寺」「岩岡学校　郷倉跡」の碑が立つ。

梓川村誌（歴史編、１９９４）などには、山号の由来は、この地の豪族・岩岡氏一族にいた岩岡織部英長という人物が文禄2年（１５９３）に没して「岩誉寿泉」と

音聲寺の場所を示す石柱

岩岡公民館

号したことから、「岩」「泉」を引いたのではないかとある。

　寺の始まりは不明な点が多く、『信府統記』でも寺の創建年代は不明だが、開山は真福比丘で、元和3年（1617）に寺を整えた。慶安4年（1651）の検地帳には「仁王領」とあり、仁王尊が祀られていたことがわかる。本尊は十一面千手観世音菩薩で、本尊のご利益や仁王尊の縁起をはじめ、元禄9年（1696）3月のご開帳の際に記した、衆生を救いたい旨の文書なども残っているようだ。

　さて、この音聲寺も廃仏毀釈で廃寺になった。さらに明治6年（1873）5月、岩岡の下の区をほとんど焼き尽くした大火があり、このときに旧音聲寺の本堂、庫裏、仁王門なども灰燼《かいじん》に帰してしまった。ただ、本尊はわずかに損傷したものの、難を免れた。

　私が岩岡麦大豆生産振興センターと音聲寺墓地を訪れたのは、お盆過ぎのこと。車で何度も通り過ぎたことはあるが、ゆっくり歩くのは初めてだ。郷倉は明治6年に年貢が金納になると不要となり、その後は岩岡学校として活用されたようだ。

　碑は平成9年（1997）建立。建立者は個人7人で、I姓6人、F姓1人である。墓地には歴代住職の墓碑が9基並んでいるが、文字の判読は難しい。公民館と墓地でご詠歌を唱える。本尊は現存し、地元で大切に管理されているが、秘仏のため撮影はかなわなかった。代わりにはならないが、近くの辻に立つ、寛政11年（1799）建立の双体道祖神・握手像を撮影して帰った。

岩岡の道祖神

みのりをば ながくいのれと ちとせふる
松にこのぶく 寺ぞひさしき

二十二番 南龍山 長松寺《ちょうしょうじ》

松本市梓川上大妻

地元が観音堂建立 本尊還る

二十一番・音聲寺からは、近道があるはずなのだが、私は次のように進んだ。まず「倭《やまと》」信号に出て左折、倭橋方面へ。「倭橋北」信号を右折して梓水苑《しすいえん》を目指す。「梓水苑入口」で右折、道なりに進むと上大妻集落センターに出る。道路を挟んだ反対側に旧長松寺の「観音堂」がある。

梓川村誌（歴史編、１９９４）などによると、長松寺は平福寺の末寺だが創建時期は不明。なお寺は、現在の正覚寺の場所にあった。

正覚寺。長松寺はかつてこの場所にあった

元禄10年（１６９７）の記録によると「長松寺四間、七間、板屋南向き」とあり、境内はおおよそ東西27間×南北25間ほどであったという。廃仏毀釈で廃寺になったが、本尊の大日如来像や不動明王像、什物は上大妻の集会所へ移されて難を逃れ、さらに正覚寺本堂の一室に移され、祀られた。

寺の跡には、明治17年（１８８４）に波多村（現松本市波田）から正覚寺が移転、創建された。正覚寺は波多の三溝《さみぞ》北村地籍にあったが、宝暦7年（１７５７）に梓川水害で流失、同じ三溝の安養寺内に転

旧長松寺の観音堂

観音堂に掛かるご詠歌額

居していた。

　私が観音堂を訪れたのは9月初旬。途中、上大妻地区で祀る自然石の道祖神様と正覚寺にお参りした後、観音堂を訪れ、手を合わせてご詠歌を唱えた。観音堂を見上げると「川西二十二番南龍山長松寺」とある、ご詠歌を記した古びた額が掲げられている。この観音堂は、上大妻区が平成2年（1990）に建てた。秋の落慶法要の後に、正覚寺で祀られていた本尊などは須弥壇《しゅみだん》とともにこの観音堂に遷座された。上大妻住民の地域を愛する気持ちの一端があらわれていよう。

　堂のある上大妻集落センターで、私は「道祖神と人々の暮らし」という講演を親子対象に行ったことがある。質疑応答の後、公民館長の逸見修次さんが「せっかくだからお礼をしたい」と言い、講演会に参加していた子どもたちが「三九郎」で家から祝儀をもらうときに歌う恵比寿様の歌を歌って聞かせてくれたのだ。「おいべっ様と言う人は　一に俵を踏ん舞えて～」という歌は、私は知ってはいたが、実際に聞くのは初めてだった。さらに上大妻の皆さんに協力してもらい、論文にまとめることができた。このおいべっ様の歌、かつては旧南安曇郡内の村々で子どもたちが歌ったが、現在ほとんどの地区で廃絶してしまった。

たゞたのめ　おもふねがひの　かない堂
かれきにはなの　ちかひあらたよ

二十三番　金井堂《かないどう》（杏堂）

松本市梓川杏

小さいお堂に地域の思い

二十二番・長松寺からは県道315号に出て梓川小学校を目指して北進し、交差点手前を右折、日枝神社方面に進む。大きく右側にカーブする道を進むと、少し広い場所に小さなお堂がある。これが金井堂で、現在は杏《からもも》堂と称されている。

このお堂、梓川村誌（歴史編、1994）には「金井堂」とあるが、ほかに詳しい記述はないようだ。資料が何もないので、管理している地元の杏堂管理委員会の皆さんに話を聞くことにした。訪れた日は少し冷え込んだが、晴れた12月のある日の午前中。寒い中、6人が待っていてくれた。代表の金井武登さん（72）によると、観音堂が寛保3年（1743）の建立、本尊が安置されたのが延享元年（1744）、そして本堂、庫裏の建立が寛延3年（1750）。昭和6年（1931）までは、代々尼さんが住んでいたようだ。戦後は、

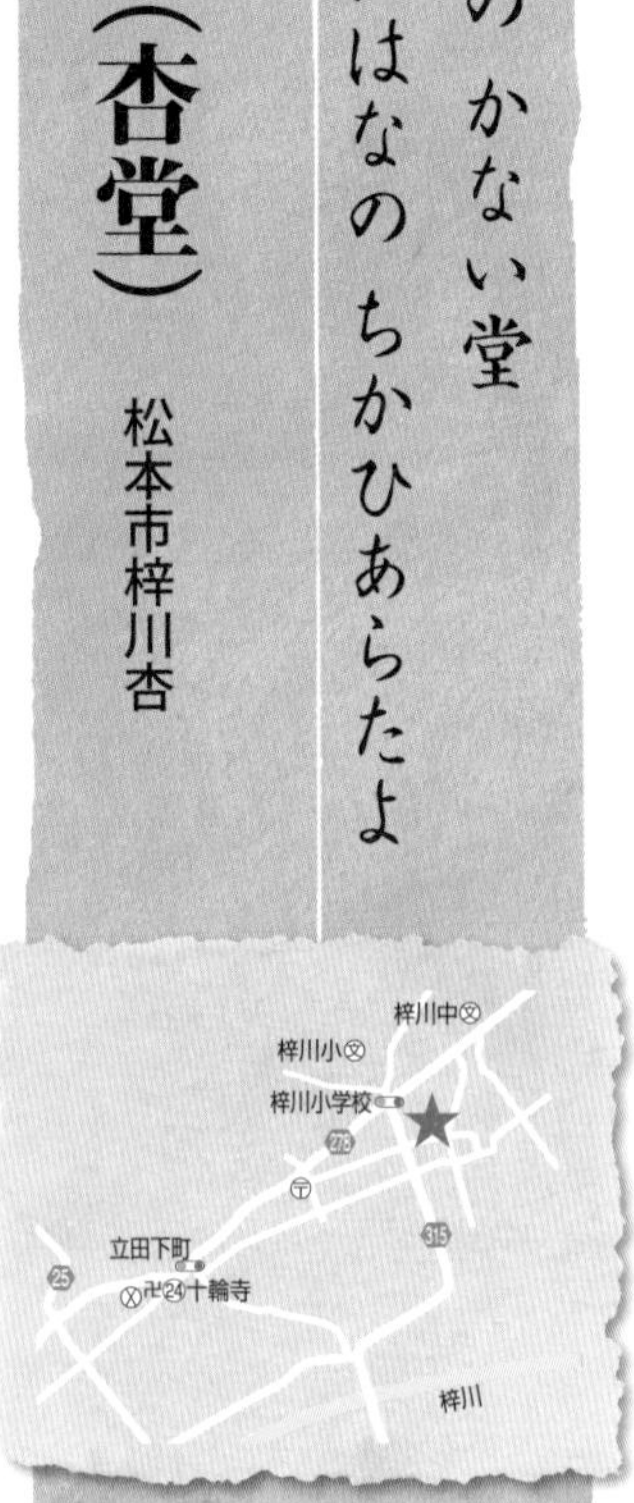

杏堂の内部

一般の方が庫裏に住んで管理をし、平成2年（1990）に取り壊した。堂の裏（北側）に地域の墓地があり、現在、杏堂は墓地を持つ皆さんの共有財産になっているようだ。

杏堂

委員会の皆さんから杏堂への思いを聞いてみた。金井さんは「小学校の頃、よくこのお堂で遊んだり、話し合いしたりしたので思い出が多い。いつまでも大切にしていきたい」。倉田勝功《たかよし》さん（82）は「小さい頃、この堂でヤショウマを作ってもらった。女衆が数珠回しをしたことも覚えている。8月16日は観音様のお祭りで楽しかった」。金井勤さん（71）は「戦後、ヤショウマをごちそうになった。ここに大きな池があったのを覚えている」。

金井源一さん（71）は「このお堂は子供の遊び場でよく怒られた。裏に墓地があり、年をとればここのお世話になるので大切にしろと言われた」。倉田篤彦さん（65）、牛越和寿さん（80）も「大切な場所だから大事にしたい」と口をそろえた。派手さとは無縁だが、まさに地域の宝物。思い出が詰まっている。

鍵を開けてもらってお堂に入り、写真撮影。「堂裏墓地各々先祖代々霊位」と記した大きな位牌が目を引く。帰り際、お菓子とミカンをいただくが、慌てていてご詠歌を唱えるのを忘れてしまった……。

杏堂墓地

のりの水　きよき流れの　たつた川
もみじも花も　風にまかせて

二十四番　大悲山　十輪寺《じゅうりんじ》

松本市梓川上立田

道路沿いに立つ「蚕玉さま」

二十三番・金井堂からは、県道３１５号に出て梓川小学校交差点を左折、県道２７８号を八景山《やけやま》方面（西）に進む。松本市役所梓川支所を過ぎ、しばらく進むと「立田下町」信号。この信号を過ぎて左手にすぐある松本商工会議所梓川支所の手前に、地元住民が「蚕《こ》玉《だま》さま」と呼ぶ、十輪寺の今刀比羅《こんぴら》堂が立つ。十輪寺があったのは、このあたりのようだ。

梓川村誌（歴史編、１９９４）などによると、二十四番・十輪寺となる前は「立蔵山行真寺」といい、歴史は古いが、開基は不明。慶安4年（１６５１）の検地帳に残る地字名などから推測するに、西牧氏によって開基された説が有力のようだ。

延宝3年（１６７５）11月22日、行真寺は高野山金剛頂院から「大悲山」の山号と「十輪寺」の寺名が授与され、改称した。これは、行真寺の本尊である大悲地蔵の由緒によると考えられている。

元禄10年（１６９７）の文書には、十輪寺は高野山金剛頂院の末寺で「五間半六間半板家」で「西向四十間四方屋敷」と記されている。ただし、他にどのような建物があったかは不明。現存する文書類からすると、古くから除地を持つなど、経済的にもやや恵まれた寺であったようだ。明治4年（１８７１）に廃仏毀釈で廃寺に。最後の住職は13世・秋山登翁、この時の寺の規模は「本堂六間半七間、庫裏六間半四間、物置二間」で、境内は４２７坪の広さであった。

私が訪れたのは小雨の降る日。傘をさしながら、まず今刀比羅堂でご詠歌を唱えながらお参りする。堂にはご詠歌の額が掛かるが、黒ずんでいて読めない。車の往来が激しい道路に面しているが、切れ目を見て、堂から離れて撮影。堂の前には舟形光背を持つ観音、明和3年（1766）建立の四国供養塔、地蔵等が並び立つ。支所の東と、南側の道路を隔てた場所に墓地があり、どことなく寺の跡であった雰囲気も漂っている。

支所の裏、南に回ってみると、立田堰《せき》を流れる水音が聞こえる。南を向いて弘化5年（1848）建立の道祖神がある。八景山を経て波田に至る沿線は、道祖神が多く祀られているが、この文字碑は高さ190センチもあり、梓川地区最大を誇る。文字も自由闊達で、見応え十二分だ。

梓川地区最大の文字の道祖神

十輪寺の跡に立つ今刀比羅堂（右）など

ひたすらに　たのむたきみの　くわんぜおん
こころのちりを　すすぐ谷川

二十五番　滝見堂《たきみどう》

松本市梓川八景山

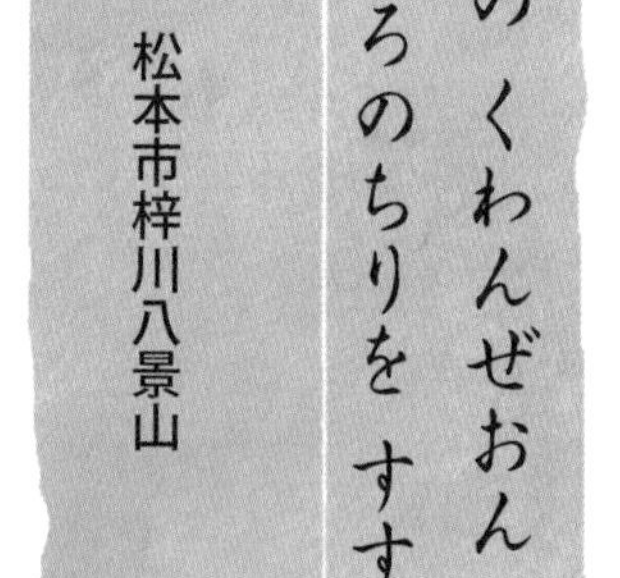

地域で守り続ける小宇宙空間

二十四番・十輪寺からは県道278号をそのまま西、八景山《やけやま》方面に進む。真光寺方面への分岐点を過ぎ、さらに進むと、右手に滝見堂の看板。入り口には明治19年（1886）建立の双体道祖神が祀られている。

このお堂、案内板によると、始まりは定かではないが、ご本尊は元禄10年（1697）とある。おそらく、その頃には人々の念仏講や、読経の場としてお堂が建てられ、使われていたのであろう。

滝見堂前に立つ双体道祖神（右）など

手元の文献ではわからないので、地元の方にご教示を得る。私が滝見堂を訪れたのは、前日の晩に降った雪が残る、晴れた日の午前中。ご近所に住む平林次男さん（90）が冷え込んだ中、お堂まで足を運んでくれた。平林さんによると、明治を迎え、廃仏毀釈で廃堂となるところであったが、地元・八景山の皆さんが仮の学校校舎として使うなどして守り、その後、集会の場や演芸の場などとしても活用された。戦後、公民館ができ、また人々の暮らしが変わる中で、滝見堂も使われなくなり、次第に傷んできた。

そこで平成9年（1997）、八景山住民が「滝見堂を守る会」を設立した。平林さんはその発起人。当時平林さんは「このお堂は八景

滝見堂全景

山に住む皆の宝物。清掃奉仕などはいつまでも続けたい」と決心したという。現在は老齢で職を退いているが、隣組長さんが年番制で滝見堂の維持管理に当たっている。望ましい維持管理のあり方かもしれない。

お堂の鍵を開けていただき、中に入る。堂内はかつて畳敷きであったが、現在は守る会の奉仕で板敷きになっている。ご本尊を撮影。総丈1メートルほどの聖観世音菩薩像である。

本尊・聖観音

滝見堂という名前から、私は「裏山に滝がある」ことが由来と思い込んでいたが、違うようだ。滝は梓川対岸の山の中腹にあり、このお堂の場所から滝が見えたことが理由、とのことだ。現在の対岸の山には樹木が生い茂ってしまい、滝は見えない。境内には乳房を備え持ち赤ん坊を抱いた子安地蔵をはじめ、二十三夜・二十六夜塔、三十三観音像、庚申塔、大日如来など多くの石像・石仏がある。滝見堂を中心に一つの小宇宙を形づくっているようだ。

子安地蔵

あらとふと まことの光 みせたまへ 大ひのめぐみ あらんかぎりは

二十六番 西牧山 真光寺《しんこうじ》

松本市梓川上野

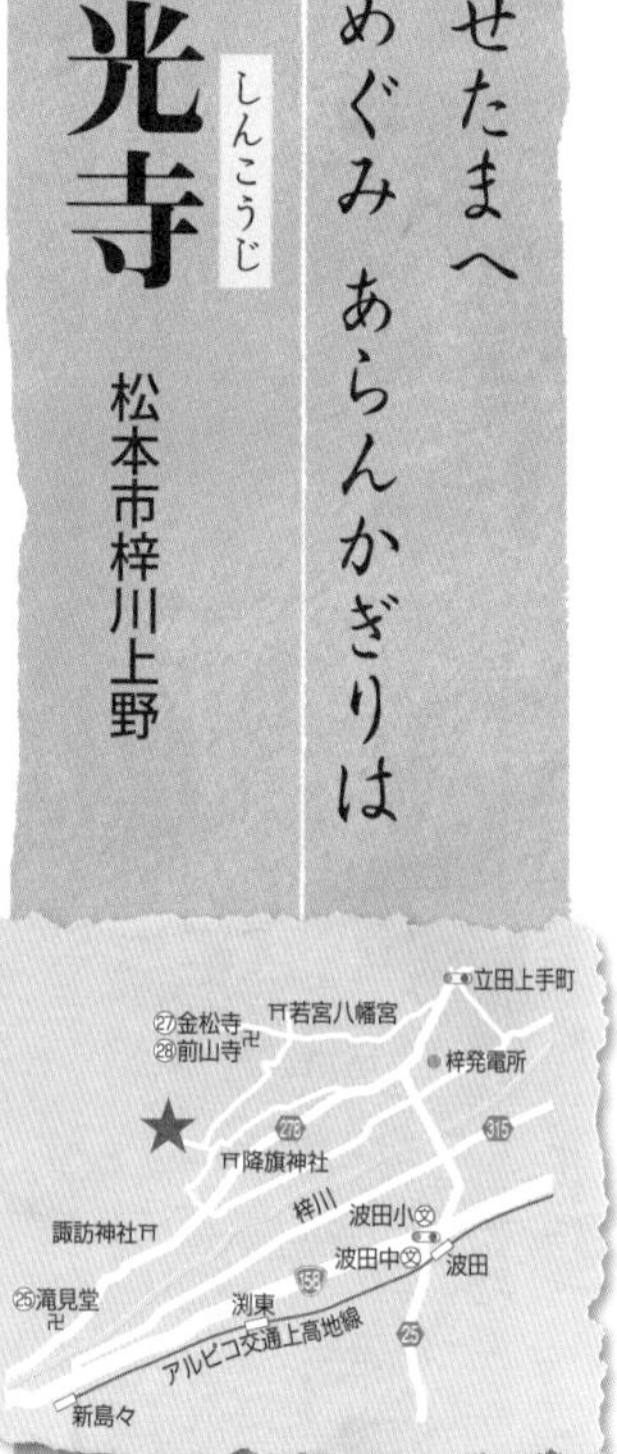

「繭額」絵馬の優品が奉納

二十五番・滝見堂からは県道278号を梓川地区の中心部方向へ戻る。デイサービスセンター「なごみ荘」の入り口手前を左折し、道を上る。逆方向から来ると「上野庚申真光寺」入り口の大きな看板が目に入るので、右折する。

真光寺は川西札所でも知られているが、私には戸田光年《みつつら》から「御時計師」の号を賜った渡辺虎松が眠る寺、「馬喰延次郎」や養蚕王国・長野県を支えた意気込みが具現化された「繭額」など、絵馬の優品が奉納される寺、そして「上野のお庚申さま」等々……としてなじみが深い。

松本市立博物館で昭和61年（1986）に「郷土の絵馬」展を開催した折、私は絵馬や「繭額」、「馬蹄額」の借用でお世話になった思い出があり、懐かしい。また「上野のお庚申さま」と呼ばれて親しまれており、現在でも初庚申の時には多くの人々でにぎわう。

この寺の開基は、平安時代にさかのぼるといわれる。寺伝によれば、大同2年（807）の坂上田村麻呂が八面大王征伐の折、背負って来た守り本尊の青面金剛尊（庚申像）を

山門、鐘楼など

本堂

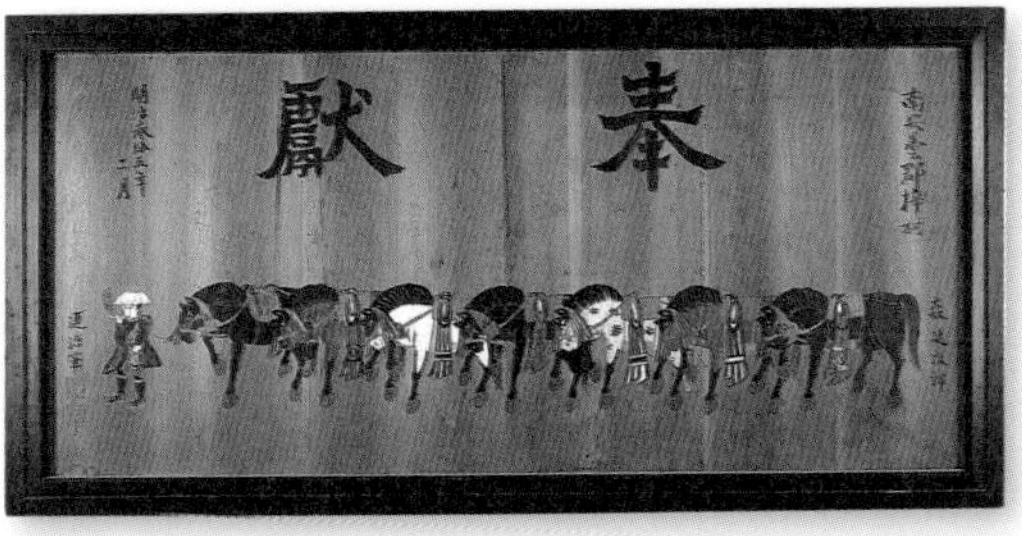

馬喰延次郎（明治35年奉納）

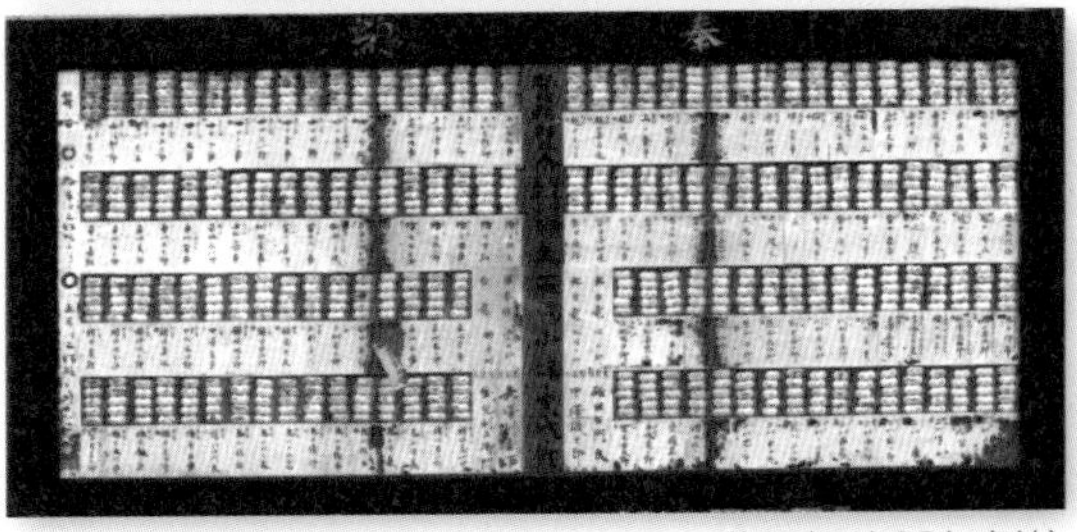
繭額（明治38年奉納）

安置し、大願成就を祈ったことに始まるとも。戦国時代は滋野氏の庇護を受け、江戸時代初期、小笠原秀政から禁制を授かるなどし、以後の歴代松本城主からも保護されて明治に至っている。

　しかし、明治3年（1870）、廃仏毀釈により庚申堂だけを残し廃寺に。同6年「真光寺什物払下帳」が提出されるが、住職・西牧理吽《りうん》が帰農して庚申堂で煮炊きして暮らすなどし、往時の建物はどうにか残された。その後、荒廃した寺域は容易に復興しなかったが、地域住民の努力で堂宇が建ち始めるなどした。大正2年（1913）には浅間温泉の関係者から懇願され、県知事の許可を得て庚申の分霊を浅間温泉に移し、庚申堂が建てられた。

　久しぶりに真光寺に足を運ぶ。駐車場から長い石段を上る。仁王門で一休みしていると、地元のおじいさんが軽トラでやって来る。あいさつを交わし「本堂（庚申堂）のお参りをさせてもらいます」と私が言うと、「兄さん、残念だが、前に不心得者がいて本堂に入り込んだんで、今は、鍵かけてあって入れねえじ」。以前は自由に出入りでき、絵馬なども見学することができたのだが……。本堂前でご詠歌を唱える。上條信山揮毫の渡辺虎松顕彰「汲古」碑を拝む。

　なお、真光寺の本尊・木造阿弥陀如来座像、脇侍・観音菩薩立像、勢至菩薩立像の3体は昭和12年に国の重要文化財に指定され、収蔵庫に保管・安置されている。

よろず世の　年古《ふ》る山の　糸桜
むすぶちかひに　花もひらいて

二十七番　万年山　金松寺《きんしょうじ》

松本市梓川大久保

難逃れた本尊で明治期に再興

二十六番・真光寺からはいったん県道278号に出てを梓川地区の中心部方面（東）へ。ほどなくして左手に「金松山天狗岩登山道・松本市指定文化財金松寺前立本尊1・7km」という大きな木製看板が目に入る。看板は、逆方向から来ると目に入りやすい。左折し、道なりに進むと大久保集落。坂道を進むと金松寺の庫裏が見える。

寺伝によれば、古くは真言宗、のちに臨済宗となり、開基は西牧氏。さらに明応元年（1492）には曹洞宗に改められた。『信府統記』によれば「当時ハ往古真言宗ナリシカ夢窓正覚国師ノ時臨済宗ニ改ム、其後焼失シテ古来ノ開基古証分明ナラス、其後明応元年壬子曹洞宗トナル……弘治二年丙辰武田信玄之ヲ再興セリ」とある。

山門

その後、寺勢が衰えたが、弘治2年（1556）に武田晴信（信玄）によって再興された。武田氏の滅亡後は小笠原氏、石川氏をはじめ、歴代藩主により庇護された。明治4年（1871）に廃仏毀釈で廃寺。堂宇は壊され、什物などは競売にかけられたが、本尊は現上伊那郡箕輪町の澄心寺に預けられ難を逃れた。同12年、信徒総代や安達達《たつ》淳《じゅん》らの尽力もあって県から再興が許可され、18年に旧寺の東約30

0メートルの現在地に本堂が建立された。

私が足を運んだのは、2月下旬の真冬日の午後で、標高が高いせいか積雪があった。庫裏で東正明《あずましょうみょう》住職（58）から話を聞く。札所巡りで足を運ぶ人は多くはないといい「観光で回るのも結構ですが、札所巡りをするならベースに信仰心が欲しいですね」。現在の仏教、葬式、寺院が抱える課題についても話が及んだ。「かつて葬式も含め地域と寺が結びついていました。しかし、このままだと寺が地域からますます離れてしまいます」と熱がこもる。札所巡りもそうだが「悩みは精神論のみでは解決せず、お寺に足を運ぶことできっかけをつかみ、アクセス・相談できるシステムをつくりたいですね」。

案内されて平成12年（2000）完成の本堂へ。一見して、すらりとした前立本尊である。市重要文化財指定の聖観世音菩薩像に、震える手を合わせて拝んだ。天井には、明治の再興期に信徒から寄進された天井絵が復元されている。どれも精巧な筆遣いだが、上を向いて鑑賞していると首が痛い。前庭には明治18年（1885）建立の鐘楼。眼下には梓川・波田地区が広がり、彼方に塩尻市域や鉢伏山も見える。旧寺域には石垣と、ご詠歌にうたわれる糸桜、通称「十石桜」が残る。

前立本尊・聖観音（松本市重要文化財）＝『松本平の神仏　百柱をたてる　空即是色・千住博』平成19年所収

本堂

道すがら 千草の野辺を ながむれば 花の浄土へ みへわたるらん

二十八番 嶺応山 前山寺《ぜんさんじ》

松本市梓川大久保

地震で壊滅 移されて残る

前山寺と聞くと、私は松本県ヶ丘高校（松本市県2）のすぐ北、四ツ谷東にある市特別史跡「戸田家廟園」に残る旧前山寺長屋門を思い浮かべる……。実は、次のような移り変わりがある。

この寺は、二十七番・金松寺の末寺に当たり、『信府統記』には「上野組大窪村ニアリ、当寺開基年代知レス」とある。梓川村誌（歴史編、１９９４）などによれば、慶安4年（１６５１）の「大久保村検地帳」に「中田四畝《せ》善山寺」とあり、この年には善（前）山寺として存在していたことがわかる。また、元禄10年（１６９７）の「書上書」に「前山寺　四間八間かや家東向、寺内北南弐町西東壱町半ほど、外に除畑壱反半ほど」とあり、金松寺内の寺であったこともわかる。寺の場所は現在の金松寺庫裏の南側であったようだ。

この前山寺、江戸時代末期に起きた、いわゆる「善光寺地震」と大きなかかわりがある。

弘化4年（１８４７）、北信濃一帯を襲った善光寺地震は、２５０人にも及ぶ死者を出した大惨事

「御塚」（市特別史跡戸田家廟園）の丹波塚。戸田康長の墓所

旧前山寺長屋門の北面

であった。前山寺もこの地震で全ての堂宇が倒壊。再建不能の事態に陥り、緊急避難的に金松寺に同居することになった。その後、松本藩主・戸田光《みつ》則《ひさ》からの話で、戸田家の菩提寺・全久院に寺号を引き移すことになったようだ。

　安政4年（1857）7月、金松寺住職から離末届を受けた戸田家は、松本戸田家の祖・戸田康長らが眠る「御塚」（松本市埋橋）に全久院末寺として移された。寺号を祥雲山前山寺と改め、堂宇は嘉永4年～万延2年（1851～61）に整備され、この寺は御塚の守護寺となった。

　しかし、前山寺は明治維新後の廃仏毀釈の際、他の寺に先駆けてあっけなく廃寺に。明治3年（1870）8月、松本藩知藩事であった戸田光則は明治新政府に「願書」を提出。そこには「臣菩提寺当藩松本町曹洞宗全久院、同埋橋村同宗前山寺儀、檀家一同神葬祭願出、承届上ハ無檀地ニ相成リ…両寺共学校等ニ相改メ度…」とある。

　久々に晴れた日の午後、四ツ谷東、戸田家の「御塚」に足を運んでみた。近くのグラウンドからは県陵生（県ヶ丘高生）の歓声が聞こえ、今も残る長屋門口に、少し暖かな日差しが当たっていた。

移された寺の場所

小倉山 まゐりむかへば ありがたや
光るいづみの ちかひたのもし

二十九番 金峰山 泉光寺《せんこうじ》

安曇野市三郷南小倉

消えてしまった「泉光寺道」

二十番・長徳寺以来の安曇野市、旧三郷村域に入る。ここ南小倉地区は平成11年（1999）頃、三郷村誌執筆の折、聞き取り調査で大変お世話になった地域。ただ、私の当時の担当は「信仰」ではなく、勉強不足もあり、廃寺になった泉光寺のことは知らなかった。

『信府統記』には「平福寺ノ末寺ナリ長尾組小倉村ニアリ、當寺ハ開基知レス。天文年中旧記焼失セシヲ以テ建立等分明ナラス。観音堂再興ハ文治二年二月ト棟札アリ」とある。三郷村誌Ⅱ（資料編、2009）などによれば、金峯山と称していることから、初めは修験道に関係した寺として開かれ、鎌倉・室町時代には隆盛を極めたという。「泉光寺一山之図」を見ると、この寺は南小倉の西山一帯に広くその形跡を残していることがわかる。しかし、戦国時代の戦禍のため本堂などは焼失。江戸時代に入ると、修験道場は黒沢不動尊に移り、村人の檀那寺は、もっぱら近くの浄心寺が役割を果たすようになった。

泉光寺道の入り口付近

泉光寺跡を訪れようとしたのは、松本城周辺では桜が満開になった日の午後。よく利用する温泉施設「ファインビュー室山」を横目に見つつ、東小倉から南小倉へ向かい、

整備された大門跡

村誌の附図「三郷村の近世古道・用水路図」を片手に探し歩く。

大門跡は県道25号（山麓線）沿いにあり、諏訪神社元宮の少し北側。今は徳本上人名号塔、庚申塔、念仏供養塔の3基が立っているので、すぐわかった。附図には山麓線を横切って「泉光寺道」とあり、往時の信仰が盛んであった様子がしのばれる。今も山麓線から西、室山方面からの道ははっきりとしている。ただ、どうも山麓線から西に登る「泉光寺道」は、昭和57年（１９８２）に行われたほ場整備事業で途中までなくなってしまったらしい。雨が降ってきて雨足も強まり、いったんギブアップ。なお、この大門跡は平成25年9月に、浄心寺ほか地元の皆さんの努力で整備された。ご詠歌碑と泉光寺沿革碑を中心に関連の石塔類が立つ。

山中に参道の名残と墓石

後日、泉光寺跡の探索に出掛けたが、やはり場所がわからない。地元の人にも聞いてみたが、場所については「？」。新しく造られた林道から少し山に入ってみたが……。ほとほと困った揚げ句、村誌執筆の時にお世話になった宮沢正昭先生（80）に助けてもらうことにした。

5月中旬の午後、山麓線沿いの南小倉林業研修センターを出発し、少し迂回をして黒澤浄水場手前を右折、北に向かって工事中の林道を進む。工事中で車止めがあるが、区

宮沢正昭先生

長の計らいで鍵を借りることができ、そのまま進めた。ほどなく大門跡から「泉光寺道」の延長線上のあたりに着く。「この辺かな？」と先生。車を降りて山を登ると、参道の名残と思《おぼ》しい道がある。さらに歩くと平坦地。先生によると、ここが観音堂があった場所で、地名は細畑《ほそばたけ》。村誌には、観音堂の建物は明治4年（1871）の廃寺後も残っていたが、大正の初め頃、茅葺き屋根の傷みが激しくなり、堂内の厨子《ずし》は北小倉の浄心寺に移されたとある。

　観音堂跡には数基の住持の墓石が残っているが、草が生い茂っていてわかりにくい。年代の古い墓石は享保6年（1721）。最も大きな墓石は「權大僧都法印弘壽」とある。裏面の文字は「安永六丁酉天九月二日／當山中興阿闍梨達賢／權大僧都法印弘壽」と読める。安永6年は1777年。前書によれば、年代からみて弘寿は三郷地域内では最も早い時期に寺子屋を開いた僧で、筆子に慕われた名僧であったという。

観音堂跡の墓石

　廃仏毀釈から150年ほどが経ち、泉光寺（跡）は……。滅びしものは懐かしきかな――これも時代の流れではある。

　廃寺後、木造聖観音菩薩立像をはじめ、什物、供養塔などは前出の浄心寺に移された。宮沢先生は「林道ができて、泉光寺跡の案内板を作ってもらえりゃ、ありがたい」と話すが、私もそう思う。

現代の寺域整備を担う浄心寺

泉光寺跡を探索した後日、本尊・木造聖観世音菩薩立像が移された、北小倉の一佛山光明院浄心寺に足を運んでみた。

　小笠原貞政が天正6年（1578）に鳴沢入りの山裾に創建したという同寺。『信府統記』には「知恩院ノ末寺ナリ、長尾組小倉村ニアリ、当寺ハ小笠原但馬守貞政ノ草創ニテ、開山ハ存蓮社唯称泉誉上人ナリ」とある。次第に寺域が整備されたが、天明年間（1781～89）に山火事で灰燼《かいじん》に帰してしまった。その後、13世・明誉上人の尽力で鎮守山に移転。本堂、庫裏、鐘楼、山門などが建立され、寺観が整った。しかし、廃仏毀釈で廃寺となり、明治18年に現在地に移転した。

　山麓線から脇道に入り浄心寺へ。泉光寺から移された三経千部供養塔、仁王経千部塔などに迎えられ、

浄心寺本堂

参道を上る。荒木敏企住職（45）が寺域を案内してくれた。

　まず観音堂へ。廃仏毀釈後、泉光寺の本尊は本堂に安置されていたが、平成13年に改築落成。それを機に翌年に観音堂を新築したとのこと。「泉光寺の仏さまのために新築しました。窓もなく、いわば宝物殿のようです」と荒木住職。お参りをし、宮殿《くうでん》を撮影。本尊の撮影をお願いすると「今日はちょっと……。7月14日の土曜日近々にご開帳がありますから、その時にでも」。先代によると、宮殿は大正年間に荷車で泉光寺跡からここに運ばれたという。本尊は総高140センチ近くもあり、永禄6年（1563）の銘がある。

浄心寺観音堂内の泉光寺宮殿

　本堂の裏山にも案内してもらった。荒木さんが23世住職になったのは平成9年、以後、本堂改築も含め〝平成の寺域整備〞をしているという。裏山には歴代住職の墓石が整えられ、塔頭《たっちゅう》の僧侶の墓石も移されている。「できれば泉光寺跡の標柱も建てたいですね」と住職。

　荒木住職の話を聞いてうれしくなり、泉光寺跡へ。林道入り口から15分ほど歩いて山へ。予想どおり迷ったが、どうにか住持の墓石のある場所にはたどり着けた。手を合わせ、荒木住職の心意気を報告した。その後、平成24年11月に「泉光寺跡」碑が建立された。

ひろたへに　かすみも忘らぬ　福聚山
きよきさはべに　玉をあつめん

三十番　福聚山　観音寺《かんおんじ》

安曇野市堀金田多井

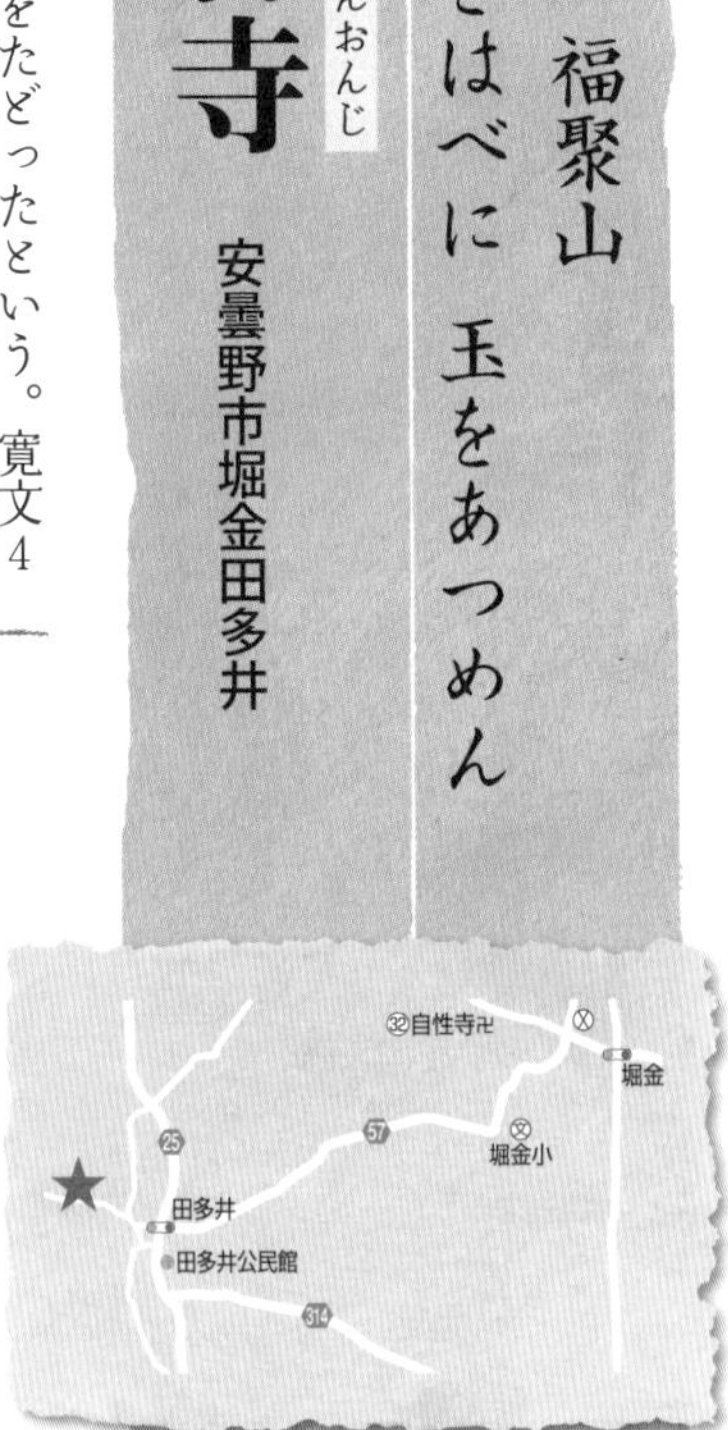

簡素な観音堂　桜の名所に

川西三十四番では初めて旧堀金村域に入る。私がこの辺りでかろうじて知っているのは、田多井郷倉跡の広場に建つ道祖神。

観音寺は、堀金村誌（上巻、１９９１）によると、始まりは平安時代末期から鎌倉時代にかけた頃。最初は山中にあり、後に山腹の堂平、さらに現在地に移ったという。その後、火災に遭って寺は衰えたが、天正10年（１５８２）に弘源法印が再興し、慶長13年（１６０８）まで僧が在住した。しかし、再び無住となって荒廃の一途をたどったという。寛文4年（１６６４）、松本藩士・近藤又兵衛の勧めによって堂が再建されている。

私が観音寺跡を訪れたのは、6月中旬のある日の午後で、小雨が降り始める。県道25号（山麓線）を波田方面から進み「田多井」交差点手前の公民館に車を停める。山麓線を横切り、まずは双体像の道祖神様へお参り。2基が並んで立ち、右は酒器像で元治2年（１８６５）の建立、左は握手像。坂道をしばらく歩くと、広場に嘉永2年（１８４９）建立の「廿三《にじゅうさん》夜」塔が立つ。

塔を左手に見ながらしばらく坂道を歩くと右手に墓地。その一角に簡素な観音堂がある。近くにはシダレ

広場に立つ道祖神

ザクラの大木が葉を茂らせている。小雨はやんだが、何となくもの寂しい。旧堀金村時代に設置された説明板には「平福寺末の真言宗寺院で明治維新の廃仏毀釈の際に廃寺」「境内は東西二町・南北一町……本堂は四間四面東向」「本尊千手観音は……田多井区によって管理」とある。〝お堂・お墓・枝垂《しだれ》れ桜〟の3点セットの感が強く、お花見のころは文字通り華やかだろう。

再び広場へ。商店前のベンチに座っていると、旧知のNさんに偶然会った。観音寺のことを尋ねると、札所のことはほとんど知られていないが、桜の名所として有名という。観光バスも来るようになり、この商店には問い合わせが多く「安曇野市堀金田多井のしだれ桜案内図」を作って、配布しているという。商店でアルバイト中のNさんが探してくれて、最新のものを1枚入手した。これには①観音堂②石見堂③加茂神社――の3ヵ所が紹介されている。インターネットでも検索できるとのこと。お花見のついででもよいので、ぜひ観音堂へお参りしてほしい。

観音堂と墓地

志やうぶつを　ねがふ心は　たのもしや
二世あんらくの　寺へまゐれば

三十一番　宝降山　安楽寺《あんらくじ》

安曇野市堀金岩原

野生猿も現れる山里が跡地

三百数十年の歴史を持つ旧家、大庄屋《おおじょうや》山口家には、何度か訪れたことがある。手前には、今は市指定文化財・安楽寺宝篋印塔《ほうきょういんとう》が立ち、その説明板には目を通していた。しかし、安楽寺の跡はわからないまま時間が過ぎていた。

安楽寺は『信府統記』に「甲州清光院ノ末寺ナリ、長尾組岩原村ニアリ」とある。同書や堀金村誌（上巻、1991）によれば、この寺は古くは臨済宗で、のちに曹洞宗となり、南浦宗清大和尚が開山とある。なお、宗清は永正3年（1506）没。明治3年（1870）の書上には、安楽寺の境内は1町3畝2歩とある。翌4年に廃仏毀釈で廃寺。しかし、本尊・十一面観世音菩薩像は僧侶がひそかに持ち出し難を逃れ、某家に安置されているとのことである（『南安曇郡寺院堂宇仏像写真集』1976）。

私が安楽寺跡を訪れたのは、6月下旬のある日の午後。県道25号（山麓線）の「岩原」交差点を斜め左に山口家方面へ進む。宝篋印塔が立つあたりは、安楽寺の大門跡と伝えられている。宝篋印塔手前を左折、この先にはNHK連続テレビ小説『おひさま』（2011）ロケ地があり、放送当時はにぎわっていた。私も、テレビに登場した彩色道祖神の撮影や、道祖神巡りの案内で訪れたことがある。今は新たな道祖神も立てられ国営アルプスあづみの公園になっている。

しばらく進むと右手は麦畑、よく見ると小猿がいる。こんな里にお猿さんを発見してびっくり！山あいの急坂を進むと左手に薬師堂、道を挟んで墓地がある。ひょっとしてここが寺跡かと思い、薬師堂にお参り。戻ろうかと思ったが、道路は舗装されているので再び急坂を進む。左手に「安楽寺山門跡」の標柱、その向こうに「堀金霊園」。駐車場で車を降りたが、「熊注意」の看板が気になって急いで車内に戻ろうとすると、茂みの中からガサガサ……。驚いて振り返ると、ここにも猿が数匹いた。霊園から少し進むと「安楽寺跡」の標柱が目に入る。茂みに入ってみると、崩れてはいるが、奥に石垣も見える。ただ「熊注意」の看板が頭に気になって、ご詠歌も唱えずに宝篋印塔まで戻った。

安楽寺の宝篋印塔

寺の跡。茂みの中に石垣も

くものみね のぼるやまじは 西のそら
げにごくらくも ちかくなるらん

三十二番 明亀山 自性庵《じしょうあん》（自性寺）

旧孤峯院
安曇野市堀金上堀

廃仏毀釈に抗った和尚が眠る

堀金村誌（下巻、1991）によると、自性庵は三十一番札所・安楽寺の南の地続きに、同寺二代住職の隠居寺、臥雲《がうん》山孤峯院として建てられたのが始まり。二代住職は大永元年（1521）没なので、それ以前の創建であろう。時代は下り、寛延3年（1750）に現在地に移り、のち再び安楽寺境内へ。のち1800年代の初めには再び上堀へ移っているが、幕末前後の場所は定かではないという。明治3年（1870）に廃仏毀釈で廃寺となるが、同20年

自性庵住職の墓

頃、仁科十八番・霊松寺（大町市）の30世・安達達淳《たつじゅん》和尚が明亀山自性庵として再興した。なお、この達淳和尚は、往時全国でも熾烈《しれつ》を極めた松本藩の廃仏毀釈政策に身体を張って抵抗した人物で、藩役人・岩崎八百之丞《やおのじょう》とのやりとりは広く知られる。

私が自性庵を訪れたのは、7月下旬の午前。朝から雨が降ったり止んだりしていた。松本方面から進むと農免道路「堀金」交差点を左折、拾ヶ堰を渡り、堀金中学校を右に見て、次の交差点を左折すると、右手に自性庵がある。門柱には「自性寺」と

あるが、これは昭和61年（１９８６）に改称したためである。右手には六地蔵、左手には安政2年（１８５５）建立の妙典一千部塔がある。

ご詠歌を唱えたあと、自性寺北側にある上堀の共同墓地へ。この墓地の真ん中には昭和50年（１９７５）頃までシダレザクラがあり、そこは三仏の引導を渡す場であったという。西側の道路近くには、達淳和尚をはじめ自性庵の歴代住職の墓域がある。達淳和尚の墓牌を見つけたが、私には全部の判読はできなかった。傘をさしながら手を合わせる。村誌には「前総持霊松寺三十世玉翁達淳和尚禅師明治三十七年三月九日旧一月廿三日時示寂行年八十三歳」との説明がある。

自性寺

寺のすぐ西の通りには大きな枝垂れ桜を背に上堀西小路の道祖神が立つ。「道祖神」の扁額を掲げ、神殿の中に、男神が盃を持ち女神が瓢を持つ酒器像が彫られ、文政11年（１８２８）の銘がある。

上堀西小路の道祖神

ところで「臥雲山」と聞いて、ピンと来る人がいるかもしれない。俗に〝ガラ紡〟と呼ばれた紡織機を発明した臥雲辰致《たっち》は、幼名を横山栄弥といい堀金小田多井の出身。20歳の頃に安楽寺に入り、のちに孤峯院の住持に登用された。が、廃寺により還俗《げんぞく》して山号から「臥雲」辰致と名乗ったという。辰致が住持を務めた時期、孤峯院は安楽寺南の地にあったともいう。

まどかなる　月を多づねて　たつのみね
おしへのほかの　の里をつたへん

三十三番　萬珠山　龍峰寺《りゅうほうじ》

安曇野市三郷楡

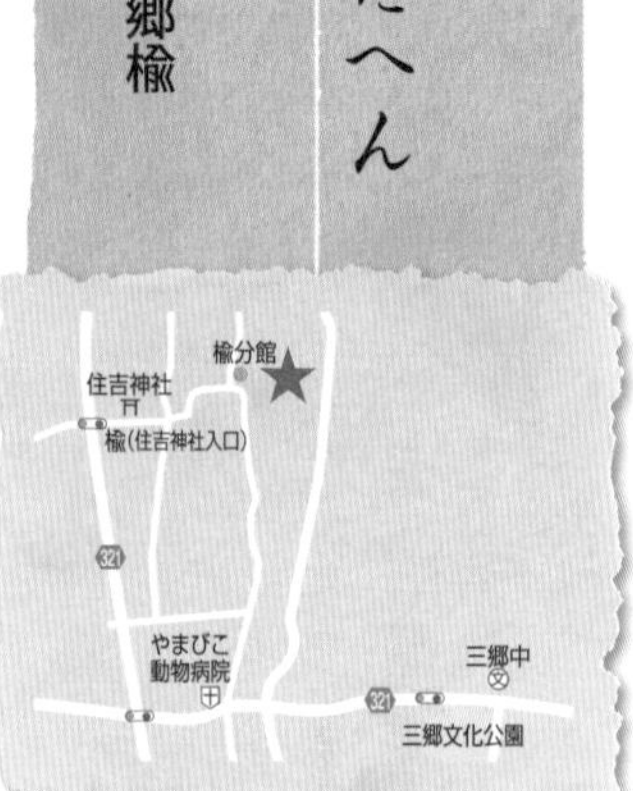

経典などの区宝は残るが…

二十九番・泉光寺以来、再び旧三郷村域へ。

龍峰寺は『信府統記』に「玉光山龍法寺　金松寺ノ末寺ナリ　長尾與楡村ニアリ　当寺ハ開基年代知レス」とあり、本山は二十七番・金松寺で、往時の山号は玉光山であったことがわかる。宗派は、本山の金松寺が当初の真言宗から臨済宗、曹洞宗へと改めていることから、龍峰寺も同じように改宗したと伝えられる。また中世以前には住吉神社の神宮寺の役割を持っていたとの伝承がある。三郷村誌Ⅱ（第4巻村落誌編、２００６）によると、龍峰寺は慶応3年（１８６７）の墨引図に本堂は東西7間×南北8間、庫裏は東西11間半×南北6間半、ほかに玄関、山門、土蔵、厩《うまや》などがあった——とある。

翌明治元年（１８６８）に失火で全焼したが、翌年には再建。しかし、廃仏毀釈で廃寺に。住持の桂雲は還《げん》俗《ぞく》して帰農した。同6年に寺の建物は参知学校の仮校舎となり、翌7年には楡学校の開校にあたって、本堂、庫裏は解体、売却されて学校の開校費用に充てられている。ここでも、やはり、〝寺院滅びて学校なる〟の歩みがある。廃寺の際に仏像類は散逸したが、一部の経典や仏画は檀家の手で守られた。明治15年に区に寄附され、区宝として今に至っている。

龍峰寺跡を訪れたのは7月下旬の午後、暑い日であった。一日市場方面から西に進み、三郷総合支所、公民館二木分館を過ぎて動物病院の手前を右折、北へ進む。この道はかつてナカミチと呼ばれ、楡の集落の中央を南北に走る幹線であった。しばらく進み、道が左に大きく曲がるところが公民館楡分館。このあたりは、郷蔵が置かれた場所で村の中心地。

龍峰寺跡をのぞむ

この分館は、平成10年（1998）8月に三郷村誌の調査で訪れ、ツボ（小字）ごとに行われる道祖神祭りを調査したことがある。ブテン（舞台）が住吉神社に曳き込まれる道祖神が渡御する祭りで感激した。

肝心の寺跡だが……わからない。そこで、村誌執筆時にお世話になった千國温先生に案内をお願いした。寺跡は楡分館の東側にあたるとのことで、集落内の旧道を分館から南へ反時計回りにぐるりと歩く。かつては水田であったが今はほとんどが宅地になったようだ。旧道から墓地らしきものが見える。あぜ道を進むと、

住職の墓など

歴代住職の墓石や石塔が立つ。また宝篋印塔《ほうきょういんとう》の一部も残っている。ここが寺域の西側にあった墓地の場所である。

千國先生によれば、寺は東向きで寺域の北側に池（堀）があり、またこの場所は通称寺山と呼ばれていたとのことである。なお大般若波羅蜜《だいはんにゃはらみ》多経《たきょう》ほかの区宝は、寺跡から南西約50メートルの旧阿弥陀堂地に建てられた経蔵倉に収められている。

経蔵倉

ながを山 まゐりむかへば ありがたや
かねのひゞきは 松風の音

三十四番 長尾山 平福寺《へいふくじ》

安曇野市三郷上長尾

荘厳な雰囲気が漂う境内

平福寺は『信府統記』に「長徳年中当国ノ国司藤原惟正建立、寺領ヲモ寄附…当寺ノ観音ヲ信仰アリ」と記されている。長徳年間は995～999年だが「藤原惟正」なる人物は、歴代の信濃国司には見当たらないという。また開山については、承安4年（1174）と記した文書もある。いずれにしても平福寺の歴史は古く〝長尾の観音様〟として、地域住民の信仰の中心となってきたことは確かであろう。

観音堂

三郷村誌Ⅱ（第4巻村落誌編、2006）によると、平福寺は火災などで衰微したが、その都度地域と檀家の力で再建され、江戸時代初期には松本藩主の祈願所となっている。正保4年（1647）に水野家2代藩主になった忠職《ただもと》から5代忠幹《ただもと》までは、領内巡視の際は松本城からまず平福寺に直行したとも伝わる。

このように藩主・地域の人びと信仰のよりどころであった平福寺も例にもれず、明治を迎えると廃仏毀釈で廃寺に。往時の記録によると、境内は4万7千坪、そこに本堂、鐘堂、経塚、山門、仁王門、庫裏などの建物があった。その後、

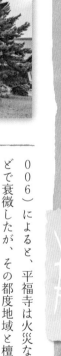

別の場所にあって破却を逃れた観音堂を境内に移転し、明治18年（1885）に再興。本尊は木造聖観音立像で鎌倉時代初期の作、長野県宝。

訪問日は8月中旬の午後。上長尾には三郷村誌の調査で足を運んだが、平福寺は初めてだ。松本方面から広域農道を進み「上長尾」信号を左折。諏訪神社を左手に見ながら進み、上長尾公民館手前を左折すると駐車場へ。仁王門をくぐって参道を歩くと、両側にはかつて上・下長尾から寄進された百体観音像が立ち、桜が植えられている。境内はかつて松、杉、ヒノキなどがうっそうと茂り、昼間も暗い。殺生が禁じられたためにサギが群れをなし、そのため「鷺ノ森」とも呼ばれたという。

廃寺の後、本堂は協成学校の校舎に。什物《じゅうぶつ》は売却され、再興から平成8年（1996）のご開帳に至るまで……。時代は過ぎ行き、境内も周辺の景観も、すっかり変わった。が。今もどことなく荘厳な雰囲気が漂い、川西34番札所巡りの〝千秋楽〟にふさわしい。そう感じるのは、私だけだろうか。

参道の百体観音など

札所巡りの所要時間

札所を順番に、自動車で回る場合のおおよその所要時間を示した。（　）内の時間は、一般道を自動車で通行した場合の所要時間。また、所要時間は札所または札所近く（駐車場）までで、場所によっては徒歩を要するが、その時間は含まない。

筑摩三十三番札所

① 廣澤寺 →（7分）
② 兎川霊瑞寺 →（7分）
③ 徳運寺 →（6分）
④ 洞水寺 →（9分）
⑤ 海岸寺 →（24分）
⑥ 西大寺
⑦ 保福寺 →（10分）
⑧ 円城寺 →（9分）
⑨ 牛伏寺 →（11分）
⑩ 王徳寺 →（8分）
⑪ 桃昌寺
⑫ 法船寺 →（4分）
⑬ 常楽寺 →（7分）
⑭ 弘長寺 →（9分）
⑮ 常光寺［塩尻市片丘］ →（4分）
⑯ 松林寺 →（8分）
⑰ 永福寺 →（6分）
⑱ 常光寺［塩尻市上西条］ →（2分）
⑲ 慈光院 →（5分）
⑳ 西福寺 →（18分）
㉑ 泉龍寺 →（11分）
㉒ 善立寺 →（5分）
㉓ 光明寺 →（11分）
㉔ 慈恩寺 →（7分）
㉕ 養福院 →（13分）
㉖ 郷福寺 →（10分）
㉗ 心念堂 →（15分）
㉘ 古川寺 →（14分）
㉙ 興龍寺 →（25分）
㉚ 盛泉寺 →（22分）
㉛ 今村観音堂 →（6分）
㉜ 小俣観音堂 →（16分）
㉝ 長興寺

川西三十四番札所

① 満願寺 →（11分）
② 真福寺 →（7分）
③ 青原寺 →（8分）
④ 岩上観音堂 →（8分）
⑤ 正真院 →（12分）
⑥ 真龍院 →（6分）
⑦ 宗徳寺 →（5分）
⑧ 東光寺 →（5分）
⑨ 泉柳庵 →（7分）
⑩ 正覚院 →（5分）
⑪ 法蔵寺 →（4分）
⑫ 観音堂 →（8分）
⑬ 仏法寺 →（8分）
⑭ 松丘庵 →（5分）
⑮ 立石堂 →（5分）
⑯ 金龍寺 →（6分）
⑰ 日光寺 →（7分）
⑱ 法国寺 →（5分）
⑲ 荻野堂 →（5分）
⑳ 長徳寺 →（9分）
㉑ 音聲寺 →（6分）
㉒ 長松寺 →（3分）
㉓ 金井堂（杏堂） →（3分）
㉔ 十輪寺 →（8分）
㉕ 滝見堂 →（7分）
㉖ 真光寺 →（8分）
㉗ 金松寺
㉘ 前山寺 〈前山寺［松本市県］（30分）〉 →（15分）
㉙ 泉光寺 →（11分）
㉚ 観音寺 →（9分）
㉛ 安楽寺 →（7分）
㉜ 自性庵（自性寺） →（9分）
㉝ 龍峰寺 →（7分）
㉞ 平福寺

仁科三十三番札所

① 王子観世音（若一王子神社） →（4分）
② 弾誓寺 →（3分）
③ 妙喜庵 →（2分）
④ 西岸寺 →（4分）
⑤ 大年寺 →（1分）
⑥ 青柳寺（青龍寺） →（2分）
⑦ 天正院（天正寺） →（6分）
⑧ 了瑞庵 →（3分）
⑨ 東陽院 →（3分）
⑩ 三川堂 →（9分）
⑪ 大澤寺 〈大澤寺［堀六日町］（15分）〉 →（8分）
⑫ 海岳院 →（4分）
⑬ 三橋堂 →（3分）
⑭ 福聚堂 →（11分）
⑮ 堂崎 →（6分）
⑯ 海口庵 →（11分）
⑰ 夕陽庵 →（6分）
⑱ 霊松寺 →（10分）
⑲ 牛立（薬師寺） →（8分）
⑳ 浄福寺（木舟薬師堂） →（4分）
㉑ 瀧の入 →（15分）
㉒ 覚音寺 →（大峰高原経由・池田町市街地経由とも39分）
㉓ 成就院 →（22分）
㉔ 神宮寺 →（7分）
㉕ 盛蓮寺 →（8分）
㉖ 浄念寺 →（2分）
㉗ 林泉寺 →（1分）
㉘ 観音堂 →（12分）
㉙ 蓮盛寺 →（6分）
㉚ 観勝院 →（10分）
㉛ 清水寺 →（10分）
㉜ 窟（観音寺） →（8分）
㉝ 六角堂（長性院）

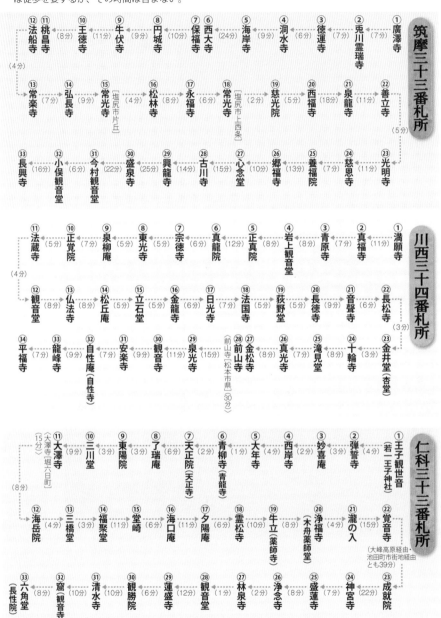

仁科三十三番札所

大町市／池田町／松川村

み熊野を　ここにうつして　世をまもる
神と仏の　めぐみ尊き

一番　王子観世音《おうじかんぜおん》

若一王子神社観音堂
大町市大町俵町

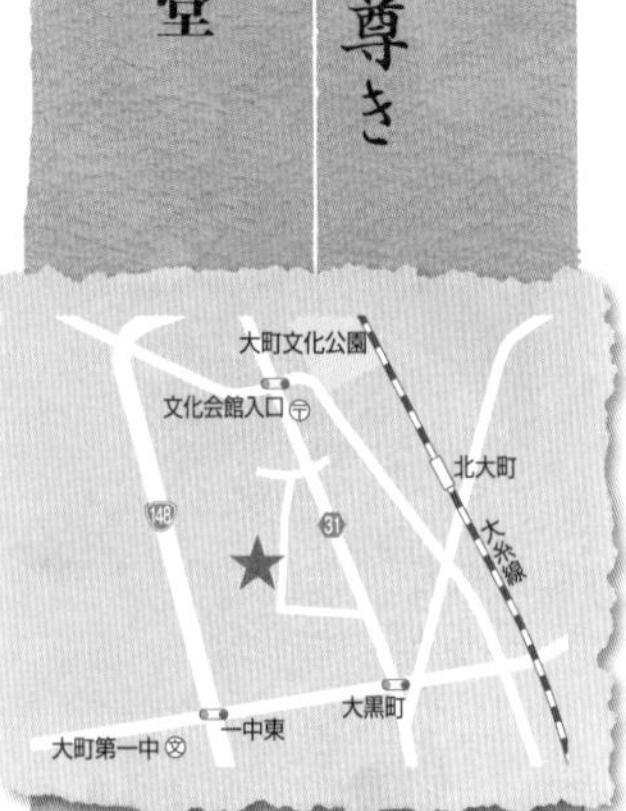

三重塔が出現「ここは神社？」

若一《にゃくいち》王子神社と聞くと、私はまだ見ていないが「流鏑馬《やぶさめ》」の神事を思い浮かべる。そういえば、7月に松本を訪れた旧知の文化庁伝統文化課（当時）・K主任文化財調査官と会ったとき「明日は大町、流鏑馬神事を見学に行くので楽しみ。一緒に行かないか」と誘ってくれたことを思い出した。

さて、若一王子神社だが、松本方面から向かうと、大町市街地に入って国道147号を白馬方面に進む。竈《かまど》神社、大町西公園を過ぎて「一中東」の信号を大黒町方面に右折、左手遠方に森が見える。大黒町信号を左折し、少し北に進むと左手に「重要文化財若一王子神社」の大きな看板がある。

紀元2600年を記念して建立された大きな石鳥居を通って進む。三重塔があるので「あれ、ここは神社だよな」と思わず確認。朱塗りの鳥居の前への駐車は失礼なので、神社の駐車場はあったが、少しもどって公民館俵町分館の駐車場に入る。歩いて再び鳥居前へ。耳を澄ますと、水の流れる音。その方向へ歩いて行くと、この季節なのに豊かな水量の水が堰《せぎ》を流れている。

三重塔（長野県宝）

大町市史第5巻「民俗・観光編」（1984）や『若一王子神社昔語り』（2009）などによると、この神社の由来は、次の通りである。

観音堂（市有形文化財）

――平安時代から本地垂迹《すいじゃく》説が唱《とな》えられ、それにつれて地方でも熊野信仰が盛んとなった。それはこの地方を治めた仁科氏も例外ではなかったようだ。仁科盛遠が熊野参拝に出向いた折り後鳥羽上皇に召され、承久《じょうきゅう》3年（1221）の承久の変で幕府軍と戦って戦死したことも、仁科氏と熊野信仰のかかわりを示している。この神社は、仁科盛遠が仁科庄の繁栄を祈って厚く信仰していた熊野那智大社の第五殿に祀《まつ》られていた若一王子を勧請、この地の鎮守としたと伝えられる――。

なお、若一王子は天照大神の異称といわれる。仁科盛遠が創建に深くかかわっていることは事実のようだが、近年、それよりも200年ほど前、すでにこのあたりに若一王子神社の前身の神社があったことがわかった。この神社は「水分《みくまり》の神を祀った」とする研究者もいる、神社前を流れる堰を目の当たりにすると、土地の開発と水とのかかわりも多分にありそうだ。

私が訪れた日は、天気は良かったものの、少し前に降った雪がとけて境内はぬかるんでおり、カジュアルシューズで来たことを少々後悔した。三重塔を右手に見て、まずは拝殿でお参り。本殿は弘治《こうじ》2年（1556）の造営といわれ、重要文化財。続いて拝殿右手、東側の観音堂で手を合わせ、ご詠歌を唱える。堂前に「仁科一番　王子観世音」と表記された標柱が立つ。ご詠歌の「み熊野をここにうつして」は、熊野那智大社の若一王子を勧請したことを示している。

十一面観音坐像と対面

訪問日は、小さな子どもがいる家族が拝殿でお祓《はら》いを受けるようで、にぎやかだ。竹内直彦宮司は不在で、権禰宜《ごんねぎ》の室川東さん(48)が私を案内してくれた。参集殿から渡り廊下を歩き観音堂へ。茅葺きで、3間四方の寄せ棟造、内陣に見事な色彩の宮殿《くうでん》が据えられる。観音堂・宮殿とも宝永3年(1706)の造営で、いずれも市指定文化財。仁科三十三番札所巡りが成り立ったのは宝暦7年(1757)なので、この観音堂はそれより50年ほど早くできた。古くから火不見《ひみず》の観音様といわれて信仰があつく、火災除けの霊験があらたかであるという。

十一面観音坐像(長野県宝)

十一面観音立像残闕
(市有形文化財)

──「今回は例外中の例外、特別ですからどうぞ」。宮殿の扉を開け、今は観音堂の本尊である十一面観音坐像《ざぞう》(懸仏残闕《ざんけつ》)を拝ませてくれた。像高20センチほどで、相好は柔和でふっくらした体形、鎌倉時代中期の作で、やはり県宝。寒い中、堂内に正座した室川さんは天井絵のことも含め熱心に説明してくれた。私も慣れない正座をしながら天井を見上げると、外陣は龍、内陣は花鳥が描かれている。格《ごう》天井の2枚を除き、当初に描かれたものであるという。

この坐像、もともとは神仏習合の証《あか》しとして本殿前に懸けられていた御正体《みしょうたい》であったが、今は鏡板を失っている。どうして観音堂に祀られるようになったかは、後でふれる。宮殿の右に厨子《ずし》があり、室川さんが扉を開けてくれた。本来は観音堂にあった十一面観音立像の残闕が祀られている。頭部を欠き、腹部に痛々しい焼け跡が残っている。明治維新後の廃仏毀釈《きしゃく》の際に焼かれたといわれる。

「ご本尊がこのような姿になったのは、狂人によって焼かれた、廃仏毀釈から守るためにやむなく焼いた、腹部に何か宝物があると信じそれを取り出すために焼いた……などの説があります」。この残闕、長年三重塔の初層の隅にほこりをかぶって放置されていたが、専門家の鑑定では平安時代後期の造像という。

足のしびれを我慢しながら、十一面観音立像残闕にお参りして観音堂から参集殿にもどる。ちょうど、お祓いも終わったようだ。

破却逃れた「よりどころ」

参集殿から三重塔へ向かう。「落雪に注意」の看板があり、屋根の雪がとけて落ち、水しぶきが飛ぶ。

　三重塔は県宝で、宝永8年（1711）完成という。二番・弾誓寺で紹介する弾誓寺六世の木食山居《もくじきさんきょ》（故信法阿）の勧進によって建立され、蟇股《かえるまた》の人身獣面の十二支の彫刻はよく知られる。なお、文書史料によるとこの塔が建立される前、江戸時代初期頃までにも塔があったという。

　この神社は、明治初年まで「若一王子権現」といわれていた。慶応4年（1868）3月に神仏判然令が出されると、若一王子社となり、神仏習合の様相を見せていた観音堂と三重塔は破却されることになった。しかし、大町の人びとはこれをよしとせず、一夜のうちに本殿と観音堂・三重塔との間に石と砂で土堤を築き、寺と神社は別としたという。

　さらに観音堂から仏像類を運び出して「神楽殿」と名付け、本殿前に懸けられていた十一面観音坐像《ざぞう》は十八番・霊松寺に預けられて難を逃れ、第2次大戦後に返還された。観音堂の本尊は先述の通りだ。三重塔は「物見ノ高楼《たかやぐら》」と名付けられたという。破却を免れたこのようなエピソードにふれると、英知をそなえた先人たちに感心する。と同時に、この神社は大町の人びとにとって心のよりどころであったこともわかる。「あれ、ここは神社だよな」との疑問も解けた。

　なお、境内に塔が現存する神社は若一王子神社を含め、全国でわずか9社しかない。松本藩が行った廃仏毀釈政策は、全国的にもすさまじかったが、この若一王子神社は明治初年まで見られた神仏習合の名残をよくとどめている。神社の境内は1・7ヘクタールに及び、拝殿・本殿の北は社叢《しゃそう》である。先ほど見えた森は、この社叢のようだ。400本の杉と150本のヒノキ、その他の木々も見られ、県天然記念物になっている。

　「仁科三十三番の本尊を拝みたいと来る人も少なくありませんが、通常は非公開です。毎年8月16日に御開帳があるので、その折にはぜひ」と室川さん。また、「大町から都会に出た方のお子さんやお孫さんが、大町を知るためによく札所巡りをされているようです」とも。

　私は雪どけの水たまりを避けながら、駐車場にたどりつく。これから残りの32の札所を巡るのだが、これからは本格的な雪のシーズン。しばらくは長靴持参で……と思う。

観音堂内の宮殿と厨子

ただたのめ　たのめばすぐに　御仏《みほとけ》の　国にみちびく　法《のり》のちかひを

二番　帰命山　弾誓寺《たんせいじ》

大町市大町九日町

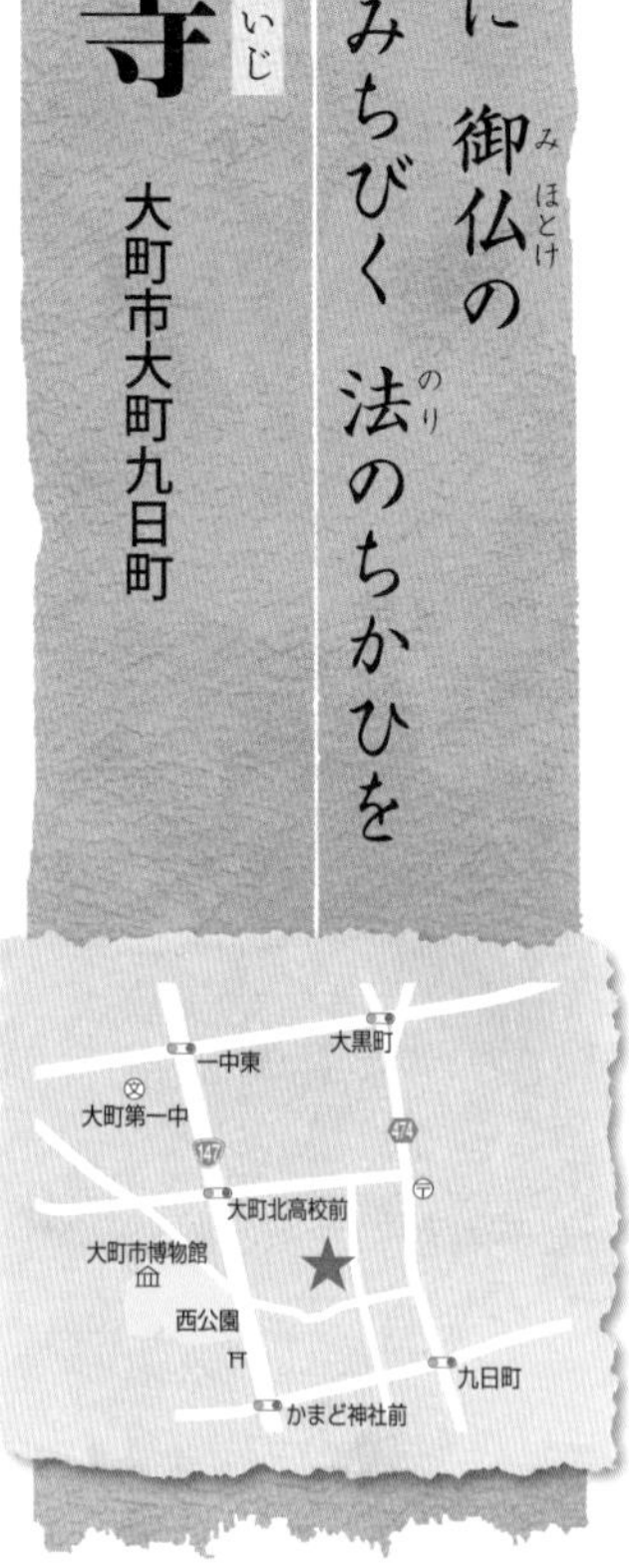

かつての大寺　大町高発祥地

二番・弾誓寺は、一番・若一王子神社のすぐ近く。神社の参道から県道４７４号を南に進み「大黒町」交差点を過ぎ、次の信号を左折。少し狭い道路を西に進むとほどなくして弾誓寺前に出る。六地蔵が迎えてくれる。正面に本堂、左手に鐘楼、左手前に観音堂が立つ。まずは本堂で手を合わせ、次に観音堂へ。

前身は、館之内居館の近くの木舟にあった二十番・浄福寺で、仁科氏の居館移転に伴い、いつの時代か大町の地に移されたという。浄福寺は、平安時代末期から戦国時代末期までの５００年の長きにわたり、仁科氏歴代の祈願寺であった。

弾誓寺は、仁科氏が滅んだ後はすっかり荒廃したが、１６００年頃に佐渡からこの地に来た弾誓上人が寺内に常念仏道場をつくり再興した。2代目は但唱上人、3代目の法灯を継いだのが唱岳長音上人である。唱岳は寛永８年（１６３１）に寺内に一寺を建て、但唱の法号帰命仏から山号をとり、開祖弾誓上人の名をとって寺号とした。

往時、この寺は江戸の寛永寺の末寺であったが、のちに弾誓上人が相州（相模）一の沢に創建した浄発願寺の末寺となっている。弾誓寺は享保年間（１７１６～36）にかけて全盛期を迎え、境内およそ５５００坪、七堂伽藍が立ち並び、常時20人ほど

聖観音菩薩立像（長野県宝）＝『松本平の神仏　百柱をたてる　空即是色・千住博』平成19年所収

観音堂。トタン葺きとなったが室町当時の面影を伝える

の僧が修行したという松本平きっての大寺であった。しかし、廃仏毀釈の嵐はこの大寺にも及び、あえなく廃寺に。寺籍回復は昭和15年（1940）のことであった。

廃寺後、仏像も什物《じゅうもつ》も失われ、辛うじて残った建物は学校校舎などに転用された。現在の大町岳陽高校（旧・大町高校）は、明治34年（1901）に廃寺の建物を利用して松本中学校大町分校として開校している。本堂手前に「大町高校発祥の地」の碑が立つ。

さて、観音堂である。火災により屋根は茅葺きからトタン葺きに替えられたが、室町時代の面影をとどめているという。現本堂は廃寺のときに庫裏を半分残したものというので、失礼ながら観音堂が立派に見える。姿勢を正してご詠歌を唱えた。

脇に県宝の聖観音菩薩立像、市有形文化財の木造伝弾誓上人坐像、同木造伝長音上人坐像の説明板もある。聖観音菩薩立像は像高約161センチ、ケヤキの一木造りで平安中期の作、浄福寺から移されたものと伝えられる。なお、この観音堂、弾誓寺の管理下ではなく弾誓寺聖観音保存会の方々によって護持されている。

本堂の左に立つ鐘楼

ゑみのまゆ　ひらくさとりも　此寺の
たへなるのりの　花にこそ見れ

三番　鳳凰山　妙喜庵《みょうきあん》

大町市大町九日町

霊松寺の隠居寺　残る小堂

三番・妙喜庵は、やはり一番・若一王子神社のすぐ近くにある。王子神社の参道から県道474号を南に進み「九日町」信号を左折、東へ進む。豊川稲荷神社を過ぎて左折、北へ。ほどなく左手に小さな堂がある。ここが妙喜庵。私は地理に不案内で、このあたりをグルグルと2周ほどした。住宅街の中なので、見つけにくいかもしれない。道路は狭い。

妙喜庵は十八番・霊松寺の末寺といわれ、『信府統記』には「妙喜庵霊松寺ノ末寺ナリ、大町與松崎村ニアリ、当庵来由知レス」とある。また、霊松寺記には「右ハ四方堀カマエ、古《いにし》へ誰仁《たれひと》之古屋敷ゾヤ、古へ小庵アリ仁科平氏ノ縁者大巷妙喜法尼ト云……、依テ此尼ヲ開基ト定メ……開山ハ十一代香山宗梅和尚隠居処ト申シ来ル也」とある。妙喜庵の始まりなどは不明だが、仁科氏ゆかりの尼僧によって開かれ、霊松寺の隠居寺であったことがわかる。

明治維新を迎え、ここも廃仏毀釈の憂き目にあう。元文期の仏閣帳によれば、5間×4間の板葺きの客殿が南向きに建ち、7間×4間の茅葺きの庫裏が西向きに建っていたというが、取り壊されたのであろう。ちょっとした規模を誇っていたと思

堂の右手に立つ石仏と道祖神

われるが、今は想像することさえ難しい。

私が訪れたのは、小雪が舞う日であった。堂の前に立ち、小声でご詠歌を唱える。堂には奉納額や数枚の小絵馬が打ち付けられている。時代が相当経過しているようだ。しかし、堂前に「仁科三番　妙喜庵」という標柱があるので、今もお参りに来る人はいるのだろう。堂の右手には、石仏とともに文字の道祖神が立つ。小判型の道祖神で、どうみても江戸期のものではない。昭和9年（1934）に青年団によって建てられた。

妙喜庵の向拝に取り付けられていた振り返り獅子の彫り物一対は現在、池田町の金勝山長福寺に保管されている。長福寺も明治維新後に廃寺となったが、明治13年（1880）に再興。その本堂の向拝部分は妙喜庵のものを移築、転用したとのことである。

妙喜庵の堂。前に標柱が立つ

奉納額

苦しみの 海をわたして かのきしに
着くはちかひの ふねとこそきけ

四番 新念山 西岸寺《さいがんじ》

大町市大町八日町

本堂は美麻の新行へ移築

三番・妙喜庵から県道474号に出、JR信濃大町駅方面に向かって左折、塩の道博物館改め「塩の道ちょうじや」前を「神栄町」交差点方面に進む。交差点手前を左折し、すぐに右折すると八日町毘沙門堂前に出る。西岸寺があった場所は、八日町公民館のあたりのらしい。公民館を探すが、宅地化されていて入り口がわからず、犬を散布中のおばあさんに教えてもらう。玄関は南に面しているが、私は北側から入ってしまった。

八日町公民館

西岸寺は、二十六番・浄念寺（池田町）の末寺であった。場所は、先述通り八日町公民館付近である。『信府統記』には「当寺ハ天文年中ノ建立ニテ其後焼失シ中興開基ハ貞誉正甫ナリ」とある。天文年間といえば、1532〜55年である。しかし、この寺も三番・妙喜庵と同じく、廃仏毀釈に遭い廃寺。最後の住職は還俗《げんぞく》して田島檀司と名乗り、明治5年（1872）まで寺の建物を利用して寺子屋を開いた。その後、本堂は大町市美麻の新行《しんぎょう》に移されたといい、現在は移転地で公民館として使われている。

県道31号を走り、新行地区へ行ってみることにした。戴《いただき》神社の手前が公民館。自治会長の酒井豊一さん(63)に鍵を開けてもらった。須弥《しゅみ》壇《だん》がそのまま残されており、仏像が祀られ祈祷札《きとうふだ》も残っている。内陣な

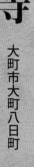

美麻新行公民館内にある須弥壇

大町市街地にある長性院境内の墓地

どの主要な部分をはじめ、一部の部材も往時のものである。

　八日町公民館前ではご詠歌を唱えなかったので、内陣前で唱える。外観も近年改修したとのことだが、何となく寺の本堂ぽい感じがする。酒井さんに西岸寺のことを尋ねると「西岸寺のことはほとんど知らないですね。私らの子どもの頃も、話は聞かなかったなぁ」。地区で祭事など全く行っていないというもの、少し意外であった。

　本尊の阿弥陀如来像は行方知れずという。だが、西岸寺跡にあった念仏碑などが大町市街地にある三十三番・六角堂、現在の長性院に移され供養されていると聞き、長性院にも足を運んだ。本堂裏手の一角に南無阿弥陀仏碑ほかが安置されている。長性院住職・藤井義寛氏による碑文によると、長性院に移されたのは昭和51年（1976）7月。ここでもご詠歌を唱えた。

みちとせの 末ともいわじ 御仏の のりのよはひの はかりなければ

五番 大年寺《だいねんじ》

大町市大町堀六日町

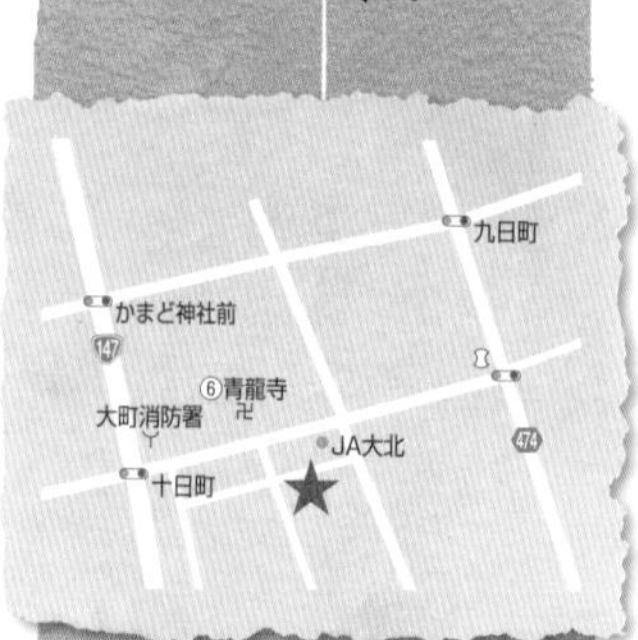

痕跡薄く 往時しのぶ出土地蔵

四番・西岸寺から県道474号に出て、九日町交差点方面へ。同交差点の一つ手前の交差点を左折し「十日町」交差点方面に向かう。このあたりが堀六日町である。

空き地や農地はあるものの、住宅地なので寺跡はわからない。取りあえず界隈《かいわい》を2周ほど歩くが場所がやはりわからず、近くの青果店で尋ねてみる。「あそこに地蔵を祀ってあるが、うーん、ダイネンジって?」と年配のご主人。グルグルと歩き回る。残念ながら、再び犬の散歩中のおじいさんにも尋ねる。少し離れた農地のような場所を指さして「あそこらへん」と教えてくれた。

大年寺は、中世、今の堀六日町あたりにあった仁科氏関係の居館跡地に開創された、七番・天正院の末寺。『信府統記』には「天正院末寺ナリ大町與同町ニアリ、当寺開基年数知レス」とある。天正院とは今の天正寺のこと。廃仏毀釈で廃寺となり、明治15年（1882）に再興されて天正寺となっている。

慶安2年（1649）の検地帳に大年寺の名が記されていることから、天正院が創建された天正年間（1573～92）から慶安2年までの間の創建と思われる。江戸時代中頃の貞享《じょうきょう》年間（1684～88）には丹枝という僧が住んでいて、建物は南向きに8間×5間の茅葺きの客殿と、西向きに4間×3間の板葺きの庫裏があった。寺域は南北52間×

竈神社境内にある小松礼治、寿太郎の筆塚

東西32間であった。大年寺も四番・西岸寺と同じく、明治維新を迎えて廃仏毀釈で廃寺。なお廃寺になる前、慶応元年（1865）から明治5年（1872）までは、この寺（跡）で寺子屋が営まれている。

先述のように、寺跡は宅地化が進み、住民にもほとんど知られていない。ご詠歌には「此所仁科桜有」とあるが、当然のことながら……。縁《よすが》をしのぶものと言えば、寺跡から出土した地蔵菩薩と、近くの竈《かまど》神社境内に立つ寺子屋師匠を務めた小松礼治、寿太郎らの筆塚くらいだろうか。地蔵菩薩は町内の皆さんよって祀られ「出世地蔵尊」とある。ここで手を合わせご詠歌を唱え、竈神社へ。仁科天満宮が祀られ、その手前に筆塚碑が立つ。

寺跡から出土した地蔵菩薩

大年寺跡。宅地化が進み、寺の面影は皆無

吹く風に　まかせてなびく　あをやぎの
すがたにならへ　人の心も

六番　瑞雲山　青柳寺《せいりゅうじ》（青龍寺）

大町市大町堀六日町

門前に立つ大黒様の像

五番・大年寺からすぐ近く。JA大北の建物前から十日町交差点方面に進むと右手の少し奥まったところにある。

青柳寺も大年寺と同じく、仁科氏関係の居館の跡地に開創されたという伝承があるが、定かではない。『信府統記』には「青龍寺霊松寺末寺ナリ、大町與松崎村ニアリ」「当寺開基知レス」とある。十八番・霊松寺の記録には「承応二癸巳国安和尚隠居地也。本尊釈迦仏　一尺ノ坐像　寺地東西七十二間余　南北五十間余　除地也　田方五石　国安和尚求買之者也」。承応《じょうおう》2年は１６５３年だから、江戸時代前期の始まりとみてよいだろう。ちなみに、国安和尚は霊松寺の15世である。

今回は大年寺と違い、地図上に青龍寺とあるからわかりやすい。今の寺号は青「龍」寺だが、いつ変わったかは不明だ。元文5年（１７４０）は「龍」だが、順礼詠歌が作られた宝暦7年（１７５７）や、長野県町村誌編さん当時の明治12年（１８７９）には「柳」となっている。

東向きの小さな建物があり、その前に「仁科六番　青龍寺」の標柱。私は、失礼ながら門前に立つ大黒天像に目が行ってしまう。２俵の米俵を踏まえて立つ大黒様が彫れている。裏面には「大正十三年

青龍寺前芭蕉句碑

甲子年／堀六講中」と刻まれる。農作物の豊作をつかさどり、マチやムラの安穏を祈る福神である大黒様。堀六日町の大黒講が盛んであった様子がしのばれる。

青龍寺現景。小さな堂が立つ

そういえば、大町は大黒様のまちでもある。嘉永5年（1852）に当時の新町《あらまち》に、高遠石工によって彫られた大黒天像が建った。この像は今のところ、松本平で最大（全長約1・7メートル）にして最古、彫刻技術も優れていることから市指定文化財になっている。像の建立を契機に、北部に俵町ができ、新町は大黒町と改称された。

青龍寺前の子安延命地蔵菩薩

門前に立つ大黒天像が目を引く

大黒様に気を取られてはいけない。踵《きびす》を返し、あわてて手を合わせ、ご詠歌を唱えた。この寺は幸いなことに、廃仏毀釈に遭わずに今に至る。寺域の広さを今の時代想像するのも難しいが、小さいながら寺の建物を目にするとホッとする。

名にしおふ　むかしのあとの　しるしとて
今も御法《みのり》の　杉たてるかな

七番　青龍山　天正院《てんしょういん》（天正寺）

大町市大町十日町

仁科氏居館跡　北アと山門

六番・青柳寺（青龍寺）から西に向かう。国道147号の十日町交差点を横切り少し進んで右折、北に入ると天正院がある。現在の天正寺である。ご詠歌に「此所仁科殿城跡也」とあるように、この寺のある場所は仁科氏の居館跡という。

この寺の創建は、天文4年（1535）ともいわれるが、定かではない。一方『信府統記』には「当寺ハ仁科大町ノ城主前右衛門大夫平朝臣盛政永禄年中川中島ノ戦場ニテ死シ法名ヲ青龍寺殿乾雄盛政大居士ト号シタリシカ天正年中ニ至テ盛政ノ家臣其城跡ニ一宇ヲ建テ、青龍山天正院ト云ヘリ開山ハ大澤寺九代巍州大鎮和尚ナリ天正十八年庚寅示寂ス」とある。盛政にかかわる記述は誤まりがあるが、寺の開創はこの引用部分が正しいといわれる。

開山堂

従って、天正院の寺号が開創時の年号によるならば、仁科氏最後の城主・盛信が高遠で没した天正10年（1582）から巍州大鎮が没した天正18年までの間に開かれたといえよう。この寺は十一番・大澤寺の末寺で、おそらく仁科氏居館の建物も利用した。しかし元和《げんな》2年（1616）に火災で焼失、寛永年間（1624～44）に再建された。

私が足を運んだのは4月下旬。駐車場から歩くと山門（市指定文化

天正寺仁科城跡の碑

財）があり、その前に桜が咲いていた。桜と山門、雪をいただいた北アルプスの風景の組み合わせは、言葉にならないほど美しい。

山門は薬医門《やくいもん》形式で、元禄元年（１６８８）に寄進された。元文の仏閣帳には行基菩薩作とされる本尊十一面観音のほか、客殿、庫裏、衆寮、鐘堂、山門が記されているが、建物で現残するのは山門だけのようだ。本堂にお参りしてご詠歌を唱えた。本堂の西隣には開山堂。天保15年（１８４４）に再建された。踵《きびす》を返して山門へ。災難除け地蔵菩薩の背後に立つ大きな碑「仁科城跡」碑が目に入る。なお現在の本尊は、明和４年（１７６７）の銘がある宝冠釈迦如来坐像（大町清水武兵衛が施主）である。

天正院は明治４年（１８７１）に廃仏毀釈で廃寺に。同15年、永平寺61世・久我環渓禅師を再興開山とし、寺号を天正「寺」と改めた。天正寺の北側には竈《かまど》神社がある。江戸時代には三方荒神社といわれ、仁科氏が天正院の地に居館を構えたとき、東北の鬼門除けとして祀った神である。

山門。背後のアルプスが美しい

これや世の たからの池か ちまち田に わくるいほりの のきの下水《したみず》

八番 了瑞庵《りょうずいあん》

大町市大町高根

水豊かな地に残るお堂

七番・天正院（天正寺）から、いったん国道147号に出て北に進み、一中東交差点を左折、県道326号を西に進む。国交省高瀬川河川事務所を過ぎ、新屋公民館を過ぎたら左折して高根神社を目指す。神社からは歩くことにしたが、ここからが問題。しばらく歩き回ったが、了瑞庵と思《おぼ》しい堂は見つけられず、近くの農家の方に尋ねてようやく場所が判明。どうも「了瑞庵」という名はそれほど知られていないようだ。

高瀬川左岸の段丘上に位置する高根地区は、寛永年間（1624〜44）以前に定住者がいたようだ。この時代に大町村の枝郷《えだごう》として高根新田ができ、さらに大蔵宮堰《せぎ》の開削によって慶安4年（1651）頃に新田開発が行われ、承応《じょうおう》3年（1654）に高根新田村となっている。ご詠歌に「此所仁科殿猿楽舞台跡有」とあるが、この地が扇状地の末端で、地理的な景観からもこのような言葉が生まれたのであろうか。

家と家の間の、水路に沿った細い畑道を歩いて行くと小さなお堂に着く。これが了瑞庵のようだ。手前は一段低く、畑になっている。私が足

高根神社

を運んだとき、お堂の脇に軽トラックが停めてあり、男性が畑仕事をしていた。畑のあたりが、ご詠歌にうたわれる湧き水のあった場所だろうか……。江戸時代の検地帳には「せき田」「せぎばた（端）」「せぎ下」「せき口」など、「堰《せぎ》」にかかわる地字名が見えるので、湧き水や堰が流れていた様子を想像できる。

お堂近くにある馬頭観音など

　この周辺の土地は、大町組の大庄屋を長く務めた栗林家の所有で、了瑞庵も同家が祀ったとされる。いつ頃かは定かではないが、新田集落に住む人びとの安全と、集落の発展を祈願するためではないか、といわれる。お堂のすぐ近くに馬頭観音や、そのほかの石仏があり、了瑞庵が集落の信仰を集めていたであろう縁《よすが》をしのぶことができる。

　少し歩き回り、再び高根神社へ。神社脇の堰には水が滔々《とうとう》と流れていた。

了瑞庵

身をわくる　のりのひかりを　それとみよ
秋の野口の　八千草の露

九番　初日山　東陽院《とうよういん》

大町市平野口

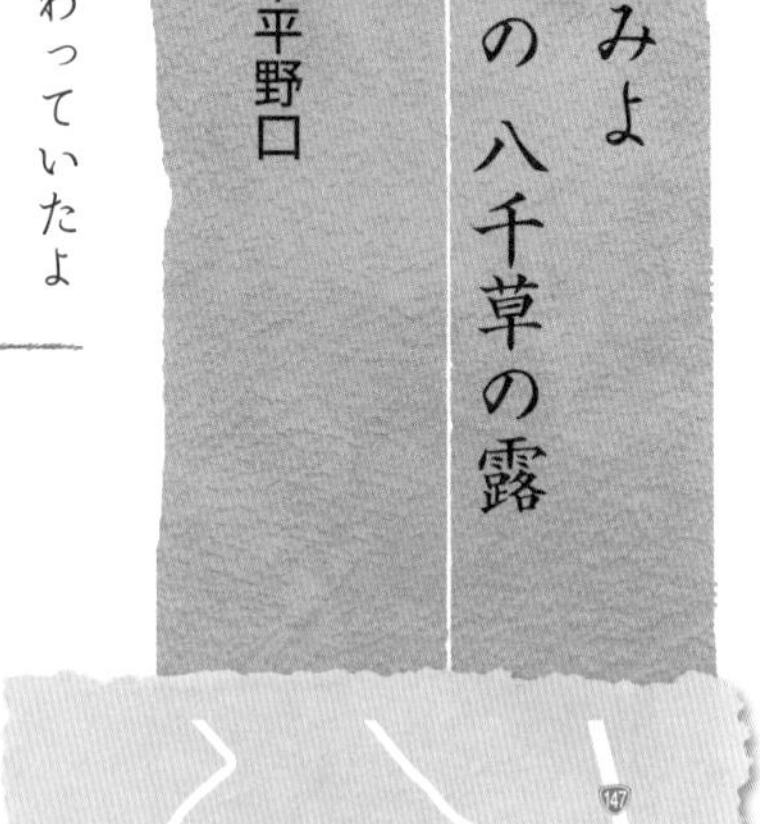

廃寺後も地域の拠点に

八番・了瑞庵から再び県道326号に出て西へ、野口公民館の方向に進む。ほどなく右手に墓地と商店がある。手前は広場になっている。東陽院はこのあたりにあったようだ。ちょうど市民バスふれあい号の「野口中」の停留所のある場所だ。

野口地区は鹿島川扇状地の扇央にあり、鹿島川の氾濫《はんらん》原を少しずつ開墾しながら新田開発が行われた。仁科氏の家臣・野口氏の居館もあり、村の人びとの暮らしは間近にある山と深く関わっていたようだ。

東陽院は『信府統記』に「大澤寺ノ末寺ナリ大町與野口村ニアリ」と記され、「開基年代知レス」とある。古くは野口下村のクボ田地籍にあった毘沙門堂であるといい、後に300メートルほど北側の現在地・中村のあたりに移ったという。先にふれたように、開基も年代も明らかでなく、他の多くの寺と同じく、土地の土豪が家門繁栄を祈願した堂であると考えられている。

大黒天像

東陽院は廃仏毀釈であえなく廃寺になった。が、寺の建物は学校の校舎として使われ、さらに戦後は農協

東陽院跡地

本尊・毘沙門天
=『大町市北安曇郡寺院堂宇仏像写真集』昭和54年所収

の野口支所として使われた。現在は墓地が残っているだけだが、東陽院の名残は見ることができる。建物は明和3年（1766）築。十番・三《さん》川《せん》堂（大姥堂《おおうばどう》・西正院《せいしょういん》）に保存されている棟札によると、明和年代には寺はすでに中村の地にあり、慶長年間（1596～1615）に十一番・大澤寺12世・熊芸和尚の弟子・沢芸という僧が堂に住むようになって大澤寺の末寺になった……等々がわかる。明和より以前の元文5年（1740）の仏閣帳には、本尊は毘沙門《びしゃもん》、建物は6間×3間の茅葺きの客殿、4間×3間の板葺きの庫裏などがあったと記されている。本尊の毘沙門天は高さ105センチと、廃仏毀釈の際、本尊や諸仏像は三川堂に移された。

車の通る道路脇に面する墓地の前でご詠歌を唱える。よく見ると、一角に大黒天像が祀られており、そちらに目が向いてしまった。元治元年（1864）の甲子《きのえね》の年に建立された像で「帯代百両」と刻まれている。道路の向こうには道祖神。天保14年（1843）建立の握手像だ。大黒天、道祖神にも手を合わせた。

身のはての　わたりゆくてふ　みつせ川
名を聞くさへも　袖は濡れけり

十番　三川堂《さんせんどう》

大町市平大出

成政「針ノ木越え」の伝承

九番・東陽院から再び県道326号を大町自動車教習所方向に進む。鹿島川を渡り、「高瀬入」信号を右折。ほどなく進むと右手に三川堂が見える。ちょうど市民バスふれあい号「大姥《おおうば》堂前」停留所がある場所。「仁科十番西正院《せいしょういん》」という標柱も立つ。えっ、ここは三川堂のはず……。

大出集落の中央にある三川堂の名は、鹿島川・高瀬川・篭川《かごかわ》の「三川」の合流点に近い場所にあることから名付けられたという。しかし、大姥堂、そして西正院との名もあり、今はバス停にもあるように大姥堂と呼ばれているようだ。早速お参りしてご詠歌を唱えた。

かつてこの地方の人たちは、北アルプスの山々をタケ（岳）と呼び習わしていた。戦国時代、富山城主・佐々成政が雪中のタケ越えをしたことで知られる針ノ木峠は、江戸時代にも信濃、越中双方からのルートであった。この道は堂のある野口村を通り、江戸時代、野口村の人たちは杣《そま》や狩猟のためにタケに入ったという。また信濃側からの立山参り、越中側からの善光寺参りの人たちが歩いた信仰の道でもあった。

さて、大姥堂には「大姥《おんば》さまを背負って立山さらさら越え」という大きな表示板が立つ。この内容

むし切り鎌奉納額

三川堂。大姥堂、西正院の名もある

によると、この堂に祀られる大姥様には次のような伝承がある。

——天正12年（1584）、羽柴（豊臣）秀吉と敵対していた佐々成政は遠江《とおとうみ》（静岡県西部）の徳川家康と手を結ぶため、冬に針ノ木越えした。立山の大姥堂に参詣して道中安全のため大姥尊像を譲り受け、家臣に背負わせてタケを越え、北葛沢を下り大出の地に出た。成政は大出で大姥尊像を村人に寄進し、家康のいる遠江に向かった。村人はそれから33年後の元和3年（1617）に、改めて堂宇を営み、法要をして大姥尊像を安置した——。

　堂名の由来を知り、バス停名にも納得！　しかし、ここの像の厨《ず》子《し》には「越中立山ヨリ飛給霊尊」「元和三丁巳年八月廿八日夜」との墨書がある。この頃に立山の芦峅《あしくら》寺《じ》からもたらされたと考えるのが妥当か。大姥坐像（西正院木造大姥尊坐像）は高さ約40センチ、市指定有形文化財である。

　最後に、再びお参り。「むし切り鎌　成願成就のときは倍にして御奉納ください」。こういうの、いいな。佐々成政の伝承も捨てがたい。興味深い場所である。

「西正院」額

ふだらくの 山とやいはん 八つのみね
ひらく御法の 大澤《おおさわ》の寺

十一番 神龍山 大澤寺《だいたくじ》

大町市平二ツ屋（堀六日町）

信濃三澤寺の一つ 広い伽藍跡

十番・三川堂から北に進み県道46号に出る。右折して東に進み、大町ゴルフセンターを過ぎて左折。北に進み県道325号を突っ切ると大澤寺跡への入り口に出る。道なりに進むと少し山道になって寺跡に到着。この場所は、小熊山南麓の洞地形の奥に当たるという。

大澤寺は借馬《かるま》村の枝村・駒沢村にあり、寺は十八番・霊松寺とともに、信濃国内の曹洞宗の中核をなしていた。『信府統記』には「後醍醐天皇ノ皇子若宮親王」に関わるくだりが記され、「開山ハ濃州関龍泰寺二代祖 和尚ナリ、文明年中盛直ノ招待ニテ開山トナリ」などとある。伝承によれば、南北朝時代に宗良親王に供奉《ぐぶ》して信濃に入った一条具信の娘・利了尼の開基といい、文明2年（1470）に祖奝《そちょう》和尚を開山とし、仁科盛直が建立した。

元文5年（1740）の仏閣帳には、地方の寺院としてはまれな規模を誇っていた様子が記される。それは、大澤寺が「信濃三澤寺」の一つに数えられたことからもうなずける。三澤寺は、大澤寺と松本市里山辺の広澤寺、松本市波田にあった若《にゃく》澤寺《たくじ》である。なお、若澤寺は廃仏毀釈で廃寺となった。大澤寺は天正年間（1573～92）に兵火によって焼失したのをはじめ、江戸時代には大火に遭いながらも、寺や檀家の努力で再建が果たされた。廃仏毀釈の時にも公家の二條家の祈願所となっていたため、廃寺を免れた。しかし昭和41年（1966）の火災で、間口16間・奥行き14間の規模を誇る伽藍などが焼失した。

伽藍跡が広い。「寺で立派は大澤寺」とたたえられたとおり、壮大な伽藍で知られたことを裏付けるようだ。跡地には、昭和63年に奥の院として大雄殿が建設された。大雄殿に進んでご詠歌を唱える。宮本秀昭住職の母・宮本桂子さんに現地を案内してもらい、若宮親王の陵墓にもお参りした。

大澤寺大雄殿

旧寺跡を見た後は、市街地の中、堀六日町にある現在の大澤寺に向かう。道を下る途中に馬頭観音を発見。文久3年（１８６３）と明治17年（１８８４）建立の観音が仲良く並ぶ。現大澤寺は、六番・青柳寺の北に位置する。寺の入り口には「神龍山大澤寺」と刻まれた大きな石柱が立つ。平成20年（２００８）に庫院徳翁閣が落慶し「旧公爵二條家菩提所」とある。火災後から堀六日町に本堂が再建され、次第に伽藍が整った。江戸時代中頃に若宮親王の縁故で九條家の帰依を得、二條家の祈願所となり、明治初年まで両家から特別の保護を受けたという。再び桂子さんに本堂を案内してもらい、本尊・准胝《じゅんてい》観音坐像にお参り。ご詠歌を唱えた。

後醍醐天皇皇子・若宮親王の陵墓

大澤寺全景（堀六日町）

海山の　遠きさかひも　一すじに
ねがへばちかき　法の道しば

十一番　海岳院《かいがくいん》

大町市平借馬

借馬の集落のよりどころ

十一番・大澤寺からは県道45号を経由して国道１４８号に戻る。「南借馬《みなみかるま》」信号を左折、木崎湖方面に進む。ほどなく見える右手のガソリンスタンドの手前を左折し、西へ。道なりに進むと集落内に入り、右手に海岳院がある。

海岳院のある場所は、借馬の集落のほぼ中央である。しかし、江戸時代中頃までは、この堂の西を通って木崎に通じる道の反対側にあったという。十一番・大澤寺の末寺であったが、廃仏毀釈で廃寺となり、今は遺された堂が集落の皆さんに大切にされている。慶安3年（１６５０）の借馬村検地帳には、観音寺という寺の名義で下畑…、屋敷…という記述がある。往時、建物の有無はわからないが、この集落に観音寺という寺が存在していたことがわかる。

しかし、村の庄屋を務めた海川家の文書には観音寺が海岳院になったことを伝える「此寺海岳院と寺号替り」との記述が残る。寛文8年（１６６８）頃という。元文5年（１７４０）の神社仏閣帳には「本尊　阿弥陀　方八寸座像　弾慶作」とあり、茅葺きで7間×4間半の客殿が南向きに立ち、寺地は東西2町×南北1町と記されている。広い寺地に1棟の客殿だけがひっそりと立っていたのだろうか。

堂前には「仁科十一番　海岳院」の標柱がある。堂の西側の見事な石仏群に目が行くが、ここはこらえて、まずはご詠歌。見上げると、海岳院と周辺の石塔群それぞれ説明板もある。前者によれば、元文5年時点で海岳院は現在地にあった。後者によれば、これらは倒れたり、地中に埋まっていたものを

海岳院のお堂

集落の人びとが掘り起こして整備したものがほとんどで、また地蔵尊2基はかつて集落の東西にあった弔い場に祀られていたものを移設した。

　地蔵尊は「何時でも誰でも気軽にお地蔵様に接して手を合わせてお参りする事が出来、将来まで両尊同等に維持管理をして、借馬全体をお守りしていただいてはどうかとの提案」が集落全体の総意で決まり、平成20年（2008）に開眼法要が営まれた。庚申《こうしん》塔は大正9年（1920）と昭和55年（1980）のものが並び立つ。後者の塔に刻まれる「当村中」が、村人の団結力の強さを示している。

　石仏群をひとしきり見たあと、去りがたいが地蔵尊に手を合わせる。丁寧な説明文を目にしたこともあるが、お地蔵さまのご慈悲もお願いできれば……。

海岳院の石仏群

彼の岸に 到る希《ねが》ひも みつの橋
渡す御法の 道をたづねて

十三番　三橋堂《さんきょうどう》

大町市平木崎

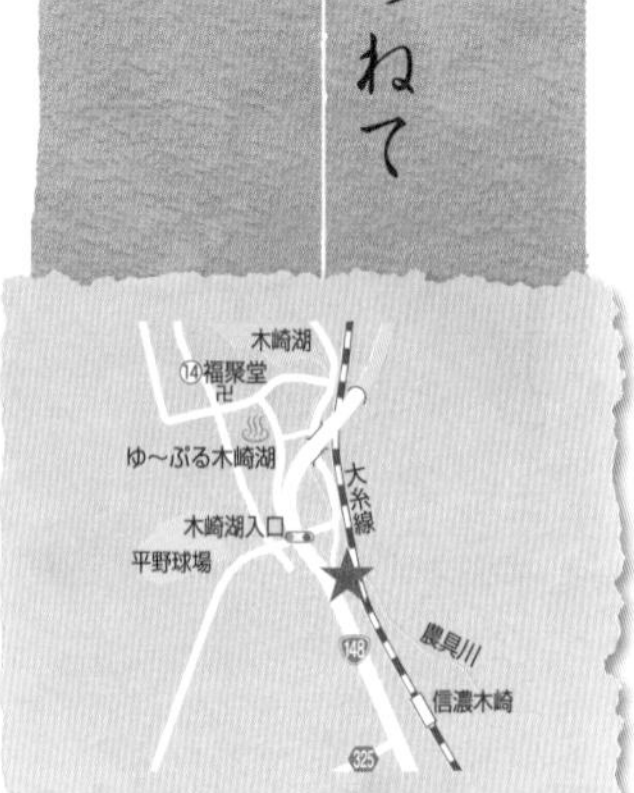

木崎湖近く　国道脇ひっそり

十二番・海岳院からは国道148号に出て、北へ木崎湖方面に進む。しばらくすると右手にそば屋があり、その先で国道と旧道が分かれる。そば屋と分岐点の間に三橋堂がある。このあたりは何度も通ったことがあったが、全く気づかなかった。国道脇にあるが「堂がひっそりと立つ」という表現がぴったりかもしれない。すぐ近くを農具川が流れる。水量は豊富だ。

農具川は木崎湖の南端から流れ出て、大町市東部の低地を南流し、社《やしろ》で高瀬川と合流する。古くからこの周辺では、農具川から3口に分水する流れの水門があり、その下流に3連の橋が架けられていた。これらの橋を渡る人々の安全や、用水の恵みを祈って橋のたもとに建てられたのが三橋堂であるという。ところで、この木崎湖。江戸時代までは「海ノ口池」と呼ばれていたが、明治5年（1872）に木崎村の戸長山田勧兵衛が「木崎湖」と命名し、現在に至ることを初めて知った。

木崎湖から流れ出る農具川（手前）

元文5年（1740）の神社仏閣帳には「一、東向観音堂　竪三間横二間半　茅葺　本尊十一面観音　丈一尺六寸」とあり、本尊の作者は不明。堂地は東西6間×南北5間であった。

国道は車の通行量が多いので、堂の前に車を停める。海岳院と同じく石仏群に目が行くが、まずはご詠歌を唱える。堂を見上げると「仁科拾三番札所　木崎三橋堂観世音」と墨書された額がかかる。堂内部を見ようとしたが、隣りのそば屋から観光客らしき家族連れがこちらに歩いて来たので断念……。この三橋堂には本尊十一面観音のほか、木崎村の十王堂に祀られていた閻魔《えんま》大王像をはじめ、如意輪観音坐像、大姥尊、弘法大師像などが祀られているという。

堂の左右には庚申塔が立ち、国道側に石仏群がある。右の庚申塔は大正9年（1920）に「当区中」で、左は万延元年（1860）に「村中」で建立した。このところ庚申塔が目に入るが、大町市・北安曇郡域だけが、取り立てて庚申信仰が盛んであったという話は聞かない。が、昭和55年（1980）の「庚申《かのえさる》」年には市域15ヵ所で16基の庚申塔碑が建立（再建）されたという。

せっかくなので、農具川が流れ出る場所を見に行く。私が訪れたのは7月中旬の暑い日。「海ノ口池」の湖面にはヨットやボートが浮かび、湖畔は涼し気だった。こちらは汗だくである。

三橋堂

父母の　深き恵みを　誰も皆
汲みて知るらん　森の池水

十四番　福聚堂《ふくじゅどう》

大町市平森

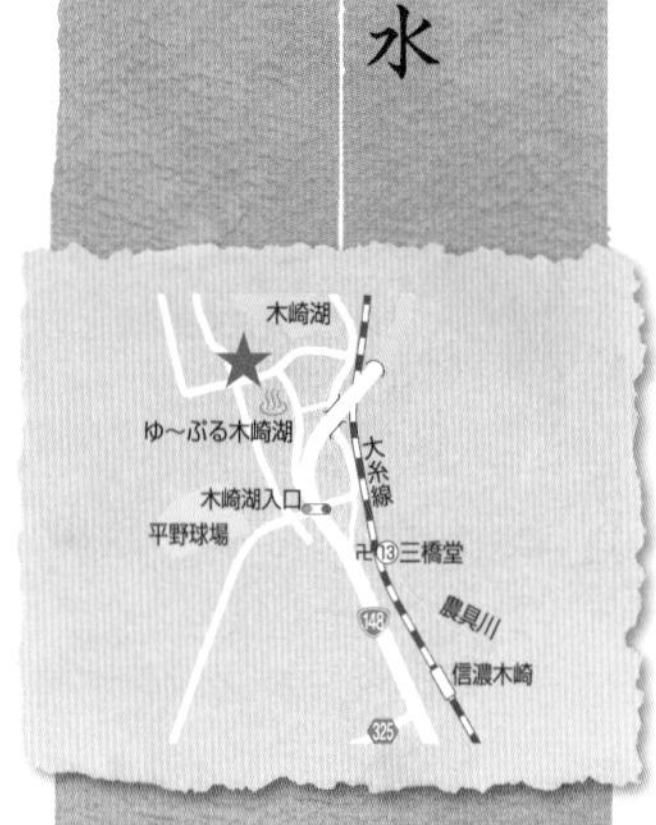

仁科氏拠点　森城のほとり

十三番・三橋堂からは国道１４８号を木崎湖方面に進み、「木崎湖入口」信号から木崎湖温泉方面に入る。日帰り温泉施設「ゆーぷる木崎湖」を過ぎて温泉街、森集落に続く少し狭い道路に入ると、森生活改善基幹センターが右手にある。この敷地の一角が福聚堂だ。

ご詠歌につけたりとして「此所仁科殿城跡也」とある。この堂は、かつては森集落の中央、仁科氏の北方の守りとして大きな役割を果たした「森城」の堀のほとりにあったようだ。森城の築城年代は不明だが、天正12年（１５８４）の小笠原貞慶《さだよし》の書状に「森之要害」とある。この地方から糸魚川に至る道筋を押さえる要衝の地にあり、防御上は「海ノ口池」（木崎湖の旧称）を利用する水城でもあったという。

堂は近年、現在地に移転新築されたので新しく、堂前に「仁科十四番福聚堂」の標柱がある。まずはご詠歌を唱える。温泉街の中らしく、堂の北側には木崎湖温泉の大きな貯湯槽があり、この組み合わせがほほ笑ましい。堂の後ろには石仏が並ぶ。昭和55年（１９８０）に「森区中」が建立した庚申塔もある。十三番・三橋堂でふれたように、昭和の庚申年に旧大町市域で建立された16基中の1基である。福聚堂は元文5年（１７４０）の神社仏閣帳には記載がないため、その後の開創と考えられる。なお、幕末期の記録には「観音堂」とあるようだ。

せっかくなので、森城跡へ。この城は、現在の平公民館北のトボリ（外堀）を南限とし、北部に三つの郭《くるわ》を持つ南北に長い縄張りであったという。木崎湖側に突き出した小高い所が「一の郭」「二の郭」である。「仁科神社」と書かれた看板を

森城「二の郭」にある安部神社

見ながら一の郭へ。ここには「承《じょう》久《きゅう》の変」で活躍した仁科盛遠を祀る仁科神社がある。参拝後に西側の一段低い場所——二の郭へ。ここにも神社らしき建物が……。森集落の氏神で、元は仁科氏の氏神でもあった安部神社である。

福聚堂。近年、移転新築された

仁科氏は奥州の安倍（部）氏を祖とする伝承があり、城構えの中でも最も奥まったところに氏神として祀ったという。森城の由緒をはじめ、仁科氏の起こりや、この地方への定着を考える上で重要な意味を持つ神社だという。社殿の背後にカラフルなテントが見えたが、一の郭、二の郭はテント村の喧噪《けんそう》も聞こえず、静寂そのものであった。

訪ねた7月中旬は、それにしても暑く汗ダラダラ。ゆーぷる木崎湖の湯につかりたいのを我慢して帰路についた。

今ここに 新たに建てし 堂崎や
昔に還へる 池の小波《さざなみ》

十五番 堂崎《どうざき》

大町市平青木

「岬のお堂」が名前の由来

十四番・福聚堂からはいったん国道148号に出て青木湖方面に進む。直進してもよいが、せっかくここまで来たので148号から中綱湖岸沿いの道に入り、JR簗場駅前を通って青木湖へ。湖の手前で細い道を左に入り、北に進むと少し広くなった場所にお堂が見える。これが堂崎観音である。

堂崎観音は、幕末頃まで集落北側の湖面に突き出た岬の先端に祀られていたという。この岬も、堂があることから堂崎と呼ばれた。元文5年（1740）の神社仏閣帳には、南向観音堂で縦3間×横2間半、屋根は茅葺き、本尊は1尺3寸、作者は不明と記載されている。

堂前の少し広い場所に駐車。訪れたのは8月上旬の暑い日で、セミの鳴き声がにぎやかで、農家の方であろうかビーバー（草刈り）の音が聞こえてきた。が、車内の温度計は松本、安曇野よりも4度も低くなっていて驚いた。この原稿は10月に書いているが、お参りにはこの時季くらいがよいかもしれない。

堂前に「仁科十五番堂崎観音」の標柱が立ち、近くに「塩の道・青木湖トレッキングコース」案内板もある。案内板によると、堂崎観音では

堂崎

庚申塔など

現在の本尊・聖観音

本尊・聖観世音菩薩立像が2度も盗難に遭ったが、原型に忠実な3体がほかに彫刻されていたため、そのうち一体が祀られているという。

　案内板にはまた、青木集落北方のエビスマ原から佐野坂にかけての千国街道（塩の道）沿いに、文政12年（1829）造立の西国三十三番観音像が並び立っている、ともある。まずはご詠歌を唱える。周りを見渡したが人影がなかったので、堂内に入って本尊・聖観世音菩薩立像にもお参りした。

　本来の千国街道は、青木湖の西岸を通っていた。先述した三十三番観音像とともに、この堂崎の観音様も現在とは祀られる場所は違うが、この道を往来する旅人や牛方、ボッカ（歩荷）などが道中の安全を祈願して立ち寄ったのだろう。堂の北側には石仏が並ぶ。十三番・三橋堂、十四番・福聚堂と同様に、庚申塔が目に入る。大正9年（1920）建立のものは「青木中」とあり、昭和55年（1980）10月のものは「ヤナバ庚申一同」とある。昭和の庚申《かのえさる》年に、旧大町市域で建てられた16基中の1基である。

　最後にエビスマ原について。大昔、エビスマ原には出雲の国からやって来たという鬼が住み、ヒエを作り、狩猟などをして暮らしていたという。のちに集落の人々が大国主命《おおくにぬしのみこと》を祀ったので、エビスマ原という地名が付いたという。

打ち寄する 浪《なみ》のひびきも 海の口
ひらく御法《みのり》の 声かとぞ聞く

十六番 海口庵《かいくあん》

大町市平海の口一津

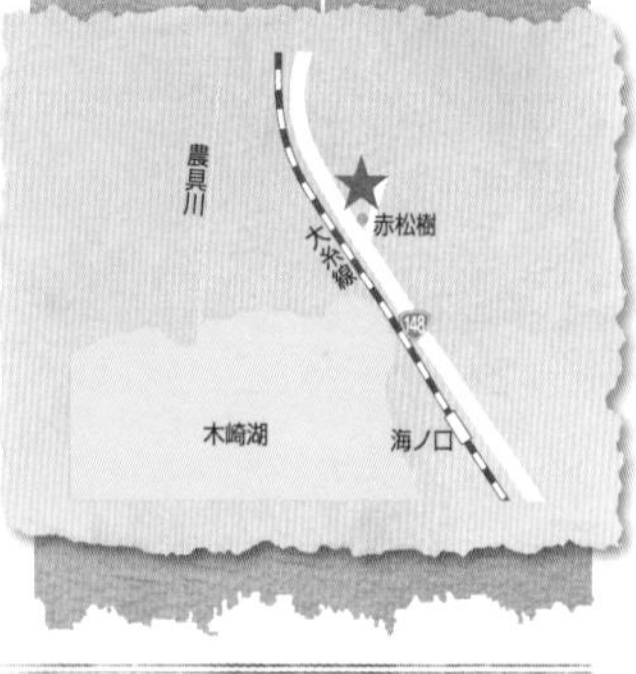

木崎湖望む「湖《うみ》の口」に位置

十五番・堂崎から再び国道148号に出て、大町市街地方面へ戻る。木崎湖の北端、左手の「市消防団第二分団第三部器具置場」を過ぎ、すぐに左手へ。坂を上ると左手に海の口公民館、右手が海口庵である。

仁科三湖は、北から青木湖、中綱湖、木崎湖と並ぶが、農具川は青木湖から中綱湖へ注ぎ、そして木崎湖へ流れ込む。木崎湖北部にある注ぎ口が「海ノ口」（湖の口）である。十三番・三橋堂でもふれたように、木崎湖は明治5年（1872）まで「海ノ口池」と呼ばれていた。また、湖南に森城があったことから「森ノ湖《うみ》」とも呼ばれた。

海の口は、農具川が湖北につくった沖積地を挟んで、西海の口、東海の口の二つに村を分けている。1500年代末期の文献には「海ノ口村」とあり、慶安2年（1649）当時の海ノ口村は30戸の家数があり、2人の庄屋が治めていた。

海口庵は、東海の口のやや高台にあり、堂は南に向いている。いつ頃から祀られたかは不明だが、元文期（1736～41）の記録が残る。庵は桁行3間×梁間《はりま》2間半、茅葺きであった。今の建物は古そうに見えるが、建てられたのは明治以降だという。なお、ご詠歌に「此間文水《ママ》村ニ仁科五郎信盛の社有」とあるのは誤りで、それは十七番・夕陽庵についてのことである。

訪れたのは8月のお盆前の暑い日の午後。木崎湖上でボートを楽しむ人たちがうらやましい。広場に車が停まり、若い人の姿もちらほら。大学のサークル合宿かと思っ

海口庵

たが、どうも違うらしい。庵の前には「原始感覚美術祭」と染め抜いた桃太郎旗があり、作品が展示されていた。ここでご詠歌を唱える。が、美術作品があって、どうも違和感がある……。庵の周りには石仏があり、道路を隔てた公民館側には庚申塔が4基立つ。寛政12年（1800）、万延元年（1860）の「東海之口村中」、大正9年（1920）の「東中」、そして昭和55年（1980）である。4回続きで庚申塔にふれており、庚申塔巡礼もシリーズのようになってきた。

涼を求め西海の口を経て、木崎湖畔へ。海の口の氏神・上諏訪神社には弥生時代の広形銅戈《どうか》が所蔵されている。これは市指定文化財で、出土地および伝承地は明らかではないが、弥生文化のありさまを物語る貴重な資料である。湖上で楽しむ人たちを横目で見ながら、汗をふきふき帰途につく。

公民館側に立つ庚申塔

此寺の 入日の影を みてもなを
願ふ心ぞ 西にかたぶく

十七番 夕陽庵《せきようあん》

大町市三日町

信仰と交通の要衝に立つ

十六番・海口庵からは国道148号を大町市街地方面に向かう。「南借馬」交差点を左折して県道31号に入り、「三日町北」交差点を右折、次の「三日町」交差点を左折すると上り坂になる。道が二手に分かれ、左手のやや狭い道路を少し上ると三日町公民館。公民館といっても、民家のような外観なので通り過ぎてしまいそうだが、その公民館の裏手に夕陽庵がある。

夕陽庵のある一帯は、大町村の枝村ともいわれた三が村で、南から大笹、くるみ原、分水の3集落からなる。地図を見ると旧三か村の長野方面に向かう道路は「大町街道」などと併記される。これらの道路は旧美麻、旧八坂両村に通じ、ひいては善光寺、そして戸隠に至る信仰の道であった。夕陽庵の近くに蝮《まむし》と呼ばれる坂があり、上り口に道標がある。現在は場所が変わっているが「左 志んまち（新町） せんかうし（善光寺） とがくし」と刻まれている。このあたりは信仰の道の入り口に当たり、交通の要衝の地でもあったようだ。

道路は狭く、どうも旧道のようだ。堂は南西向き（？）に立ち、その前に「仁科十七番 夕陽庵」との標柱がある。ご詠歌を唱えて見上げると、ご詠歌の額が掛かっている。十八番・霊松寺34世俊機泰顕師の筆による。

ここは高台なので、振り向くと西

百番巡礼碑（左）と廿三夜塔

三日町公民館の裏にある夕陽庵

夕陽庵の内部

「ご詠歌」の奉納額

山が迫って見える。建物は近年再建されたものというが、元文5年（1740）の神社仏閣帳には次のようにある。観音堂は南向き、竪2間3尺、板葺き屋根で、本尊の丈は1尺3寸の立像である、と。現在の本尊は、総丈約43センチ、像高約24センチの聖観音立像であるが、元文年間当時の本尊とは違うようだ。

　というのは、この庵もご多分に漏れず、たびたび火災に遭っているからだ。中でも昭和16年（1941）3月11日に起きた三日町の大火は住宅、非住宅合わせて66棟が全焼した上、周辺の山林まで延焼し、被災者は180人にも達した。この時に夕陽庵も焼け落ちたが、本尊は住民がどうにか避難させて無事だった。現在の堂はこの大火後、少し上方に移したとのことである。道路沿いには百番巡礼碑と、明治3年（1870）と刻まれた廿三夜《にじゅうさんや》塔が立つ。

　訪れたのは10月下旬の午後。快晴で、ふと見上げると真っ青な空が広がっていた。思わず庵と空を入れて撮影。「夕陽庵」の名の通り、夕陽が当たればさらに格別とも思ったが、後日の楽しみにして帰ることにした。

山高み　松吹く風も　此寺の
みのりの声の　よそにやはきく

十八番　大洞山　霊松寺《れいしょうじ》

大町市山田町

信濃国初めての曹洞宗寺院

十七番・夕陽庵からは、長野市信州新町に通じる県道394号に出て、少し進み右折。ここから蝮《まむし》坂スノーシェルターに入る。「霊松寺」の案内があり、シェルター内で右折する。シェルターを抜けると、それほど広くない道路だが、県外車や観光バスとすれ違うこともある。時期によっては駐車場が混んでいる。今は車が通れる道が通っているが、かつては夕陽庵からは南方の越から上る参道が利用されたという。

霊松寺は、室町時代初期の応永11年（1404）に実峰良秀《じっぽうりょうしゅう》禅師を開山とし、曹洞宗として信濃国内で初めて開かれた寺院である。開基は、往時仁科郷を治めていた仁科盛忠。『霊松寺記』によると、現在に至るまでに次のようなエピソードが残る。

――明徳4年（1393）の春に実峰良秀禅師の夢枕に諏訪大明神が立ち、ここに曹洞宗の寺院を建立するよう勧めた。禅師は仁科のこの地を訪れ、松樹の下の巨石に座禅を組んだ。その夜、仁科盛忠・盛国親子の夢枕に諏訪大明神が立ち、禅師の遠来を告げた。驚いた盛忠親子はすぐ山に入り、禅師と寺院建立などについて話し合った。開山はそれから11年後となるが、この地に古くからあった天台宗の方正院という寺院を利用。その後、仁科氏の滅亡とともに衰微したが、江戸時代初期、慶安年間（1648～52）に幕府から10石の朱印を賜り、本堂をはじめ庫裏、山門、衆寮、開山堂、禅堂、鐘楼等の七堂伽藍をそなえた大寺院となった。が、弘化4年（1847）の、いわゆる善光寺地震で七堂伽藍はことごとく倒壊、炎上……。ほどなくして復興が進み、とりわけ30世住職・安達達淳《たつじゅん》の尽力もあり、山門の移築、本堂の再建等も進んで寺観が

観勝院から移された霊松寺山門（長野県宝）

整った——。なお、達淳については後段でふれる。

訪れたのは10月下旬の午後。駐車場から歩いて山門前に行くとカメラを構える人だかりができていた。

現在の山門は明治11年（1878）に松川村の三十番・観勝院から移築され、平成5年（1993）に長野県宝に指定された。この山門が観勝院で建立されたのは、嘉永5年（1852）である。大工棟梁は諏訪の藤森廣八、脇棟梁は水内の和田大蔵が務めた。移築時、境内の地形などを考慮して東向きから南向きへ90度回転して再建された。上層蟇股内の十二支が90度ずれているのがその証拠であるといわれる。

山門脇にそびえる大木オハツキイチョウは市天然記念物。「お葉付き銀杏」の意味で、葉の上に実を結ぶのだという。この銀杏には「子宝に恵まれる」というご利益があるとのこと。境内や周辺はちょうど紅葉の始まり。カメラマンの多さ、駐車場の混雑も、ここで納得した。

廃仏毀釈に抗った達淳住職

早速本堂前に進む。訪問日は幸運なことに本堂と庫裏が無料公開されていた。多くの見物人がいたので、小さな声でご詠歌を唱える。

本堂内に足を運ぶと、檀家さんであろうか、数人を案内して本堂・庫裏内を巡っている。本堂は明治16年の建立。本堂外陣の天井には市川月静による龍の絵が描かれている。いわゆる「鳴き龍」で、私も試しに手をたたいてみたら、鳴いた。月静は天保3年（1832）に山形村で生まれ、長じて江戸に出て狩野派・樋口探月に師事、維新の動乱期に帰郷した。自らが辰《たつ》年生まれということもあり、雲龍を得意として多くの作品を残した。この天井絵は5間×20間の大作である。

続いて庫裏へ。弘化4年の善光寺地震では、霊松寺は灰燼《かいじん》に帰した。30世住職・安達達淳が文久3年（1863）に住職に就き、寺の再建に当たった。訪れた庫裏も、慶応年間に達淳の尽力で再建されている。間口10間×奥行20間、面積200坪に及ぶ壮大な規模を誇る。

　さて、明治という新しい時代を迎え、3年（1870）8月から松本藩は廃仏毀釈を強行。霊松寺も例外ではなかったが、藩吏の詭弁《きべん》に対して達淳は猛然と反論し、論破した。とりわけ、岩崎八百之丞《やおのじょう》に対しては白装束で、短刀を載せた三宝を持って対峙《たいじ》し「地獄極楽は此世のものにあらず、唯今御目に懸くるにつきて、愚僧は已に身を清め用意を整えたり、貴官もこれより御用意あるべし」と迫った。その結果、岩崎が「よし、下がれ」と言った下りはよく知られている。

安達達淳肖像画
＝霊松寺リーフレットから

達淳の隠れ部屋

　しかし、達淳は反抗のかどで謹慎の身に。庫裏の2階には隠れ部屋があるが、達淳はこの隠れ部屋から寺を抜け出し、檀家の協力でひそかに旅費を調達、裏山伝いに松代領の新町（現・長野市信州新町）に抜けて東京に至り、時の政府に廃仏毀釈の愚を訴えたのだという。こうして霊松寺は廃寺を免れた。
　同4年、廃藩置県で松本藩は松本県になり、さらに筑摩県となったため廃仏毀釈策は終わりを告げた。達淳はその後も旧藩領内を巡回し、廃寺の復興に意を注いでいる。この隠れ部屋は、いずれにしても達淳の、時の政府による仏教弾圧に抗した生きざまを今に伝えている。庫裏をまだ見学したかったが、日も傾き肌寒くなってきたので、再び山門前へ。シャッターチャンスを狙う写真愛好家が大勢いた。
　平成16年、開創600年記念事業の一環として建築された鐘楼前からは、大町市街地を一望できる。眼前に迫る北アルプスの山々に圧倒されながら帰途につく。

市川月静の天井絵「鳴き龍」

廃仏毀釈と路傍の石仏

神仏分離―廃仏毀釈というと、寺院の破却、仏像や仏具の廃棄などが想像されるが、驚くことに路傍の石仏までもが廃棄の対象になっていた。

安曇野市文書館所蔵の資料に「明治四年正月松本藩石地蔵等取捨並道祖神神社地移転回状」（明治4年＝１８７１）がある。これによると、路傍の「仏名題目ノ石塔・供養塚・石地蔵」などは神仏混淆《しんぶつこんこう》の文字を削って取り棄《す》てろ、「御嶽大権現」も同様に扱え、と。これに対し道祖神は「猿田彦・天鈿女両命ニ候間、差向其処の社地エ相移し候様可致事」とある。道祖神は猿田彦命・天鈿女命《あめのうずめのみこと》の二命であるので、祀《まつ》られた場所周辺の神社地へ移せば、廃棄されずに済んだと解釈できる。

明らかに神社地に移され保護された事例は容易に見いだせないが、その一つに山形村上竹田の建部社の双体道祖神1基がある。この道祖神は上波田村（現松本市）の若澤寺《にゃくたくじ》が廃仏毀釈で廃寺になった際、いったん同村の筑摩三十番・盛泉寺に移され、ここから上竹田の若者が仲間と力比べをしながら、氏神である建部社に持ち込んだという。

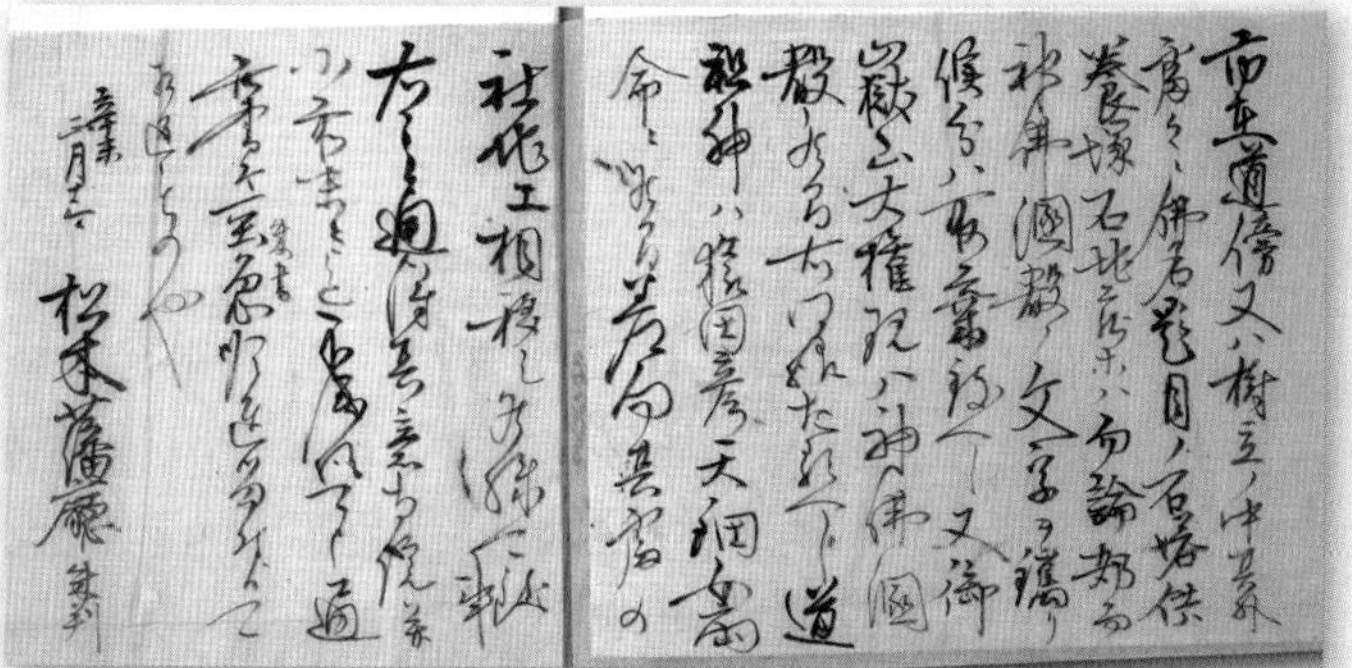
松本藩石地蔵等取捨並道祖神神社地移転回状＝安曇野市文書館蔵

松本の城山では、若者たちが無数の石塔を力まかせに谷底へ投げ棄てた。打ち壊された石像類は道路普請をはじめ、堤防や石垣の下積み、溝や小河川の石橋などにされたという。また惣社《そうざ》村（現松本市）では明治6年（１８７３）に村の石仏等が売却された記録（「明治六年九月筑摩郡惣社村郷中石仏売払帳」）が残る。

――廃仏毀釈、恐るべしである。

建部社の双体道祖神

我願ひ 三つの車の 牛立や
法得て広き 道に遊ばん

十九番 牛立《うしたて》（薬師寺）

大町市社松崎

牛でやって来た静御前の伝説

十八番・霊松寺からは「三日町」交差点に出、農免道路を社《やしろ》まで南下すると、県道55号と交差する。左折し、農具川を渡って脇道へ、最初の交差点を左折してしばらく進む。右手に「仁科十九番牛立山薬師寺」の標柱。この松崎地区から安曇野市明科押野あたりまでは段丘が連なる。この段丘上には、古代からいくつかの集落が発達してきた。

薬師寺はかつて「松崎の薬師堂」として親しまれた。この境域となっている牛立（丑館）は弥生時代の遺跡であり、中世には仁科氏にかかわる居館があった。創建は、長元9年（1036）に卒した藤原保昌の菩提《ぼだい》を弔《とむら》うため、居館を保昌院少林寺と号したことと伝えられる。

ところで、牛立という地名には次のような伝説がある。

――兄・源頼朝に追われて奥州にいる義経を訪ね、静御前とその母・磯ノ禅尼が牛に乗ってこの地にたどりついた。しかし、長旅の疲れで牛は倒れてしまい、どうにも動かない。静御前は心せくままに「牛や立て、牛や立て」と介抱したが、牛は息絶えてしまった。その後、この地を牛立と呼ぶようになり、ここの薬師を牛立薬師と呼ぶようになった――。鎌倉時代に思いをはせる話だが……。仁科氏の居館があった館之内からみて「丑《うし》の方向であった」というのが本当のようだ。

元文年間の仏閣帳には、堂守は霊松寺弟子の真渓という人物で、「薬師堂　三間四間茅葺　霊松寺支配　本尊　御丈　七寸五分　春日ノ御作」、さらに「堂地　東西へ十八間　南北へ二十八間　静御前守本尊」とある。時代が下って明治39年（1906）には、記されていた茅葺き

牛立山薬師寺

伝静御前の墓

の薬師堂や静御前守本尊は、残念ながら焼失している。

参道入り口から、立ち並ぶ西国三十三番観音に迎えられながら本堂まで歩く。本堂前でご詠歌を唱え、裏手へ。伝静御前の墓という「観融院静圓妙止大姉」と刻まれた墓碑が立ち、文治5年（1189）建立とある。この墓碑は『善光寺道名所図会《ずえ》』に「静の碑」として描かれている。先にふれたように「静御前」「牛」云々《うんぬん》の話は「?」だが、どことなく伝説の世界に心が誘われる。

後ろ髪をひかれながら本堂前へ戻る。左手に明治39年建立の「牛立薬師堂再建紀念碑」が目に入った。さらに大北理美容師会が昭和36年（1961）に建てた「毛髪供養塔」（同45年再建）も。毎年10月の第1週には毛髪に感謝し、顧客の健康や理容業界の発展を願って毛髪供養祭が行われているとのことである。

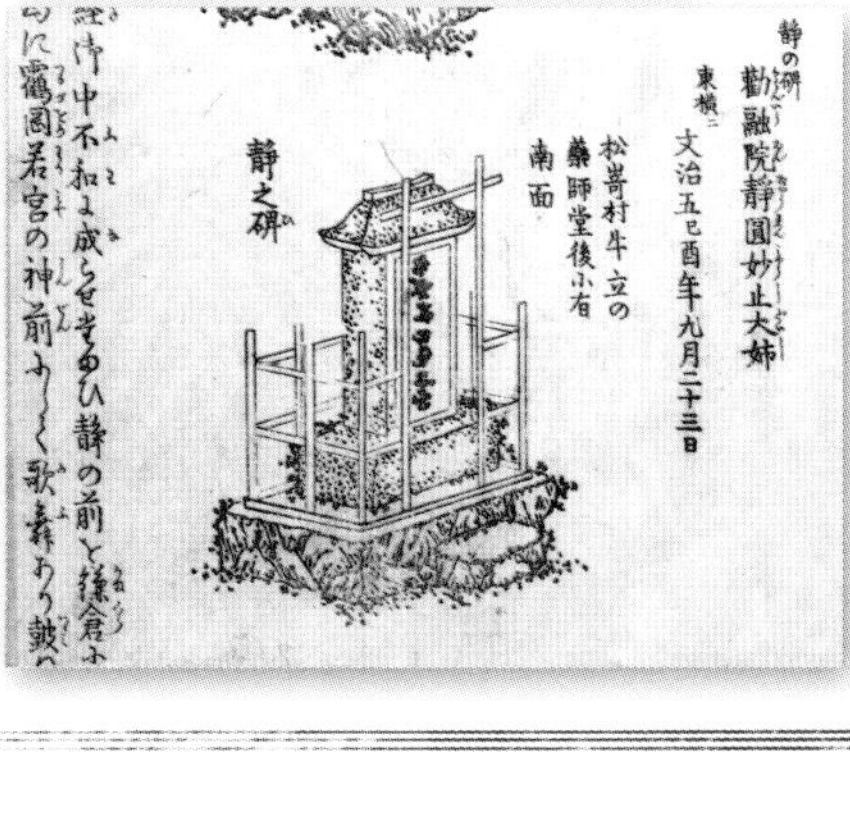

善光寺道名所図会の「静の碑《ひ》」

石《いわ》はしる　高瀬の水は　たかけれど
こえて木舟の　山もとの寺

二十番　浄福寺《じょうふくじ》（木舟薬師堂）

大町市社木舟

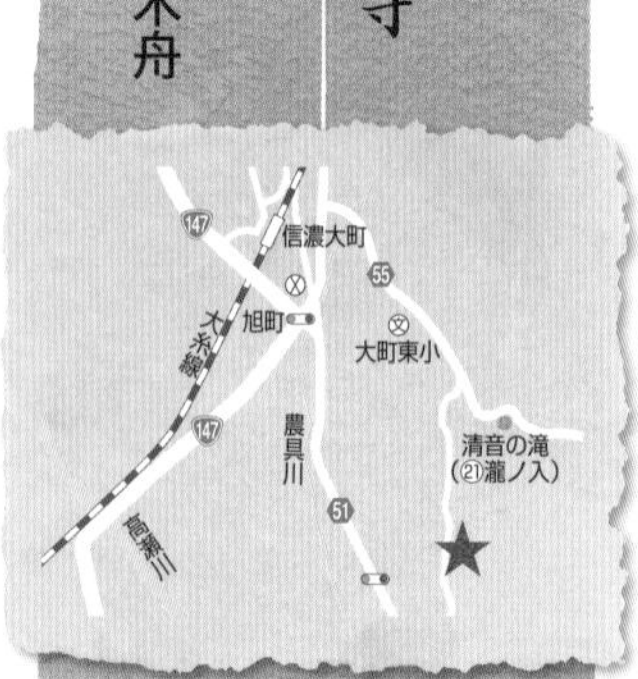

弾誓寺の前身 高台の平坦地

十九番・薬師寺からは南下し、県道55号に出て左折する。松崎公民館、大町東小学校を過ぎ、「常光寺入口」バス停手前を右折して道なりに進む。「常光寺」バス停も通し越してほどなくすると、少し高台に堂が見える。ここが浄福寺（常福寺）跡、木舟薬師堂である。

　この道は千国街道（塩の道）で、池田町方面に通じる。南から行く場合は、県道51号の「木舟下」バス停を右折して坂道を上り、山下集落センター前を左折して北に進むとたどり着く。わかりにくいため私は2度ほど通り過ぎてしまった。

　浄福寺は天台宗で、仁科氏が興隆期に、祈願所として建立したという。木舟集落の背後にある一段高い平坦地が寺跡である。仁科氏が鎌倉時代中期以降に居館を館之内から大町に移すと、この寺も大町に移り、二番・弾誓寺の前身の寺となった。ちなみに浄福寺が弾誓寺となったのは、万治年間（1658〜61）である。

　もっとも、この時は全てが移転されたわけではなく、建物や一部の什物《じゅうもつ》が残され、寺としての体裁は保っていた。しかし、寛永年間（1624〜44）に火災に遭い、灰《かい》燼《じん》に帰してしまった。復興は慶安2年（1649）で、二十六番・浄念寺（浄土宗、池田町）の末寺となっている。元文の仏閣帳には「浄土宗　浄福寺　四間六間かや葺」「本尊　薬師　御長三尺八寸」などと記されている。大町に移る前の規模は不明だが、小さな規模の寺であったことがわかる。その後、木舟集落の人々により信仰されたが、明治初年に廃寺となった。『筑摩県廃寺取調帳』（明治8年）

天気がよいときの薬師堂からの北アルプス眺望

には「浄土宗　安曇郡池田町村浄念寺末　無住無檀　木舟村　常福寺」とある。

道路から階段を上って高台へ。

木舟薬師堂

平坦な北側の一角に薬師堂が立つ。堂正面に「常福寺　仁科殿　祈願所」の大きな額が掛かっている。薬師堂前でご詠歌を唱える。後ろを振り返ると北アルプスの眺望が素晴らしい……はずだが、訪問日はあいにくの小雪で、山々は見渡せなかった。平坦地西側には三十三番観音像や二十三夜供養塔、庚申塔などがある。薬師堂裏手にも墓石や石仏。庚申塔は、思った通り木舟の「庚申講中」の方々が昭和55年（1980）に建てたものであった。なお、本尊薬師如来立像は市有形文化財、先の元文の仏閣帳にある「本尊　薬師　御長三尺八寸」とあるが、これだろう。寛永年間の焼失後に出土した鉄鰐口は国の重要文化財で、現在は大町山岳博物館に保管されている。

　帰り道、大町市から池田町に入ると不思議と小雪はやみ、空は明るくなった。

棲む龍の　さしくる玉か　滝津瀬の
岩に砕くる　浪の光は

二十一番　瀧ノ入《たきのいり》

大町市社常光寺

清音《きよと》の滝　岩に観音の線刻

二十番・浄福寺からは大町東小学校方面、北に向かって進み、県道55号に出て「常光寺入口」バス停の前を右折、八坂方面に進む。進行方向の右下に滝の沢が流れる。滝つぼが目印とのことで県道を進むがわからず、かなり先でUターン。今度は県道を大町方面に下る。沢が少し広くなっている場所を発見。県道から沢に下りると「第二十一番滝ノ入観音」と読める標柱が、朽ちて倒れていた。ここが瀧ノ入のようだ。先の三差路からだと200～300メートルほどだろうか。

この滝は「清音の滝」。常光寺集落の裏山に当たるようだ。大きな安山岩の間から流れ落ちる滝は高さ約10メートル、幅約2メートル。ご詠歌に「巌に彫付け有」とあるが、周囲を見渡してもすぐには見つからない。ふと落ち口の右にある岩頭を見ると、観音坐像らしきものが線刻されている。これが瀧ノ入観音のようだ。いつ、誰が彫ったのかは不詳。

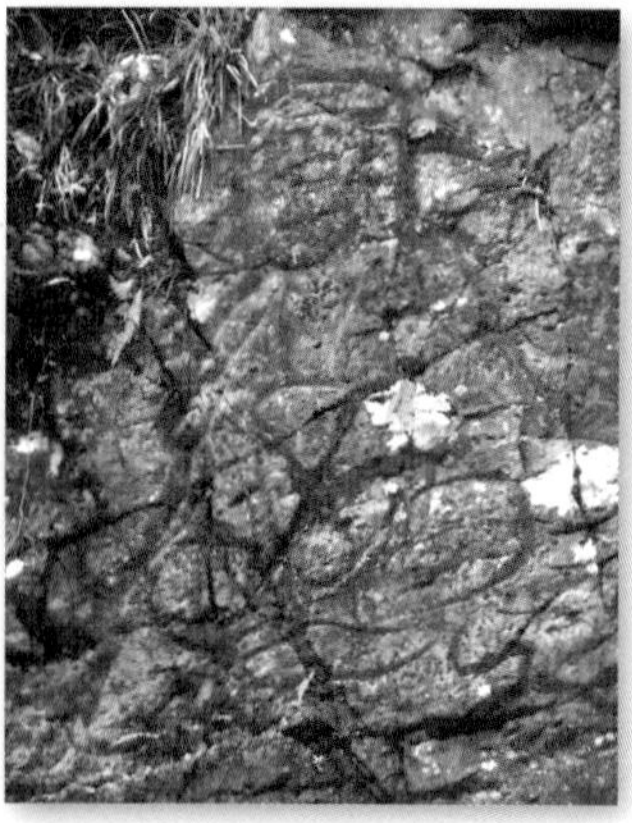

観音坐像らしき線刻

さて、『善光寺道名所図会《ずえ》』にも、清音の滝が挿絵とともに紹介されている。ここには「清音の滝　常光寺村横川氏が裏の山にあり、吐口《と》の嶮《けん》巌《がん》に仏像の形あり、苔《こけ》むして鮮《あざやか》には見え侍らず、俚俗《りぞく》滝の入観音と称して信濃二十一番の札所なり……」とある。名所図会による限り、江戸時代末期頃にはすでに観音様の線刻があったことは間違いない。

訪れたのは11月下旬の土曜日。再び沢に下り、線刻の下でご詠歌を唱える。県道から15メートルほど下りただけだが、何となく別世界のような感じがする。そういえば、「名所図会」の挿絵はいかにも深山幽谷のように描かれている。この場所は、札所巡りの旅を癒やす休憩所の役割はもちろんだが、流れる清冽な水と滝の音で詩情を育むところでもあったのだろうか、ここには前の内大臣・三條公修《きんのぶ》の歌碑と、松尾芭蕉の句碑「ほろほろと山吹散るや滝の音」が立つ。公修は三條実美の祖父である。この句碑は芭蕉百回忌にあたり、寛政5年（1793）10月13日に常光村の俳人・青雅《せいが》が建てた。青雅は本名を横川弥一右衛門といい、村の庄屋であった。

清音の滝。外界から離れた別世界の雰囲気

　1月下旬、雪景色をと思い、再び清音の滝に足を運んでみた。考えが甘かった。県道も雪道で、ガードレールが途切れた下り口も雪で埋まっていた。小雪が降り寒いので、ご詠歌も唱えずに引き返した。訪問は初夏の頃がよさそうだ。

善光寺道名所図会に描かれている「清音の滝」

紫の　雲のうてなか　咲きかかる
藤尾の寺の　花のさかりは

二十二番　藤尾山　覚音寺《かくおんじ》

大町市八坂藤尾

3体の重文仏像　御利益多く

二十一番・瀧の入からは県道55号を八坂方面へ。トンネルを抜けると相川地区に入り、そのまま少し進むと「藤尾覚音寺入口」の案内板がある。右に折れると下り坂となり、しばらくは人家があるが、そのうち細い道になる。ぐるぐる下りながら藤尾の集落に着く。大峰山の東斜面、ほぼ四方を山に囲まれたような場所で、文字どおり山深い地だ。人家もまばらなので、寺はすぐわかる。11月下旬に訪れた。

「金峯山修験本宗　覚音寺」と書かれた木札が掛かる礼堂前でご詠歌を唱える。人の気配がなく、礼堂内を撮影してから礼堂の裏へ。コンクリート製の建物の入り口はガラス戸なので、内部が見える。立派な仏像が3体並んでいる。中央が本尊の木造千手観音立像、向かって右が脇侍の木造多聞天立像、左が同じく木造持国天立像。いずれも国の重要文化財である。

この寺は「藤尾の観音様」と呼ばれて親しまれ、寺の本尊は先述の木造千手観音立像である。この立像は、明治末年まで「日見ずの観音様」と呼ばれ、秘仏とされてきた。この観

覚音寺礼堂をのぞむ

音様に詣でれば、災難を除け、病苦を平癒でき、さらに馬の出産や病気にも霊験あらたかといわれた。

　人声が聞こえたので、礼堂前に戻る。声の主は、與儀《よぎ》龍祥住職（55歳）であった。お願いして重要文化財の仏像を見せてもらえた。この建物は「皆さんのおかげで、平成2年（1990）5月に本堂兼収蔵庫として新しくなりました」という。

本堂に安置される３体の仏像（国重要文化財）＝『松本平の神仏　百柱をたてる　空即是色・千住博』平成19年所収

「無邪気のいる寺」表情和やか

　住職の案内で本堂内へ。千手観音立像胎内にある木札の内容を教えてもらった。木札には「信州安曇郡御厨《みくりや》藤尾郷覚薗寺」「大施主平朝臣盛家」「治承三年」などとある。古くには、この寺は「覚薗寺」と書かれ、盛家とは仁科盛家のことで、彼がその妻子とともに施主となり、この像を造立したという。「持国天の足元を見てください。邪鬼は苦しんでいないでしょ。この寺は、無邪気のいる寺なんです」と住職。よく見ると、踏まれている邪鬼の表情は何となく和やかで、無邪鬼ということか？

　最後に仏像3体の撮影をお願いしてみた。住職は「う～ん、チョッとそれは……」と困惑。「しかし、ぜひ無邪鬼については紹介してください」と笑顔になり、帰りがけに「撮影をお断りしたので」と、カラー図版入りの本『藤尾覚音寺』（1990）をもらった。

　覚音寺は平安時代中頃に快尊上人により創建され、天台宗の寺として十二坊を配したと伝えられる大寺院であった。明治維新後に廃寺となり、明治45年（1912）には隣家の火災で類焼した。この時、秘仏で厳重に閉じられていた観音像の厨子の扉がひとりでに開き、駆けつけた人びとの手により3体の仏像などが運び出され焼失を免れた。人びとは「なぜ開くはずのない扉が自然に開いたのか」と観音様のあらたかな霊験と結びつけ、語り合ったと伝わる。その後、昭和23年（1948）に寺格を復活し、現在に至っている。

枯れし木に　花咲く誓ひ　あるものを
希《ねが》ふ心は　ひらかざらめや

二十三番　来鳳山　成就院《じょうじゅいん》

池田町広津平出

代々松本藩主が重視した寺

二十二番・覚音寺からは県道55号に出て、相川トンネル手前を大峰高原方面へ南に進む。池田町に入ると大峰高原白樺の森、七色大カエデがあり、県道274号に出る。ここまではよいのだが、成就院への道がわかりにくい……。結局、町営バスの「平出入口」停留所まで進む。ここには「成就院入口」と刻まれた石柱があり、それに従って坂道を下る。間もなく成就院の伽藍が見えてくる。寺は東南に開けた山腹にあり、三方を山に囲まれている。初めて成就院に向かったのは11月下旬の午後3時頃。太陽はすでに近くの山に隠れようとしていた。

本堂と庫裏

成就院は『信府統記』に十一番・大澤寺の末寺で、「日岐ノ城主丸山肥後守」が「明應年中日岐村ノ内ニ寺ヲ建テ來鳳山成就院ト号」し、最初は臨済宗であったが、天文9年（1540）に「北山ノ内平出村ニ移」して大澤寺の末寺になった、とある。寺伝には、天文年間（1532～55）に日岐城主丸山肥後守盛慶《もりよし》が中興した——とされ、合わない点もあるが、その始まりは中世の初めまでさかのぼるという。

大門をくぐって石段を上る。右手には「仁科三十三番成就院」の石柱が立ち、ご詠歌が刻まれている。寺域に立つ沿革によると、開創は元亨元年（１３２１）、天文19年（１５５０）に中興開山。江戸時代は檀家２０００以上を数えていた。明治初年に廃仏毀釈に遭い、さらに火災で伽藍を焼失。しかし明治15年（１８８２）に本山・大澤寺の住職らの尽力で復興された。

まず本堂前でご詠歌を唱える。寺域は意外に広く、また、電柱が地中化されていて、景観が整えられている。すぐ西に山があるため北アルプスは望めないが、南側は開けていて美ヶ原や鉢伏山を望める。

沿革には「朱印三十石を賜った」とあり、小笠原貞慶《さだよし》以来代々の松本藩主がこの成就院の保護を行ったことは、山中にあったこの寺の重要さを物語っている。少し歩き回り、本尊・観世音菩薩に冥福を祈って建立された、先の大戦で戦病死された人びとの「慰霊彰徳牌」を発見。ここでも手を合わせた。

帰りがけに、夏目俊洋住職の奥さまから、今では珍しくなった大きなマッチをもらった。「來鳳山成就院」と書いてある。「座禅会もありますから、またお出掛けください」。明るく気さくな方である。

再び県道に出て池田町の市街へ進むと、「池田町５丁目」交差点に出る。成就院に行くには、ここからのアプローチがわかりやすい。

３月中旬、大雪の後に再び成就院へ向かい、本堂前でご詠歌をそっと唱えた。

成就院遠景

神がきも いかで隔てん 永き世の 闇路を照らす 法の月影

二十四番 金峯山 神宮寺《じんぐうじ》

大町市社宮本

国宝神社の境内にある寺

二十三番・成就院からは池田町中心部の「池田5丁目」交差点まで下り、右折して県道51号を大町市方面に北上する。大町市に入って間もなく、右手に「国宝仁科神明宮８００ｍ」と記された大きな看板が目に入る。右折して道なりに進むと宮本集落。右折して東に入ると仁科神明宮である。

神宮寺は『信府統記』に「高野山西禅院ノ末寺」で、大町組の宮本村にあり、「仁科氏代々ノ祈願所」で、開基年代はわからないが、「本尊ハ十一面観音ニテ弘法大師ノ作」とある。山号「金峯山」は松本市の牛伏《ごふく》寺《じ》の山号とも同じで、いかにも修験との関わりが深そうに思える。

ここに限らず、一般に神宮寺とは神社に付設して置かれた寺院のことである。奈良・平安時代に展開した神仏習合思想により神前読経の目的で設けられ、多くは真言・天台両宗に属した。松本、安曇地方では、穂高神社や松本市の御射《みさ》神社、筑摩《つかま》神社などにも付設されていた。明治初年の廃仏毀釈で神社から独立するか、または廃寺となった。

駐車場から神社境内へ。参道の左手、社務所の裏手周辺が、かつて神宮寺の置かれた場所だろうか。「仁科二四番神宮寺」の木柱が立つ。こ

神宮寺跡

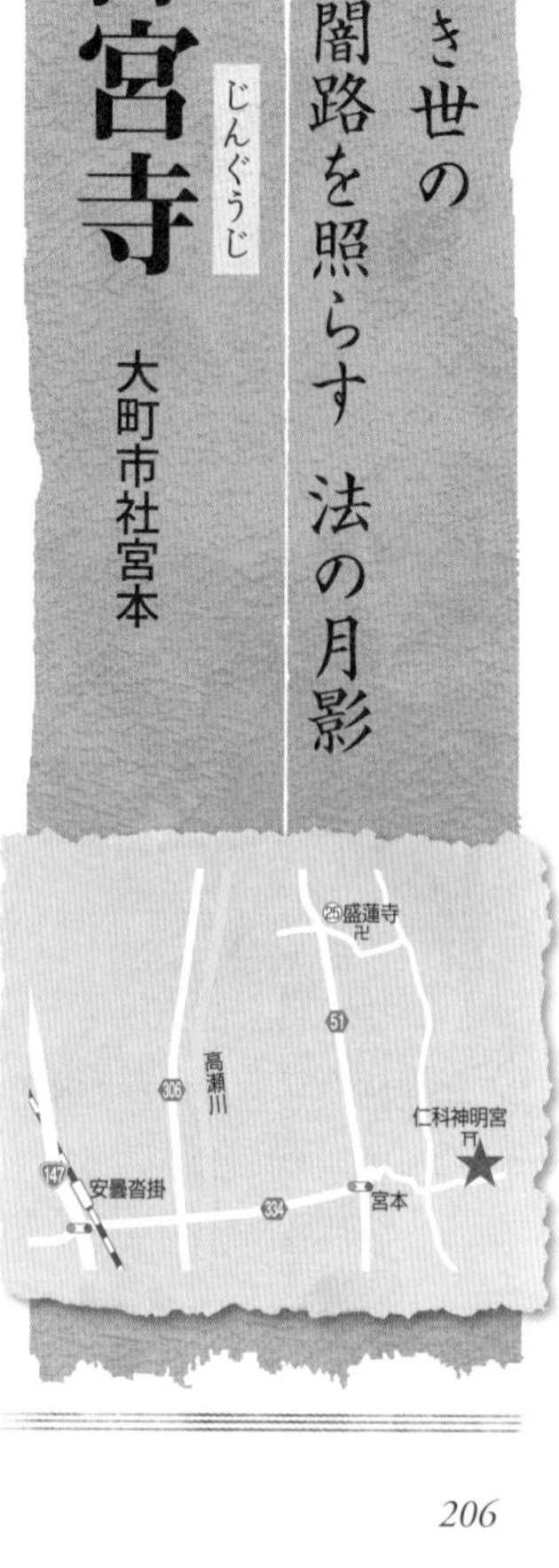

の木柱以外、神宮寺に思いを馳せるものはないようなので、ここでご詠歌を唱える。

仁科神明宮の前景

神明宮は『善光寺道名所図会《ずえ》』では「宮本神明宮」として記され、挿絵に神宮寺が描かれている。この挿絵だと規模がわからないが、元文5年（1740）の神社仏閣帳に、本尊は十一面観音、御たけ6寸、客殿は8間3尺×6間、庫裏は11間3尺×5間、上門は9尺5寸×6尺、下門は9尺——とある。せっかくなので、仁科神明宮も参拝。本殿、中門、釣

善光寺道名所図会に描かれている宮本神明宮

屋は国内で最も古い神明造りの形を残しており、堂々の国宝である。これらの建造物、社叢《しゃそう》を含め、約10ヘクタールが郷土環境保全地域となっている。

　さて、神宮寺は廃仏毀釈で廃寺となり、明治6年（1873）に建造物、仏像、仏具などの一切と、田畑が処分された。翌年、旧本堂は宮本学校として再利用された。社小学校沿革誌には「明治七年三月、神宮寺廃止ニツキ、修繕ヲ加ヘテ校舎トシ、宮本学校ト称シ、テーブル、ベンチヲ新調シ、児童ハ腰掛ニテ学習スルコトトナリヌ」などとある。同18年には池田町の二十六番・浄念寺に売られて、平成29年（2017）まで同寺の本堂として使われた。

　仁科神明宮はこうして、神宮寺を廃して今のような神社一本の姿になった。本尊の行方は知れないままだが、不動明王立像などは二十五番・盛蓮寺に移されている。

濁る世に　染まぬ心は　この寺の
清き蓮《はちす》の　色香ならまし

二十五番　源花山　盛蓮寺《じょうれんじ》

大町市社曽根原

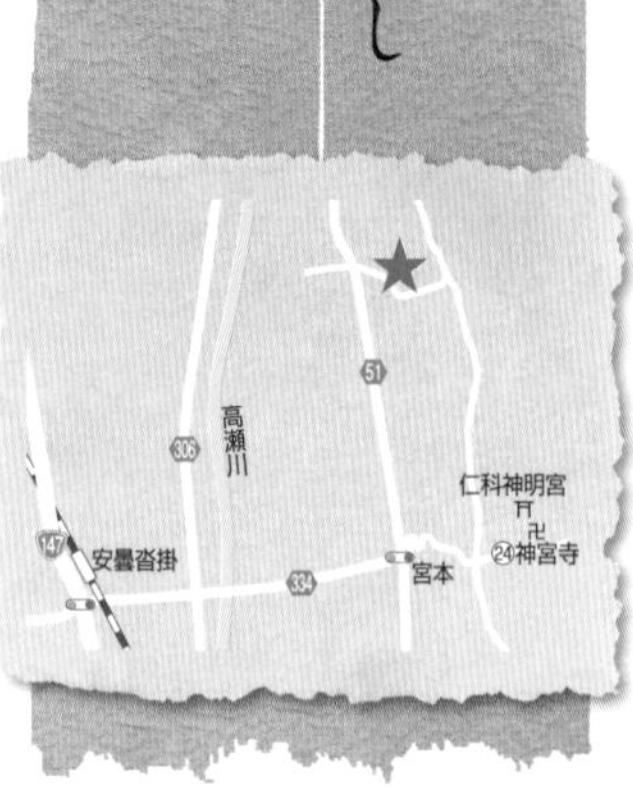

松本城天守より古い観音堂

二十四番・神宮寺（仁科神明宮）からは北へ1・5キロほど進む。市民バスふれあい号「曽根原」停留所を左折し、道が二手に分かれるので右に進む。しばらくすると右手に盛蓮寺が見える。このあたりは曽根原集落の西端で、明科押野に至る段丘上にある。

『信府統記』に盛蓮寺は「高野山遍照光院ノ末寺」で大町組の曽根原村にあり、寺の「如意輪観音ハ行基ノ作」とある。続けて、のち天福年中（1233～34）に平盛任という人物が木曾義仲の菩提《ぼだい》を弔《とむら》うために堂を建立した、とある。しかし寺伝によれば、寺は古くは大峰山の中腹にあり、のちに閏田《うるうだ》集落の北東・山寺の地に移り、最後は鎌倉時代中頃、仁科盛遠《もりとお》によって現在の場所に移されて落ち着いた。

重要文化財の観音堂

山寺では昭和34年（1959）に蔵骨器などが出土。平成15年（2003）には発掘調査が行われ、寺院や墓地の跡が明らかになっている。高野山遍照光院は、元は仁科氏と大変関係が深く、調査結果からも、仁科氏の祈願寺の一つであったとみられるという。

右手に山門を眺めながら、西側から駐車場に入ると、平成17年建立の「仁科二十五番　源華山盛蓮

山門から本堂をのぞむ

寺」と刻まれた大きな石柱がある。振り返ると、段丘上だけあって北アルプスの眺望が素晴らしい。南側に回ると山門手前でこいのぼりが泳いでいる。

あらためて山門をくぐり、境内に入り直す。本堂庫裏前でご詠歌を唱え、観音堂へ。この観音堂は昭和24年の重要文化財指定。大町市教育委員会の説明板には、建立年代は古文書に文明2年（1470）と伝えられており、その頃とみてよいと書かれているから、550年ほど前の建造物ということになる。松本城天守よりも古く、この地方の寺院建築では最古の建造物かと思うと、少し緊張する。桁行3間×梁間《はりま》3間の寄せ棟造で、屋根の頂上は短い箱棟になっている。

昭和40年に解体修理工事を行い、建立当時の状態に復元されたが、屋根は保存を考え茅葺きから銅板葺きとしてある。観音堂は境内の東側、一段高い場所に立つが、修理前は少し北寄りの場所にあった。

二十四番・神宮寺もそうだが、本書で紹介する寺院は明治初年の廃仏毀釈で廃寺になったところが多い。この盛蓮寺は例外の一つ。神宮寺から不動明王、薬師如来などを引き取っているが、本尊・十一面観音の所在はわからない。

彼の国を 希《ねが》ふ心や 到るらん
ここを去ること 遠からずして

二十六番 聖向山 浄念寺《じょうねんじ》

池田町3丁目

強い思いで廃寺から再興

二十五番・盛蓮寺からは県道51号に出て池田町方面に向かう。町内に入り「池田3丁目」交差点を右折後すぐに左折、小路を進むと右手が浄念寺である。表通りから入った場所で、ひっそりとした感じがする。

『信府統記』には、浄念寺は「知恩院ノ末寺」で池田組の池田町にあり、「開基ハ大永元年」「国主仁科安芸守平朝臣盛政ノ代」、続いて「開山ハ崇蓮社徳誉上人」で、2軒ある「寮舎」をそれぞれ門生軒、見生院と呼ぶ、とある。大永元年は1521年。類書によってやや年次的に差があるが、この年が開基のようだ。なお、寮舎とは修行者などの宿舎である。

町役場駐車場から少し歩いて寺へ。鐘楼を兼ねた山門の左手では、かわいらしい六地蔵が出迎えてくれる。山門をくぐり、本堂前でご詠歌を唱える。庫裏は北側にあり、寺域は広くはなくコンパクト。江戸時代には、建物が11間3尺×7間の本堂と、11間半×6間の庫裏があったと記録される。また、この寺には大町の四番・西岸寺、木舟の二十番・浄福寺、池田の常光院・内鎌の地蔵堂の4末寺があった。しかし、安政3年（1856）11月に起きた大火で伽藍は焼失した。

山門から本堂をのぞむ。本堂は神宮寺の旧本堂

明治初年、浄念寺も松本藩の廃仏毀釈政策で廃寺となった。その後、明治16年（1883）に住職・熊井嶺二が再興発願者となって東奔西走、旧檀信徒の強い願望と相まって実を結び、同年3月に再興。廃寺となった二十四番・神宮寺の旧本堂を買い取ってここに移し、新たに本堂とした。庫裏も民家を買い取ってこれに充てている。現本堂は、平成30年（2018）7月の竣工で境内の景観が一新した。

北安曇郡誌（1923）には寺域の様子が、境内887坪、本堂は間口奥行きとも4間、庫裏は間口11間×奥行き5間とある。今は本堂、庫裏のほか、鐘楼を兼ねた山門などがある。本尊は木造阿弥陀如来立像で、江戸時代中期の作と推定、町指定文化財である。また大町の二番・弾誓寺の住職・木食山居《もくじきさんきょ》の作による木造如意輪観音坐像も同寺に安置されており、これも町指定文化財である。この坐像は池田町東町の二十八番・観音堂（通称・堺堂）で祀られていたが、事情があって浄念寺に迎えられている。

山門から新装なった本堂をのぞむ

鐘楼を兼ねた山門と六地蔵

影高き 法の林の 木がくれに
出づる泉の 水ぞ涼しき

二十七番 遍照山 林泉寺《りんせんじ》

池田町吾妻町

遺構は小さな稲荷社のみ

二十六番・浄念寺からは県道51号に出て明科方面へ。池田町1丁目を左折、すぐに右折して小路に入ると左手に社がある。このあたりは、かつて林泉寺があった場所である。この小路は、寺にちなんで林泉寺大門と呼ばれるそうだ。

『信府統記』には、林泉寺は「高野山遍照光院ノ末寺」で池田組の池田町にあり、「開基年代知レス」とある。が、天文5年（1536）の開創と伝えられる。天正5年（1577）、仁科盛信は林泉寺屋敷を高野山遍照光院に寄進している。遍照光院は仁科氏の祖・盛家の室である仏母尼以来仁科氏と関わりの深い寺であった。ご詠歌にも「仁科殿祈願所也」とある。なお、遍照光院の末寺がこの林泉寺のほかに4寺、泉福寺（安曇野市明科）、二十五番・盛蓮寺（大町市社）、光久寺（安曇野市明科）、神宮寺（小谷村）があった。

この場所は道幅が狭く、駐車場は見当たらない。残念だが、往時寺があったとは想像できない。安政3年（1856）に池田町は大火に襲われ、庫裏と仁王門は焼け残ったというが、それを思い描くことも難しい。今、遺構としてあるのは、寺の鎮守の神として祀られていた稲荷社のみ。小さな社殿前でご詠歌を唱える。この社殿は町指定文化財。見上げると「祭禮 大祭4月28〜29日、夏祭7月末、例祭10月19〜20日」などと手書きで板に書いてある。

明治維新後、廃仏毀釈によって林泉寺は廃寺になった。先にふれた遍照光院の末寺4寺が、いずれもこの危機を乗り越えたのとは対照的である。廃寺後、寺の遺構は池田学校の校舎として利用された。

社殿前の二十三夜塔

林泉寺跡の稲荷社

明治6年（1873）6月、筑摩県に創立願が出され、その翌7年に開校した。相沢寿胤が書いた図面によれば、土蔵のあった場所が校舎になっているという。堂と門は取り払われているが、本堂とそれに連なる建物は元のままのようである。図面から類推すると、本堂は間口10間×奥行き8間、連なる建物は間口7間×奥行き4間ほど。もちろん建物は現存していない。ここでも「寺院滅びて学校なる……」を実感できる。

社殿前には、稲荷社にふさわしい鳥居をはじめ常夜灯や禁札などが立つ。私は「二十三夜塔」と自由闊達《かったつ》な筆致で彫られた塔にひかれた。「嘉永六年（1853）癸丑三月吉日　八十八道奉□」（□は不明）とある。なお、林泉寺の本尊として不動明王立像（町指定文化財）が伝えられる。

頼もしな 田の面の稲葉 分け過ぎて 秋の稔りの 寺にゆく身は

二十八番 観音堂《かんのんどう》

池田町東町

住宅地の小さく簡素なお堂

二十七番・林泉寺からは小路を北に戻って右折。次の辻を左折して進み、右折すると左側に小さなお堂がある。ここが観音堂のようだ。堂前に「仁科 廿八《にじゅうはち》番」と刻まれた石柱が立つので間違いない。林泉寺から歩いて5分かからないほどである。

観音堂は通称「堺堂」と呼ばれ、元々はかなりの規模を誇っていたという。というのは、ここから東南方向の旧・花見村にあった、万治2年（1659）に廃寺となった堺山長福寺の観音堂を移したことによるようだ。なお、この長福寺は、現在ある金勝山長福寺とは違う。観音堂の始まりはこの年と思われ、二番・弾誓寺を開いた木《もく》食《じき》山居《さんきょ》の手による本尊・如意輪観音坐像も堂に迎えられている。

住宅地だけあって道幅が狭く、お堂前の道路は東側で行き止まりのようだ。堂の前を近所の人が歩いているので、消え入りそうな声でご詠歌を唱える。あらためて周辺を見渡してみるが、林泉寺と同じく、今となっては全くの住宅地だ。往時、ここにかなりの規模の堂があり、信仰の対象となっていたとは想像できない。

時期ははっきりとしないが、幕末から明治初年にかけて堂は火災で焼失し、ほぼ廃絶状態となった。しかし、如意輪観音坐像は難を逃れたようだ。二十六番・浄念寺でふれたように、面白いことにこの像は、明治16年（1883）に再興された同寺に迎え入れられた。その代わりと言っては語弊があるが、浄念寺からは観世音菩薩半跏像がこの観音堂に迎え入れられ、今に至っている。また像の高さも、前者の如意輪観音坐像は101セ

簡素な観音堂

ンチ、後者の観世音菩薩半跏像は28センチと好対照である。

札所巡りでは、寺院の他にいくつかの堂宇があるが、この観音堂は最も小さく簡素なものの一つである。それだけに、小さな本尊も含めいつまでも大切にしてほしいと思いながら、帰り際に少し大きな声でご詠歌を唱えた。

本尊・観世音菩薩半跏像＝『北安曇郡大町市寺院堂宇仏像写真集』昭和54年所収

二十九番　松川山　蓮盛寺《れんじょうじ》

松川村中村

咲きて散る　憂さもあらじな　法の庭
清き蓮《はちす》の　花の盛りは

改修本堂は松川学校に

この札所巡りは、今回から高瀬川右岸の地域に入る。二十八番・観音堂からは高瀬川を渡り、国道147号の「板取」交差点に出る。右折してJR大糸線信濃松川駅の前を過ぎて北に向かい、ほどなく左へ。道なりに進み、中村公会堂、東部公民館を過ぎて進むと左手に蓮盛寺がある。「仁科二十九番蓮盛寺」と刻まれた立派な石柱が立つ。

蓮盛寺は『信府統記』に「天文元年壬辰蓮盛和尚ノ開基ナリ」とある。天文元年は1532年。続いて、断絶の後に「中興ハ大和田大蔵丞盛久ナリ、享保九年マテ百九拾三年ニナル、本尊ハ薬師如来ナリ」。蓮盛和尚は穂高の等々力にあった真龍院（川西三十四番札所の六番）の何代目かの住職と思われ、この寺はもともと村西方の乳川に近い場所にあったという。また中興の大和田大蔵丞盛久は、二十九番・観勝院にも関係する人物であるが、仁科氏の支流に属した一人で、このあたりの地頭であった。

寺のある場所は、中村集落の北のはずれに位置しているようだ。訪れたのは7月上旬の暑い日。北アルプスから流れ出る用水の瀬音が涼しさを誘ってホッとする。ガタン、ゴトンと聞こえるので後ろ（東方）を振り返ると、大糸線の電車が松本に向かって走っている。

立派な石柱を眺めて境内へ。右手に馬頭観音をはじめ、10体ほどの石仏が祀られている。ここで手を合わせ、本堂前でご詠歌を唱える。享保11年（1726）の『松川組村々方角高家人数帳』によると、寺7間半×26間、庫裏8間×24間、薬師堂3間×4間、寺内東西1丁10間×南北52間とあるから、今では想像しがたいが、かなりの規模であったことがうかがえる。今は無住の寺であり、南側に墓地がある。

蓮盛寺も廃仏毀釈で廃寺となった。本堂は改修され、明治7年（1874）に松川学校となった。寺跡での学校は同24年まで存続したが、やはり、ここでも「寺院滅びて学校なる」という言葉が当てはまるようだ。

蓮盛寺の本堂をのぞむ

境内にある10体ほどの石仏群

世の人を 奨《すす》むる法の 教へより
外に勝《まさ》れる 道はあらじな

三十番 大和山 観勝院《かんしょういん》

松川村川西

山麓に墓石が並ぶ寺の跡

二十九番・蓮盛寺からは南に戻り、中村公会堂・東部公民館の交差点に出る。ここを右折して、西にまっすぐ進む。山裾を南北に走る道路に突き当たる。山麓に墓石らしきものが見えるので、この道路を交差して進むと道は行き止まりに。見渡すと、村教育委員会が設置した「観勝院跡」の説明板を発見。ここが観勝院があった場所のようだ。

説明板によると、このあたりが旧寺域で、永正年間（１５０４～

跡地から南東をのぞむ。手前は蓮池跡と思われる池

21）に十一番・大澤寺5世の功岩玄策禅師が開山とし、仁科氏の支族・大和田盛氏によって建立された、とある。ところで、この説明板や村誌などでは、寺号は「観」勝院と表記され、これが一般的のようだ。しかし、仁科三十三番ご詠歌の冊子だけは「勧」勝院になっている。ご詠歌は「『奨むる』法の」とあり、これの意味合わせれば「勧」勝院となるのだろうが……。今回は一般的な表記「観」勝院で統一する。

観勝院は『信府統記』に「大澤寺ノ末寺ナリ… 當院ノ開山ハ功

観勝院の跡地

岩玄策和尚ナリ永正十一年甲戌大和守平盛氏… 建立ニテ天文二年癸巳大和田大蔵丞盛久… ノ中興ナリ本尊ハ釈迦ニテ定朝ノ作ナリ」とある。天文2年は1533年で、大和田盛久は二十九番・蓮盛寺の中興にもかかわった人物である。盛久は仁科氏の支流に属した一人で、寺跡の裏山の尾根先に山城跡がある。

観勝院はこの村ばかりでなく、周辺の村々の支配者層ほかに500戸を超える檀家があり、なかなか寺勢だったようだ。当初の寺域の様子はわからないが、享保11年（1726）の「松川組村々方角高家人数帳」に記録がある。これによれば、寺は8間×11間、庫裏は9間×7間、山門は9尺5寸×9尺など。また寺域は東西22丁2間×南北4丁30間とあるように、寺域はかなり広かった。

観勝院は明治3年（1870）、廃仏毀釈で廃寺に。だから、この場所に立っても往時の寺観は想像できない。山門は嘉永5年（1852）に堂々たる姿に再建されたが、廃寺後の明治11年に大町市の十八番・霊松寺に引き取られ、現在は県宝。しかし、本堂その他は一切が破却・売却の憂き目に遭い、跡地は田畑となった。墓地はあるが鉄網で囲まれ、一見すると立ち入り禁止のようだ。鉄網まで近づいてご詠歌を唱える。墓地に向かって左手に池があり、コイが泳いでいた。これが蓮池跡なのだろうか。

有明の 山の高嶺の 月晴れて 流るる影も 清水の寺

三十一番 慈眼山 清水寺《せいすいじ》

大町市常盤清水

開基の頃は密教系の寺院

三十番・観勝院からは一度国道147号まで戻って左折、大町方面に北上。常盤の信号を左折、西に進み「清水原村」交差点を過ぎると信号がある交差点に出る。ちょうど三嶋神明社のあるところ。ここを右折すると「曹洞宗慈眼山清水寺まで1300メートル」という案内板。北に進むと今度は、左折して550メートルの看板がある。細い道を西に向かうと清水寺に出る。

『信府統記』で清水寺は「観勝院ノ末寺ナリ… 當寺ハ野田ノ清水寺ト号延暦二年田村将軍利仁ノ建立ト言伝フ中興ノ開基ハ観勝院五世竹庵和尚ノ隠舎トシテ元亀二年辛未建立セリ」とある。延暦2年は783年だが、この建立年は疑わしいようだが古い時代の開基であることは間違いないらしい。「野田」という場所は現在地から1キロほど西方で、寺伝によるとそれ以前にはより西の寺屋敷という場所にあった。

細い道を進み、寺の駐車場に入る。右側に「慈眼山清水寺」と刻まれた大きな石柱が立つ。本堂に向かうと、右側に「仁科三十一番札所清水寺」と刻まれた石柱。よく見ると、下方に「有明の……」と、ご詠歌も刻まれている。今までも「仁科○番札所」とある石柱はあったが、ご詠歌が刻まれているものは初めて見た。

本堂前でご詠歌を唱え、少し寺域を歩く。裏手に墓地があり、野田という場所があった西山が迫っている。さらに奥にも寺があったというから、開基された頃は密教系寺院だったという説もうなずけ

清水寺の本堂

二十三夜供養塔など

ようか。本堂手前左側には慈雲殿が設《しつら》えられ、その北に二十三夜供養塔ほか、いくつかの供養塔、南無阿弥陀仏碑が立つ。享保11年（1726）の「松川組村々方角高家人数帳」には本尊と寺域の広さなどの記録は残るが、建物について記載はない。

　現在の本尊は総高31センチ、像高13センチの木造十一面観音坐像である。また、清水寺には伝親鸞上人筆の「阿弥陀如来画」も所蔵されている。明治を迎え、この寺もやはり廃仏毀釈により廃寺となった。建物はしばらくの間、清水学校の校舎として利用された。

　最後に「清水寺」の読み方について。現在は「せいすいじ」だが、古くは「きよみずでら」と読んだかもしれない。山形村の清水寺も「慈眼山清水寺」であるが、読みは「きよみずでら」である。全国には百ほど「清水寺」の字を用いる寺院があるというが、「きよみずでら」と訓読みの寺院は少ないようである。

身を捨てて いらずば知らじ 仏崎
法《のり》の窟《いわや》の 深き心は

三十二番 窟《いわや》（観音寺）

大町市常盤泉仏崎

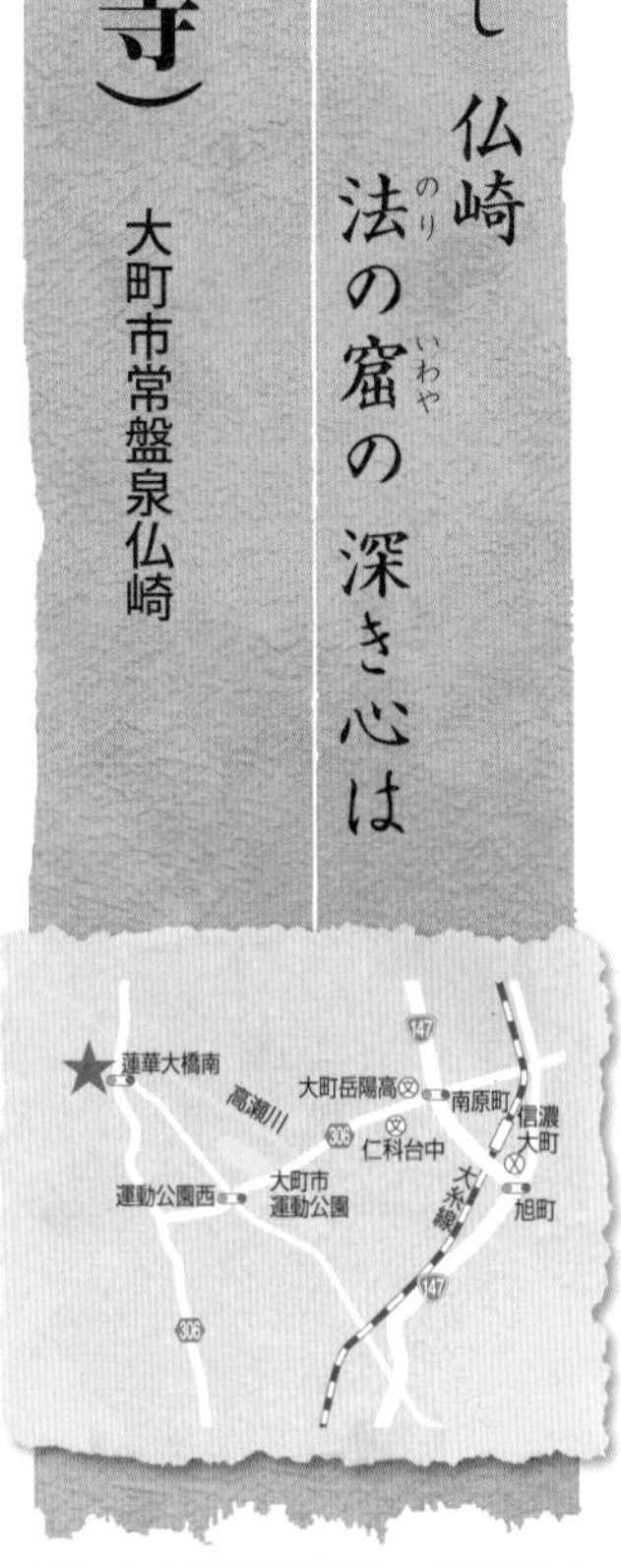

仏崎―水神信仰や馬の守護神

三十一番・清水寺からは「清水原村」交差点まで戻って左折。県道306号を北へ進む。県道は右に折れるが、そのまま北に進むとほどなく左手に「佛（仏）崎観音寺入口」という大きな標柱が目に入る。そこからは道幅が狭まり、参道のようになる。両脇には不規則だが、西国三十三番、坂東三十三番、秩父三十四番観音の、合わせて100体の観音像が立ち並ぶ。突き当たりが窟《いわや》、現在の観音寺本堂である。

観音堂

この窟、いわゆる〝仏崎《ほとけざき》の観音堂〟の始まりは近世といわれ、その基となったのは水神の信仰と考えられている。その理由を3点ほど紹介しよう。

①高瀬川が山中から大きく曲がりながら松本平に流れ出る場所に堂があり、この場所が洪水を防ぎ、豊かな用水を恵む水神を祀るにふさわしいこと。②「水神の説話」化がみられ、泉小太郎伝説とかかわっていること。③高瀬川沿岸の地域では、水不足の際にこの堂に水の恵みを祈願する風習があること。そして、何よりも水神信仰のポイントは、かつて「仏穴」と呼ばれていた、堂の背後

の断崖にある洞窟であったという。

ご詠歌には「窟ニ仏像有」とある。享保11年（1726）の記録には、村から戌亥《いぬい》（北西）の方角に仏穴があり、6尺四方で、正観音堂は6尺×9尺の大きさとある。往時、仏穴の下に、それほど大きくはない観音堂があったのだろう。仏穴に上る石段などが整備されたのは天保13年（1842）で、堂が整備されて今のようになったのは明治に入ってからだという。

境内入口の常夜灯一対

観音堂境内への入り口手前、左一帯が仏崎山観音寺。駐車場に車を止めて最初に目につくのが、参道両脇に立つ大きな常夜灯1対である。高遠石工・守屋与吉作の逸品である。境内入り口には「正観世音」の石製額が掛かり、よく見ると「陸軍中将福島安正書」とある。境内には左手に観音堂など。手前に絵馬展示所があり、堂の背後は岩壁。この観音様は、馬の守護神としても知られ、近郷近在の村人の信仰を集めたという。

絵馬展示所をのぞくと、大絵馬がある。写真で紹介できないが市指定民俗資料の「仏崎観音寺の千有一馬《せんゆういちば》集《しゅう》絵馬」で、縦210センチ×横475センチ。市内では最大の絵馬である。安政2年（1855）の奉納で、画面は傷みが目立つが、画面下には細かい文字で1000人以上の世話人・寄進者名が記されている。

泉小太郎伝説に通じる仏穴

石段右手に「仁科三十三番　窟」と記された木柱。観音堂でご詠歌を唱える。先述の通り、この観音様は馬の守護神として篤い信があったといい、観音堂には多くの奉納絵馬が掛けられている。その一つ、明治24年（1891）に大町の渡辺逸之丞、高橋彦衛が奉納した、跳ねる黒駒が彫られた絵馬は技法的に珍しいものだ。

観音堂の右手を回って背後へ。泉小太郎伝説とかかわる仏穴に通じる

奉納絵馬

入口には「きけん　ちかよるな！」の看板。『北安曇郡郷土誌稿第一輯《しゅう》・口碑伝説篇』（１９３０）の治水伝説には小太郎が登場し、次のような記述がある。

――この仏穴は小太郎の父母である白龍と犀龍が住んだ場所とも、小太郎が隠れた場所ともいわれ、この穴に登ると変事があるという。さらに弘化４年（１８４７）の善光寺地震のときに岩倉山が崩れて新町村（現・長野市信州新町）一帯が湖になろうとしたとき、小太郎が犀龍に乗って現れて山を崩して、水を流したのを避難者たちは目撃したという。そのため、それ以上の水没を免れた新町村の人びとは、その後この仏崎の観音堂に月参りを欠かさなかったという――。

小太郎の伝説は郷土の創造にかかわる大昔のものだが、地震は江戸時代後期のこと、この結びつきは興味深い。石段は上れないが、いかにも小太郎が隠れた場所にふさわしい雰囲気が漂う。堂脇には母・犀龍の背にチョコンと座る小太郎像が置かれている。

仏崎の観音堂は、昭和28年（１９５３）に十一番・大澤寺の末寺として寺格を得て仏崎山観音寺となった。本尊として木造の聖観世音菩薩立像を祀っている。

仏穴への石段

観音堂と泉小太郎像

令和版札所巡りのススメ

疲れたココロとカラダを癒やす

平成の30年が過ぎて令和を迎えた現在、世の中はストレス社会であるといわれている。

百番の観音札所巡りで寺院を訪ねた時に、住職さんらと言葉を交わす機会があった。「ストレスを減らしたり、失くしたりするために観音札所巡りや寺社を訪ね歩く人が増えている」とのことであった。これらの札所は、疲れたココロとカラダを癒《い》やす空間といったところだろうか。

宗教学者・鎌田東二さんによると、癒やしの空間の特性として①静けさ（静寂）②清らかさ（透明性）③遠さ（奥行き）④安らぎ（落ち着き）⑤懐かしさ（既視感）⑥高揚感（覚醒）⑦独り性（個）とつながり（全体）⑧振り返り（反省・内省・想起・再布置化）などの諸要素があるという（河合俊雄・鎌田東二『京都「癒しの道」案内』朝日新聞出版）。本書の観音札所がすべてこれらの要素を満たしているかはわからないし、京都と信州の筑摩野から安曇野、仁科の里までの地域が同じ歴史的な環境ではない。さらにそれぞれの皆さんの感じ方の違いもある。しかし、思い起こしてみると、ナルホド！と納得することがいくつかあった。鎌田さんはアクセントの違いはあるが、これらの感覚を喚起させつつ心身機能を活性化する場所、それが癒やしの空間の特質であるとしている。

それぞれの興味にもとづいて

「歩いて」とはいわないし、「百番すべて」とはいわないが、身近な観音札所だけでも足を運んでみてはどうだろうか。

札所によっては秘仏もあるし、観音様を近くで拝めないかもしれない……。しかし、本殿・山門・鐘楼などの建物、庭園・樹木・せせらぎなどの自然環境、石仏、石碑、奉納物等々、周辺環境や札所に至るアプローチ、廃寺跡にも感じるところがあるかもしれない。それから、今ブームのご朱印集めも。皆さんそれぞれの興味のおもむくところでいかがだろうか。

終わりに最近の動きを二つほど。松本市では昭和初期まで行われたとされる松本十二薬師の復活を目指し、市民有志の「めぐる会」が活動を始めている。上田市ではやはり市民有志の「日本遺産認定を寿ぐ会」が発足し、活動の一環として塩田平の寺院・堂を回る札所巡りを開催している。いずれも住民レベルの活動で、生涯学習をはじめ健康づくり、観光振興などの面でも関心が高まりそうで楽しみである。

巡りこし　御寺も三十三《みそじ》　南原
千種《ちくさ》の罪も　露と消えなん

三十三番　六角堂《ろっかくどう》（長性院）

大町市大町南原

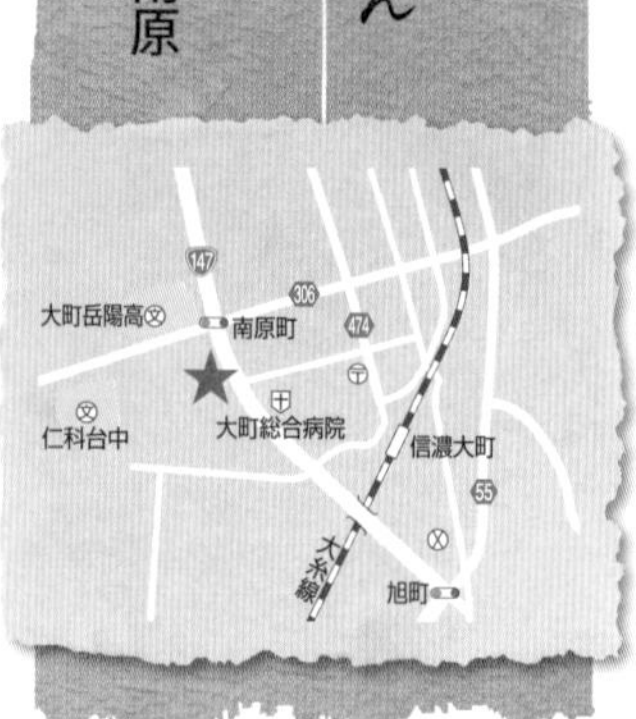

石仏や絵馬　信仰のよりどころ

三十二番・窟からは県道306号に出て高瀬川を越えて大町市街地へ。国道147号の「南原町」交差点を右折すると、すぐ右手にコンビニがある。その南側が今の長性院である。かつて「六角堂」の名で大北地方の人々から親しまれ、さまざまな祈願がなされた。

天正10年（1582）に仁科氏が滅亡した後、仁科氏の氏寺であった長性寺を居館跡に移して七番・天正院が開基された。その長性寺の跡に残された六角堂が、この長性院の始まりという。その寺域の一角に、珍しい六角のプランを持つ堂があったことが名前の由来である。

江戸時代中期、宝永3年（1706）に傷んだ建物の大修理を行った際、六角のプランを変更して普通の建物になったが、「六角堂」という名称は残った。元文の仏閣帳に、観音堂は東向き、茅葺きで縦5間×横4間2尺、本尊は正観音で丈3尺2寸の立像、堂地は東西50間×南北39間とある。詳しい事情は不明だが、江戸時代、この観音堂は天正院の支配下にあったという。

徳本上人念仏碑

147号は4車線のため、そのまま寺にはアクセスできず、遠回りして駐車場に入り参道へ。国道の拡幅にあたり、参道は少し短くなったようだ。参道入り口に立つ「南原山長性院」と彫られた大きな標柱には圧倒される。文化13年（1816）の徳本上人の名号碑がある。徳本上人

参道から堂をのぞむ

本尊・聖観音
＝『北安曇郡大町市寺院堂宇仏像写真集』昭和54年所収

は宝暦8年（１７５８）に紀州日高で生まれ、長じて吉野山中で修行し、各地を巡り昼夜不断の念仏や苦行を行った念仏聖として知られる。大町に入ったのは文化13年のことで、二番・弾誓寺で念仏講を広めた。その時、講に与えた名号を、後に講中の人々が石に刻んで残したものが徳本の名号碑である。

　参道の両側には百番観音や馬頭観音などが所狭しと立ち並び、圧巻だ。さらに両側に杉木立があり、正面に堂を望む。参道がもう少し長ければ……。往時の様子を思わず想像してしまう。堂の前でご詠歌。いつもは1回だが、仁科札所巡りはここが最後なので、もう1回唱えてみた。

　堂内には庶民が祈願奉納した、享保6年（１７２１）の小野小町と在原業平の画を最古として、絵馬類が40面近くも掲げられているという。堂の西と南には墓地が広がっている。そういえば、参道入り口に庚申塔などがあったことを思い出し、踵《きびす》を返した。万延元年（１８６０）ほか1基と二十三夜塔1基の3基が並び立つ。石仏群といい、絵馬類といい、先人たちの信仰のよりどころであったことがうかがえる。

　先の仏閣帳に記された本尊の正観音は、今の本尊と思われる。本尊・聖観世音菩薩立像は像高１０７センチで市指定有形文化財。本体背面下部に「万躰之内　木食山居《もくじきさんきょ》作」とあり、弾誓寺住職であった木食山居故信法阿の作であることがわかる。江戸時代中期の作で、代表作である。

　この堂は、昭和27年（１９５２）に寺格を得、長性院となった。

あとがき

振り返ると長い道のりであった。「はじめに」にあるように私の札所との出会いは1991(平成3)年であった。その後、「筑摩三十三番、川西三十四番、仁科三十三番という観音札所があるので、それらを全部巡って連載していただければちょうど百番になりますよ。百番って、区切りがいいじゃないですか」。週刊まつもと副編集長(当時)の輿和枝さんから依頼され、2008年から未知の札所との出会いが始まった。百番の札所を紙面で紹介するのに、ちょうど6年かかり、私は還暦近い年齢になっていた。現在は、平成が終わり、令和3年、2021年を迎えている。

さて、余談で恐縮だが、連載中に年齢を考えない行動と不規則な生活が原因で二度体調を崩して入院した。主治医の説明では、いずれも私が思っていたより重症とのことであった。大事に至らなかったのは観音札所巡りのおかげであったと信じている。

連載中に励ましのおはがき、お便りを編集部へいただいた。なかには、松本市出身で神奈川県平塚市在住の男性から地元に帰省したときにたまたま私の連載を読み、その後「帰省の度に母親と一緒に札所巡りをしており連載が楽しみ」「連載終了後にまとめてほしい」とありがたいお便りもあった。「連載を読んでから、地図も参考にしてお寺を訪ねています」「〇〇寺へ行ったけど良かった」などという感想も直接いただいた。観音札所ということからしても、ファンの方は比較的高齢の皆さんであった。

もっとも、松本市内の大学で講義終了後に「先生の連載を読んだ後、父と一緒に札所をまわっています」と、女子学生が私に声をかけてくれたこともあった。これには正直うれしく、また驚いた。連載終了後、何人かの方から「百番の連載を一冊にまとめてくれるとうれしい」との要望をいただいた。私もそうしたかったが、生来の手の遅さもあり、また本務の多忙を理由に半ばあきらめていた。

本書の刊行は偶然の出会いから始まった。平成の終わりに信濃毎日新聞社が『天皇皇后両陛下と信州　平成の皇室ご一家　ふれあいの足跡』を刊行するため、出版部次長（当時、現部長）であった内山郁夫さんが私の取材に訪れた。現上皇・上皇后両陛下が2013（平成25）年8月24日に重要文化財（現国宝）旧開智学校校舎に行幸啓され、松本市立博物館長であった私がご先導・ご説明役を仰せつかったことによるものであった。取材中に、奥さまの実家が私の自宅の近くであることを知り、そこから長野や松本のまちのこと、松本城や松本山雅ＦＣのこと等々に話が及んだことがきっかけであった。

本書は、内山さんの熱意と的確なアドバイス、フォローがなければ到底誕生しなかった。ありがとうございます。そして各札所のご関係の皆さま方をはじめ、素晴らしい写真を撮影・提供いただいた宮嶋洋一さん、福嶋良晶さん、岩淵四季さん、お世話になった矢崎幹明さん、逸見大悟さん、深澤和歌子さん、百瀬将明さん、那須野雅好さん、山田真一さん、川村修さんに心からお礼を申しあげる。

２０２１年2月8日　コトヨウカの日に

窪田　雅之

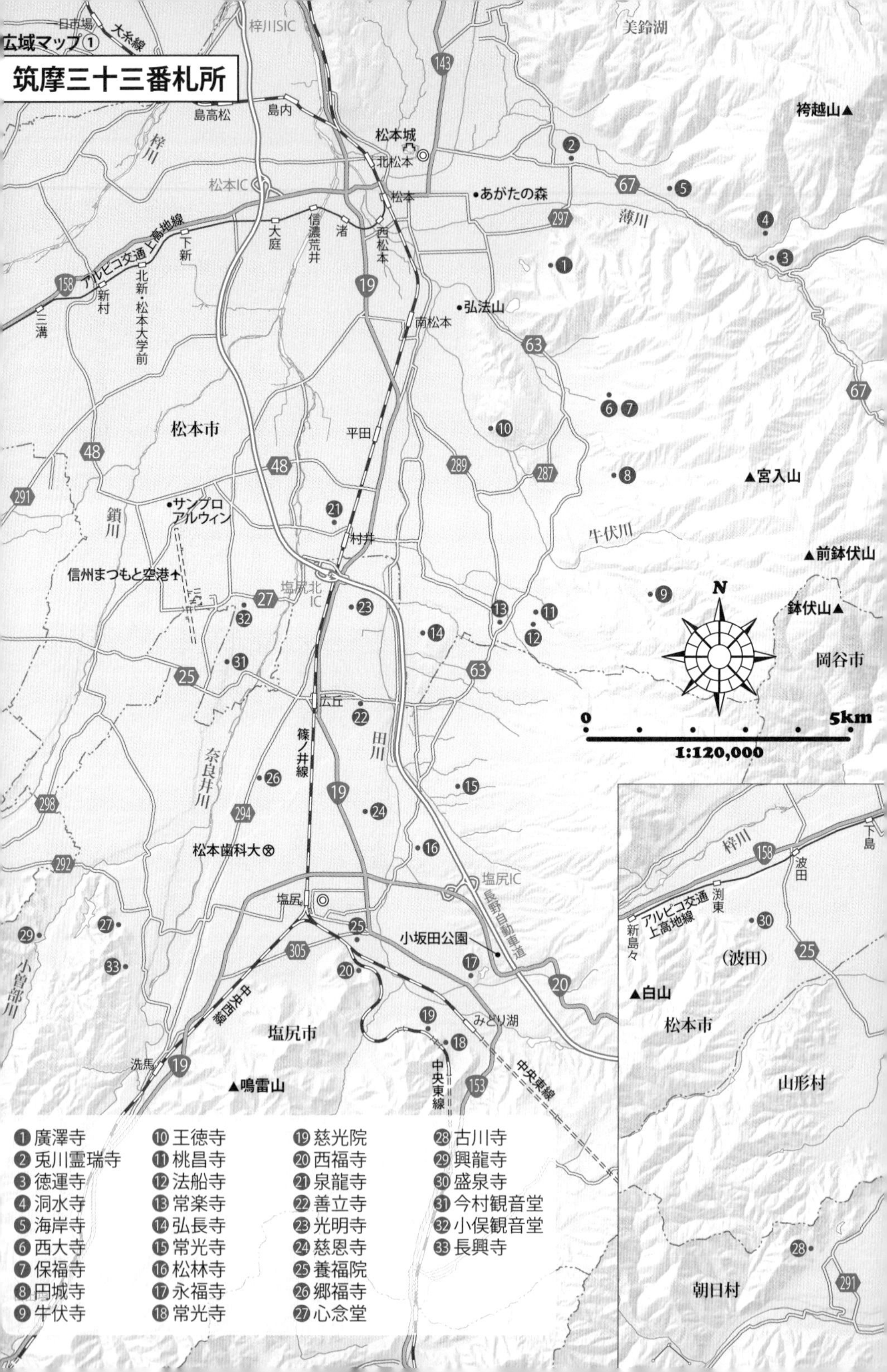
広域マップ①
筑摩三十三番札所
日市場
大糸線
梓川SIC
美鈴湖
島高松
島内
松本城
北松本
松本IC
松本
あがたの森
袴越山
薄川
アルピコ交通上高地線
下新
大庭
信濃荒井
渚
西松本
北新・松本大学前
新村
三溝
弘法山
南松本
松本市
平田
宮入山
サンプロ アルウィン
鎖川
牛伏川
村井
前鉢伏山
信州まつもと空港
塩尻北IC
鉢伏山
岡谷市
0
5km
1:120,000
広丘
篠ノ井線
田川
奈良井川
松本歯科大
塩尻IC
長野自動車道
塩尻
小坂田公園
小曽部川
中央西線
みどり湖
塩尻市
洗馬
鳴雷山
中央東線
梓川
下島
波田
渕東
新島々
アルピコ交通 上高地線
(波田)
白山
松本市
山形村
朝日村
❶廣澤寺
❷兎川霊瑞寺
❸徳運寺
❹洞水寺
❺海岸寺
❻西大寺
❼保福寺
❽円城寺
❾牛伏寺
❿王徳寺
⓫桃昌寺
⓬法船寺
⓭常楽寺
⓮弘長寺
⓯常光寺
⓰松林寺
⓱永福寺
⓲常光寺
⓳慈光院
⓴西福寺
㉑泉龍寺
㉒善立寺
㉓光明寺
㉔慈恩寺
㉕養福院
㉖郷福寺
㉗心念堂
㉘古川寺
㉙興龍寺
㉚盛泉寺
㉛今村観音堂
㉜小俣観音堂
㉝長興寺

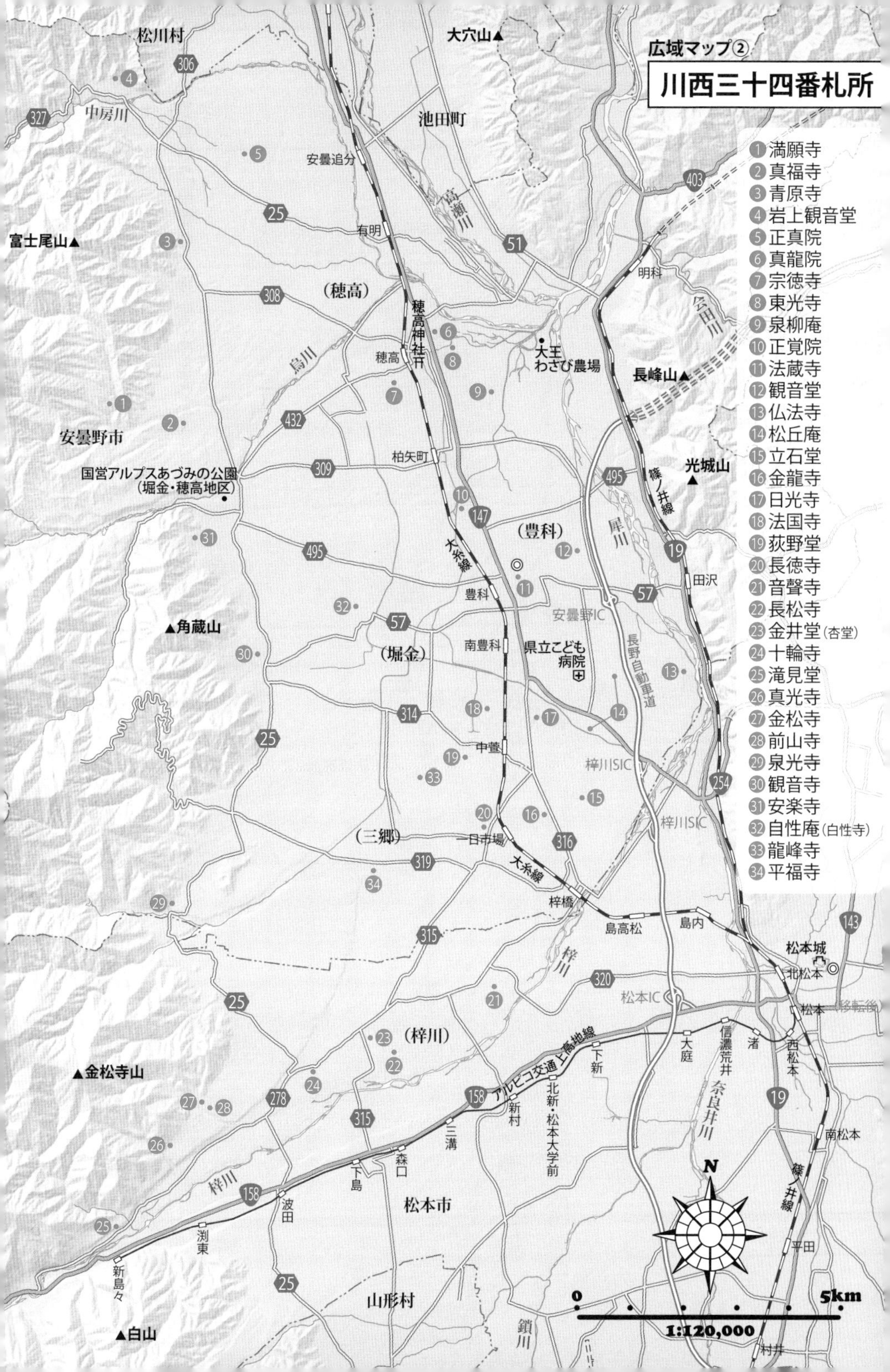
広域マップ②
川西三十四番札所
1 満願寺
2 真福寺
3 青原寺
4 岩上観音堂
5 正真院
6 真龍院
7 宗徳寺
8 東光寺
9 泉柳庵
10 正覚院
11 法蔵寺
12 観音堂
13 仏法寺
14 松丘庵
15 立石堂
16 金龍寺
17 日光寺
18 法国寺
19 荻野堂
20 長徳寺
21 音聲寺
22 長松寺
23 金井堂（杏堂）
24 十輪寺
25 滝見堂
26 真光寺
27 金松寺
28 前山寺
29 泉光寺
30 観音寺
31 安楽寺
32 自性庵（白性寺）
33 龍峰寺
34 平福寺
松川村
大穴山
池田町
安曇追分
富士尾山
有明
（穂高）
穂高神社
穂高
大王わさび農場
明科
会田川
長峰山
安曇野市
柏矢町
国営アルプスあづみの公園（堀金・穂高地区）
光城山
篠ノ井線
（豊科）
犀川
田沢
豊科
安曇野IC
角蔵山
南豊科
県立こども病院
（堀金）
長野自動車道
中萱
梓川SIC
（三郷）
一日市場
大糸線
梓橋
島高松
島内
松本城
北松本
松本IC
松本
（梓川）
アルピコ交通上高地線
大庭
信濃荒井
渚
西松本
下新
北新・松本大学前
新村
三溝
森口
下島
奈良井川
金松寺山
南松本
波田
渕東
松本市
平田
新島々
山形村
鎖川
村井
白山
高瀬川
中房川
烏川
梓川
1:120,000
0
5km
N

広域マップ③

仁科三十三番札所

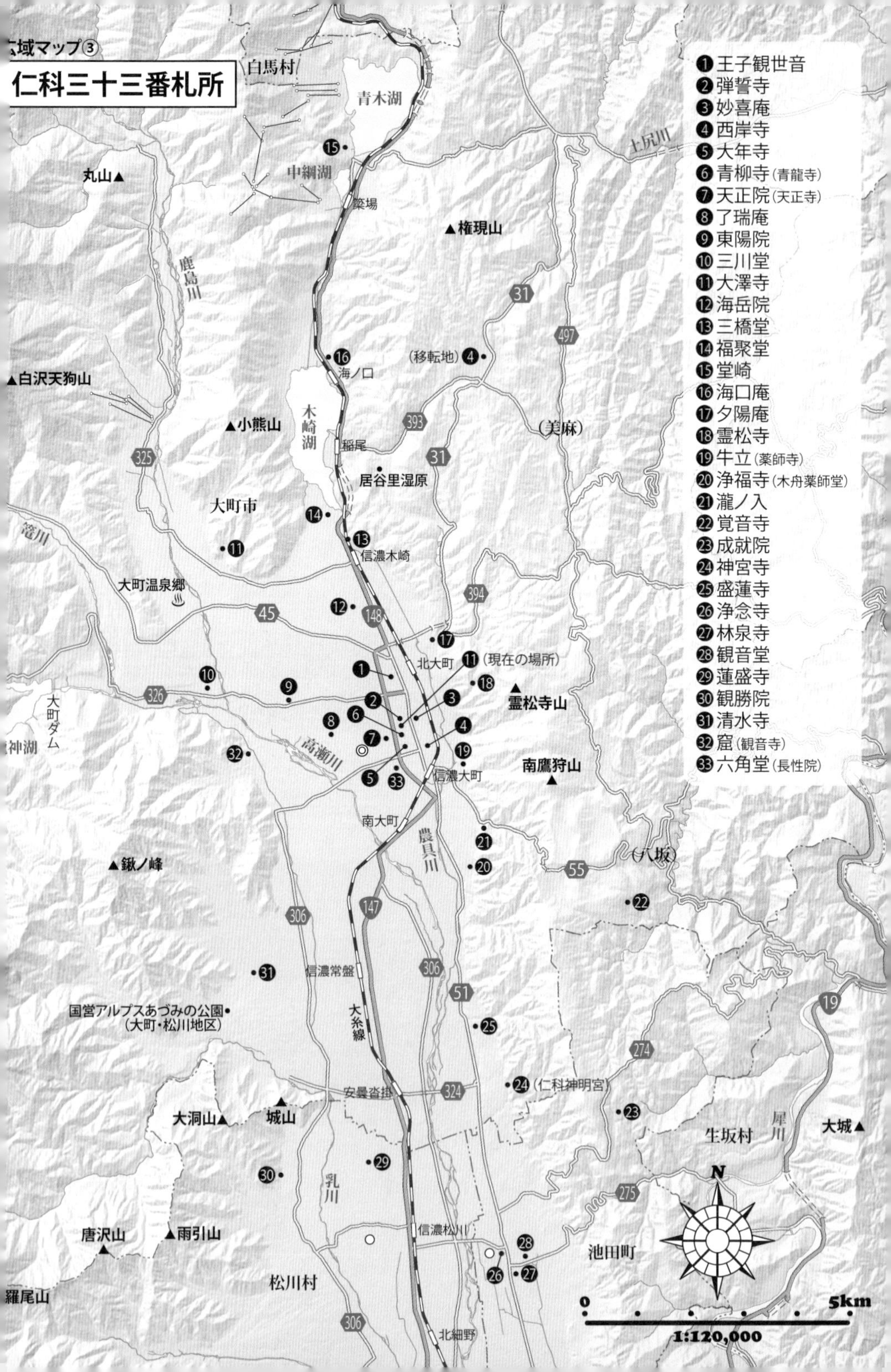

●参考文献
『新編信濃史料叢書第六巻』信濃史料刊行会編、1973年
『新編信濃史料叢書第二十一巻』信濃史料刊行会編、1978年
『信州筑摩三十三ヵ所観音霊場案内』信州筑摩三十三ヵ所観音霊場会編、1994年
『「安曇野」川西三十四番札所巡り』下田忠寿著（私家版）、1996年
『日本民俗大辞典（上・下）』福田アジオほか編、吉川弘文館、1999年・2000年
『岩波仏教辞典（第二版）』中村元ほか編、岩波書店、2002年
『巡拝案内川西34番観音霊場』犬飼康雄著（私家版）、2004年
『仁科三十三番札所めぐり』篠崎健一郎著、一草舎、2005年
※本文中に示したものは除く

●協力（順不同・敬称略）
各札所（寺院・堂・庵）および関係者
宮嶋洋一
福嶋良晶
岩淵四季
安曇野市教育委員会
安曇野市文書館
大町市文化財センター
（一社）松本観光コンベンション協会
松本市教育委員会
松本市美術館
松本市立博物館

著者プロフィール

窪田 雅之（くぼた・まさゆき）

1956年長野県松本市生まれ。國學院大學文学部史学科卒業。松本市立博物館館長、重要文化財馬場家住宅館長を経て、松本市文書館特別専門員。松本大学・信州大学非常勤講師。長野県民俗の会・信濃史学会・全日本博物館学会・日本石仏協会会員。

主な著書に『21世紀の博物館学・考古学』（共著、雄山閣、2021）『信州松本発。博物館ノート』（書肆秋櫻舎、2018）『地域づくり再考　地方創生の可能性を探る』（共著、松本大学出版会、2017）ほか。

ブックデザイン／髙﨑 伸也

広域マップ作成／株式会社 千秋社

松本平 安曇野 仁科の里

観音札所百番めぐり

2021年2月28日　初版発行

2022年4月27日　第2刷発行

著　者　窪田 雅之

発行所　信濃毎日新聞社

〒380-8546 長野市南県町657番地

電話026-236-3377　FAX026-236-3096

印刷所　株式会社シナノパブリッシングプレス

信毎書籍印刷株式会社

ISBN978-4-7840-7376-4 C0026